简单、高效、实用、易行的口才宝典

Yi Tian Yi Tang Koucai Tishengke

好口才好前程
好口才好人缘
会说话受欢迎
会表达赢天下

中国纺织出版社

内容提要

会说话，闯天下。口才是年轻人必备的社交能力，也是在竞争中脱颖而出的武器。会说话的人工作总能顺顺利利，人际交往更受欢迎。

本书是一部实用的口才技能提升宝典，作者以睿智的语言，结合诸多成功人士的案例进行讲解，为你剥开说话打动人心的秘密。其中包括幽默、倾听、道歉、赞美、批评、拒绝、说服等各种说话技能的提高，宴会、职场、家庭、交友、谈判等日常生活和工作中的重点情景的训练，让你快速掌握说话要诀，成为舌绽莲花、出口成章的人。

图书在版编目(CIP)数据

一天一堂口才提升课/郑一编著.—北京：中国纺织出版社，2016.4 (2024.1重印)

ISBN 978-7-5180-2277-9

Ⅰ.①一… Ⅱ.①郑… Ⅲ.①口才学—通俗读物

Ⅳ.①H019-49

中国版本图书馆CIP数据核字(2016)第033996号

责任编辑：闫星　　责任印制：储志伟

中国纺织出版社出版发行

地址：北京市朝阳区百子湾东里A407号楼　邮政编码：100124

销售电话：010—67004422　传真：010—87155801

http://www.c-textilep.com

E-mail:faxing@c-textilep.com

北京兰星球彩色印刷有限公司　各地新华书店经销

2016年4月第1版　2024年1月第5次印刷

开本：710×1000　1/16　印张：22.75

字数：255千字　定价：58.00元

前言

从古至今，人与人之间的交流、信息传递大多是凭借语言这个媒介，由此也衍生出了许多精彩和经典的语句，这种能够促进人与人之间关系的巧妙的说话方式，就是口才。口才在人的生活中有着举足轻重的作用，它是维系人类感情和历史发展的纽带，它的存在使得人类的思想精华得以传承和发扬光大。

几乎所有人都在穷其一生地追求成功，追逐梦想，然而为什么有的人很容易就能获得成功，而有的人却总是在失败的边缘徘徊？为什么有的人在各种场合都能左右逢源，而有的人却总是被人轻视和耻笑？虽然这和个人能力的强弱分不开，但是口才在其中所起到的作用也是不容忽视的。

美国成功学大师戴尔·卡耐基如是说："一个人的成功，15%取决于知识和技术，85%取决于沟通——发表自己意见的能力和激发他人热忱的能力。"的确，语言是通达人心、说服他人思想的基本途径，因而对于现代人而言，拥有随机应变、脱口而出的语言表达能力是十分必要的。一个人，只有用语言将自己的所思所想清楚地表达出来，才能够让众人看到自己的智慧、优雅、博学和内涵，才能得到周围人的重视和喜爱。

从孩童牙牙学语开始，说话就贯穿着人的一生。在生活中，亲情的维系、友情的建立、爱情的追逐都要靠说话来促成，也正因为语言的存在，生活才变得丰富多彩。虽说大多数成年人都会说话，但是，想要把话说好，能够真正表达出自己的所思所想，能够说得别人爱听，却并不是一件容易的事。

初次见面，合适的称呼，恰当的自我介绍，可以给对方留下深刻的印象；和不同的人打交道，用不同的说话方式，根据对方的喜好来说话，能使你迅速与对方拉近关系。而要想达成自己的目的，还需要懂得很多交谈技巧，比如说，如何赞美他人，如何说服对方，如何化解矛盾，如何道歉、如何拒绝、如何批评等。

当你作为一名销售人员向顾客推销产品的时候，当你需要向顾客介绍你们公司的优势的时候，当你为了一项合同与客户进行谈判的时候，口才的重要性就会凸显出来。

如果你是初入社会的年轻人，正在到处投递简历、为找工作而烦恼，你需要

口才的帮忙。至少面对面试主考官时，你要能够勇敢地展现自己，不陷入对方的语言陷阱，并且通过语言的魅力征服考官，获得工作。

如果你已经在社会上小有成就，担任着某个公司的领导职位，那么好口才会帮助你建立应有的威信，让你轻松赢得下属的信任与拥戴，同时也会让你面对更高层级的领导时淡定自如，让你的职位更加稳固，并且更快地升职。

如果你只是个普通的员工，那么好口才能够让你在同事中赢得好人缘，能够让你在上司面前展示好形象，能够让你的职场生涯顺利而精彩，能够帮助你尽快实现自己的目标和理想。

一个人要想在社会上有所成就，就离不开良好的人际关系。在与他人交往的过程中，能否与他人有一个良好的沟通，在人际关系中起着举足轻重的作用。一个人口才的好坏则决定着与人沟通的畅通与否，而语言表达得体、流畅、有逻辑性，就能够与人有一个很好的沟通；反之，语言表达含糊不清、逻辑性差，往往不能准确清晰地表达自己的意愿，让别人无法明白你的真实意图，从而造成诸多误会和麻烦。

本书从口才涉及的社会生活的各个方面入手，深入阐释如何练就出色的口才，并提供相关的、切实可行的说话技巧，从而帮助朋友们提高口才，与人良好沟通，进而赢得一个幸福成功的人生。

编著者

2015 年 7 月

目 录

第 1 章　能言善辩:好口才让你的生活点石成金　///1

口才水平决定事情成败　///2

会说话有魔力,能吸引来福气　///2

温暖人心,懂得用语言宽慰对方　///3

口才体现的是个人综合素养　///4

错言错语必定为自己招致祸患　///5

摆正说话态度,让谈话更贴心　///6

有时沉默可以征服一切　///7

沟通的"神手"能够点石成金　///7

把握好说话姿态,让话语更亲切　///8

运用好口才,悦人又悦己　///9

说话之前,心里打好草稿　///10

第 2 章　口才点睛:遵循定律说话是成事的捷径　///11

首因效应:让说话的第一面深入人心　///12

近因效应:把谈话的重点放在最后　///12

自己人效应:迅速让对方认定你是自己人　///13

赫洛克的赞美效应:让对方得到有效激励　///14

布朗定律:有一扇心门等待沟通的钥匙　///15

比林定律:果断拒绝不该答应的事　///16

白德巴定律:管住嘴巴才能最大限度地行动　///17

波特定律:批评也能让人心悦诚服　///17

登门槛效应:稳步递进让效果达到最佳 ///18
牢骚效应:及时疏解牢骚有益团结 ///19

第3章 说话原则:利用口才技艺让别人信服于你 ///21
真诚是一切谈话的根基 ///22
适合自己的表达方式最得人心 ///23
能把话说到点子上更容易获得机会 ///24
条理清晰的表达,让对方更理解你 ///24
切莫滔滔不绝,言简意赅才是金 ///25
掌握聆听者的心理,让你说得准 ///26
不卑不亢的沟通令人信服 ///27
把握沟通成效,必先了解对方 ///28
先开口认错,避免误会的发生 ///28
引导对方的积极心理暗示 ///29
让别人从你的口中听出自信 ///30

第4章 初次谈话:留给对方深刻的第一印象 ///31
初次见面说话要掂量轻重、把握分寸 ///32
称呼得恰当,沟通才能继续 ///32
拉近距离互道寒暄必不可少 ///33
见面第一句话该怎么说 ///34
肢体语言也为表达加减分 ///35
抓住自我介绍要领,建立沟通 ///36
共同的朋友是更多话题的出发点 ///37
有的放矢,话要说得贴切 ///38
先给对方好评,回馈的绝不会是差评 ///39
从细节入手,展开谈话的话题 ///40

第5章 看人说话:与任何人都能聊得开怀 ///41
跟不同的人别说一样的话 ///42

说话过程中学会察言观色 ///43
不要让陌生成为彼此交流的障碍 ///43
与家人的沟通也不要“随心所欲” ///44
多说悄悄话让感情更浓郁 ///45
将对方看成朋友，才能聊到一起去 ///46
先打动对方，再过渡到目的 ///47
跟领导都说些什么才能前途坦荡 ///47
大方且谨慎地同知名人士说话 ///48
想要把握说话分寸，先要读懂对方 ///49
观察对方情绪波动，言谈更能对症下药 ///50
看清对方表情，说话选对时机 ///51
谈及对方的兴趣是令话题投机的必杀技 ///52

第 6 章　善用赞美：一开口就让别人喜欢你 ///55

赞美这门语言学问必须要掌握 ///56
赞美他人是为自己的成功投资 ///57
赞美要分好时段才能达到功效 ///58
人人需要赞美，但人人爱听的不同 ///59
真诚有度，赞美不要成了奉承 ///60
出其不意，借他人的话赞美对方 ///61
对方的成就是你赞美的开始 ///62
女人不要忽略了对男人的赞美 ///63
赞美有力度，努力发现对方的独特优势 ///64
赞美他人学会无“微”不至 ///65
抛掉庸俗恭维，赞美就要有新意 ///66
赞美同事讲艺术，职场上收获好感 ///67
赞美上级是一门特殊“功夫” ///68
选对赞美下属的方式，让人更忠心 ///69
文火慢炖，让赞美更入味 ///70

第 7 章　礼貌交流：尊重别人等于尊重自己　///73
得体的说话更能助你步入成功　///74
谦词、敬语是谈话必不可少的调味料　///75
活用“对不起”，让对方听着舒服　///76
客气话挂嘴边让你更好办事　///76
说话有分寸感，让对方欣然与你沟通　///77
感谢要真诚，“谢谢”也不能随便说　///78
做礼貌之人，才有人助　///79
礼貌说话谨记几点注意事项　///80
场合不同，礼貌用语也不同　///81
礼貌说话需要肢体语言配合　///82

第 8 章　看清场合：把握说话的最佳方式　///85
“破冰”还须用巧言　///86
怎样助人打圆场，令对方摆脱尴尬　///87
当批评来袭，如何应对自如　///88
沟通谈论要选对话题选对事　///89
看场合说适当的话，更能传情达意　///89
说得多不如说得好，聪明人绝不话多　///90
留出回味余地，一个暗示胜过一段话　///91
微言大义，把话说到刀刃上　///92
宴请话语门道深，掌握好了成大事　///93
特别时刻会说话，婚丧嫁娶发言有技巧　///94

第 9 章　巧言拒绝：给彼此留足面子地说“不”　///97
克服心理障碍，将“拒绝”说出口　///98
自然大方地把“不”说出口　///99
以和为贵，拒绝不意味着要伤和气　///100
拒绝他人的几个简单技法　///101
职场中的拒绝更要慎重婉转　///101

避免伤害,会说委婉的拒绝话语 ///102
幽默的方式轻松将他人拒绝 ///103
巧借他人之口,说出心底的“不” ///104
找出最恰当的理由,再拒绝对方 ///105
人不同,拒绝之言的分寸也不同 ///106

第10章 懂得含蓄:说好难以开口的话 ///107
沟通中最美妙之处在于含蓄 ///108
听得弦外之音,领会此言彼意 ///108
学会含蓄表达法,语尽而意无穷 ///109
委婉地向朋友提出意见更顺利 ///110
恋爱中表达不满要说悦耳的暗语 ///111
尊重对方,委婉地拒绝求爱者 ///112
不同的意见在工作中婉转表达 ///113
掌握含蓄表达技巧,让关系更融洽 ///114
曲径通幽,言谈中别让对方一眼看穿你 ///114

第11章 侧耳聆听:只顾说的人会让人心生厌烦 ///117
做好聆听者,你才能成为焦点 ///118
巧妙地接话与插话,不引他人反感 ///119
倾听的基本礼貌素养你具备吗 ///119
把握四部曲,让你成为倾听高手 ///120
让客户诉心声,唯有倾听才能促成交易 ///121
保持好心态去聆听他人的诉说 ///122
听话外之音,快速理解对方心意 ///123

第12章 巧妙批评:让他人心甘情愿接受意见 ///125
善用批评,被批评者仍会心存感激 ///126
几种批评方式让你的忠言顺耳 ///126
批评他人,还要给他人留面子 ///127

怎样批评孩子才能达到最佳的效果 ///128
劝诫老人的话要把握好恰当分寸 ///129
妙用批评检修自己的婚姻 ///129
掌握让他人欣然接受批评之道 ///130
批评他人时,还请挑选对的时机 ///131
不要随意批评人,领导批评下属讲方法 ///132
因人而异,别让批评超出对方的承受力 ///133

第13章 攻心说服:令你的话直达对方心底 ///135
不是任何场合都适合说服对方 ///136
寻求后援团,帮自己说服对方 ///136
想说服他人,应学会利用种种神态助你成功 ///137
开门见山,摆明好处说服对方 ///138
早“下口”为强,不给对方找借口的机会 ///139
绕个小弯让对方更容易被说服 ///140
摆明道理,用关怀打动对方 ///140
步步为营,循序渐进将对方说服 ///141
消除对方心理障碍,诱导对方接受劝说 ///142

第14章 化解矛盾:智慧地化解尴尬场面 ///145
“花言巧语”摆脱尴尬处境 ///146
换位思考带来不可思议的效果 ///147
换种方式表达你不快的情绪 ///148
损人之语必然不会利己 ///148
方式比内容重要,就看你怎么说 ///149
别让言谈中的细节破坏和气 ///150
学会用拒绝的方式及时抽身 ///151
为自己打个圆场,扭转不利局势 ///151
用对“你”“我”“他”自会化解尴尬 ///153
不要让插嘴扫了大家的兴致 ///153

智慧的自我解嘲可以活跃气氛 ///154
假装糊涂,用幽默化解尴尬 ///155

第15章 学会道歉:消除隔阂并能化敌为友 ///157
少一些计较,让道歉成为一种表达习惯 ///158
肯道歉的人更能赢得他人的尊敬 ///158
说好道歉的话让领导对你更加信赖 ///159
选对时机,才能达到道歉的目的 ///160
用对道歉方法,让对方从心底原谅你 ///160
说话的态度决定道歉的效果 ///161
真挚地道歉,不用拐弯抹角 ///162
看客下菜,选择正确道歉方式 ///163
对亲近的人也不能忘记道歉 ///163

第16章 幽他一默:用风趣的语言表达你的看法 ///165
幽默的话能让对方降低心理防线 ///166
幽默俏皮话,助你成为交际达人 ///166
多学几个小笑话,让幽默信手拈来 ///167
想轻松做事,先幽默说话 ///168
说话耐人寻味,让幽默变得有深度 ///169
说话卖点小关子更具吸引力 ///170
幽默使严肃的话题也变得有趣 ///170
说话有意思,才会引来别人与你交谈 ///172
当你无话可说时,用幽默填补空白 ///172
幽默的语言让生活更精彩 ///173
想拓展人脉,先学会幽默沟通 ///174
缺少幽默语言的生活是干涸的 ///175
幽默是调节气氛的最佳工具 ///176

第17章 演讲口才:说精彩的话吸引更多听众 ///177

精彩的开始是成功演讲的关键 ///178
用语言营造好气氛是演讲的必要手段 ///178
用演讲节奏控制演讲气氛 ///179
令画面时时浮现在听众的脑海 ///180
配合肢体语言，让演讲形式丰富多彩 ///181
随机应变，灵活掌握演讲时间 ///182
演讲要让听众感到受益匪浅 ///183
加入真情实感，用心去打动听众 ///183
抓牢听众心理，将演讲赋予生命力 ///184
说出让观众表示赞同的论点 ///185
如何巧妙过渡不可避免的“卡壳” ///186
充分调动听众情绪，让演讲更具感染力 ///186
讲好一个故事可能就会引起全场的共鸣 ///187

第 18 章 销售口才：掌握沟通技巧，打开销售大门 ///189

用开场白引起客户的极大兴趣 ///190
冰冷的销售语言怎样说出人情味 ///191
用销售口才的原则指引自己 ///192
几句话激发出客户的好奇心理 ///192
初次拜访客户，懂得巧妙询问 ///193
消除客户戒备，用语言拉近距离 ///194
把握“沸腾效应”，快速达成交易 ///195
言谈间善用示弱满足客户心理 ///195
学习交谈技巧，争做销售精英 ///196
沟通中一步步建立客户对你的信赖感 ///197
不同的说话方式让你挖赢得客户的心 ///198
妙语连珠，顺利达成交易有技巧 ///198
消除异议，让客户豁然开朗的说话技巧 ///199

第 19 章 与人谈判：拿捏表达技艺，大胆说出你想要的 ///201

烘托出好氛围，赢取谈判第一步 ///202
保存利益且打破僵局的谈判技巧 ///202
控制局势，在谈判中提出关键问题 ///203
细节得当，谈判更能达到最佳效果 ///204
谨记谈判的目标，做到话不离题 ///205
如何才能做出有力的回答 ///205
吊足对方胃口，才能抢占先机 ///206
抓住对方弱点，达到自身目的 ///207
巧言“博弈”，提高谈判水准 ///208
精准反击，化被动为主动 ///209
棘手问题的巧化解求得共赢 ///209
避开会让谈判失败的陷阱 ///210
自问自答，自然地说出想说的话 ///211

第 20 章 电话沟通：不见面也能让你成功交流 ///213
电话中的称呼必须要得当 ///214
学会用电话传递真挚的感情 ///214
条理清晰，电话中也能把事说清楚 ///215
建立“电话磁场”，让别人爱接你的电话 ///216
掌握沟通要点，煲好美味的电话粥 ///217
电话没有距离，表情是能听出来的 ///218
用声音体现好你的“电话形象” ///219
谦逊的语气助你在电话中沟通成功 ///219
给对方电话留言须注意 ///220
如何与领导做好电话沟通有技巧 ///221
与下属通电话的言谈方法 ///222
学会给长辈打贴心的问候电话 ///223
甜蜜有道，情侣间打电话也要注意 ///224
与普通异性朋友通话要掌握好尺度 ///225

第 21 章　**求职巧言:会说话就有竞争力**　///227

想推销自己,先作好自我介绍　///228

面对不同类型的考官该如何应对　///229

坦荡大方,面试时勇敢把话说出口　///230

新鲜的话语让你一下子“亮”起来　///231

巧言回答面试中的难题　///232

敏感问题正是在考验你的智慧　///232

沉着淡定,变通的语言助你成功　///233

重视最后的提问,避免落入面试“圈套”　///234

教你将语言陷阱变成语言天梯　///235

吸引他人目光,推荐自己有技巧　///236

补救有道,令你在面试中反败为胜　///237

揣测面试官心理,给其留下深刻印象　///238

第 22 章　**领导口才:说话稳当,位子才稳当**　///239

口才不好难以成为好领导　///240

高效沟通,与下属交谈需要技巧　///240

适时赞美下属,会有意想不到的收获　///241

与下属亲切交谈,营造工作好氛围　///242

言谈有风格,维护自己的领导威信　///243

领导做得到位,下属才肯对你说实话　///244

犯错难免,领导该如何认错　///245

优秀的领导应掌握最佳的批评技巧　///246

身为领导如何通知下属坏消息　///247

懂得倾听的领导才值得信赖　///248

领导如何树立威信　///249

领导用话语让员工保持忠诚　///250

领导说话也应得体　///250

第 23 章　**同事密语:沟通互助让工作顺风顺水**　///253

学会和同事说话 ///254
和同事打好招呼也能赢得好感 ///255
同事关系要用人情话来维系 ///256
职场中的是非只能听,不能说 ///256
和同事说话的注意事项 ///257
挖掘职场贵人,助你前途似锦 ///258
克制住情绪,冲动时也不乱说话 ///259
管好自己的嘴巴,不该说的绝不说 ///260
面对同事的诋毁如何坦然应对 ///261
别做“职场大嘴巴”,防止祸从口出 ///261
说话要留意,关系再好也是同事 ///262
切忌在同事面前说别人坏话 ///263

第 24 章 对话上司:智言妙语博得好印象 ///265
与上司有冲突,学会用言语来化解 ///266
观点不一致,如何合理跟上司提出反对意见 ///266
恭维有度,“马屁”不要拍错地儿 ///267
如何通过交流,拉近与上司的关系 ///268
利用领导的话帮你一锤定音 ///268
与领导巧妙交流加薪问题 ///269
想要向领导抱怨,你得动脑筋 ///270
职场高手,与领导说话也能很风趣 ///271
领导的话不一定要照单全收 ///272
谨慎耍幽默,跟领导开不起的玩笑不要开 ///273
与领导说话要抓好时机场合 ///273
汇报工作要言简意赅、轻重有序 ///274

第 25 章 应酬口才:人际交往中做个能说会道的人 ///277
小妙语化解应酬中产生的尴尬 ///278
话锋一转,灵活躲过他人质问 ///279

巧言拒绝他人应酬场上的过分要求 ///279
当自己遇到拒绝,该如何从容应答 ///280
应酬场合学会把谈话气氛搞热络 ///281
与人套近乎也要掌握语言技巧 ///281
这些容易导致冷场的话千万不要说 ///282
善用祝酒词打开对方的话匣子 ///283
酒中见素养,劝酒要守“言语礼” ///283
保留清醒头脑,酒后慎“吐”真言 ///284

第 26 章 交际用语:纯熟言谈令你成为交际红人 ///287
与人交际,言语礼仪不能忽视 ///288
平等相待,言语诚恳更获信赖 ///288
语言有魅力,交际才更愉悦 ///289
注意说话节奏,用语调吸引人 ///290
长话短说,复杂话简单说 ///291
口才重要,语气更重要 ///291
常说“新鲜话”,让人更易记住你 ///292
与人交谈,多说让人回味的话 ///293
言必行,行必果,别做“大话王” ///294

第 27 章 同性私聊:跟对方谈成兄弟姐妹 ///295
攀谈有道,多句话多个朋友 ///296
多谈兴趣少谈人,避免人后“闲话” ///296
暗合女人心,女人何苦为难女人 ///297
少说废话,同性会更欣赏你 ///298
像理解自己一样去理解对方 ///299
亲切微笑,才能缩短“心距” ///299
同性间更易产生共鸣话题 ///300
开口就要巧,同性未必就相斥 ///301
找到共同点让双方更易结成同盟 ///302

同性的称赞让女人更有成就感 ///303

第 28 章 异性谈话:把话说得恰到好处 ///305

异性之间交谈应有尺度、知分寸 ///306

异性交谈时的身体语言体现涵养 ///306

异性交谈更要注意维护对方的自尊心 ///307

谈情说爱如何抓住兴趣话题 ///308

通过交流探知到适合的求爱方法 ///309

贴心话语让爱情绽放出绚烂光彩 ///309

一句撒娇话轻松俘获男人心 ///310

情侣之间提建议,学会巧言入人心 ///311

浪漫爱情多用聪明话来加温 ///312

用最佳语言回绝他人的示爱 ///312

第 29 章 “聊”解孩子:真心沟通中令孩子健康成长 ///315

说话的蝴蝶效应,孩子的成败“听”你的 ///316

不要跟孩子说过多啰唆的话 ///316

父母应统一口径,别成为孩子眼中的“两面派” ///317

平等交谈,与孩子成功对话 ///318

做个会跟孩子讲话的好妈妈 ///319

批评有度,避免激起孩子的逆反心理 ///320

耐心倾听,用心交谈,助孩子茁壮成长 ///321

多用夸奖的语言,给孩子多一些自信 ///321

先听孩子怎么说,再发表你的意见 ///322

学会用孩子的语言方式与其对话 ///323

注意说话的语调,让孩子接受沟通 ///323

第 30 章 禁言忌语:不做“长舌妇” ///325

不要让自己成为说闲话的小人 ///326

珍视情谊,学会更好地保守秘密 ///326

别让自己背上“挑拨离间”的名号 ///327
避开“雷区”，谨记人际交往的禁忌话 ///328
取悦婆婆，婆媳间沟通讲技巧 ///328
亲密有间，朋友间也不能无话不谈 ///329
面对敏感女性，说话要当心 ///330
有主见地开口，不要总说“随便” ///331

第 31 章　模糊说话：做会打马虎眼的聪明人 ///333
善意的谎言能避免尴尬 ///334
得当地运用糊涂话，化解危机 ///334
冒傻气的话让你在恋人面前更可爱 ///335
危急时刻，学会大智若愚 ///336
聪明人会选择时机“犯傻” ///336
和领导演场糊涂戏，职场会更顺畅 ///337
别做十足傻瓜，糊涂也有讲究 ///338
糊涂话怎样说才能让人相信 ///338
说话会打马虎眼，交际场上方能赢 ///339
明哲保身，适当的糊涂能保护自己 ///340

第 32 章　善言求助：别让话到用时方恨少 ///341
好口才让求人变成易事 ///342
让对方能体会到你急切的心情 ///343
言谈间能屈能伸，让对方看得起你 ///343
观察语气语调，把握对方心思 ///344
把关键话裹进糖衣送出去 ///345

参考文献 ///346

第1章

能言善辩：好口才让你的生活点石成金

从古至今，口才就像一颗光彩夺目的明珠一样照耀着、映射着人们的“命运”，其作用甚至超过了我们的想象，究其原因，你会发现这一点儿都不为怪，因为“好口才”确实能给人带来好命运，让人们的生活处处充满惊喜和成功。因此，在今天这个时代，“好口才”就是你获得好命运的“保障”，掌握必备的口才技巧则是你获得这个保障的首要基础。

❁口才水平决定事情成败

古人有“金口玉言”一词，今人有“一言定乾坤”一说。顾名思义，两个词语都体现着一种口才的艺术。换句话说就是：口才的好坏决定事情的成败。是的，在今天这个时代，愈演愈烈的竞争，让“会不会说”成了社会快速了解一个人能力高低的首要方式。是否能说，是否会说，以及言谈交际相关能力的多寡高低，往往会成为决定一个人成功与失败的关键。

有一位事业遇到困难的大学生，为了生存，想尽快找一份工作。一天，他突然闯进当地一家知名公司老总的办公室，并请求老总能够牺牲一分钟，听他说几句话。

当然，这个穿着破烂不堪的青年的举动让公司老板十分惊奇。但是，出于好奇和怜悯，老板同意了他的请求，青年诚恳地说：“经理，帮助我，对于你而言，只不过是做了一份小小的慈善，但对于我来说，可能会决定我的一生。”老板听后沉思了几分钟，说：“好吧，年轻人，我给你一个机会，但是要想取得成绩，就要靠你的努力了。”

有位名人说过这么一句话：人的心灵是世界上最复杂的东西，而语言是唯一可以征服世人心灵的力量。一个穷困潦倒的青年，就是因为会说话，从而得到了机遇。这也许会让你觉得不可思议，然而，这位青年的成功却并非巧合——正是口才决定了事情的成败。

(1)一个会说话的人，往往善于用贴切、生动的语言去打动别人。

(2)说话时要善于从特定的情境中挖掘对方的兴趣、喜好。

(3)尽量让你的语言体现你的价值，表达出自己的思想感情，从而引发起对方交谈的兴致。

(4)诚实的语言是最感人的，把“诚”视为处世成功的基础。

❁会说话有魔力，能吸引来福气

有位哲人说过：“世界上有一种东西可以很快让人成就伟业，它就是‘口

才'。"一个有好口才的人说出来的话，如同有一种魔力，可以让一个人在生活中处处感受喜悦，在激烈的竞争中脱颖而出，在工作单位中出类拔萃。简而言之：会说话的人，会让自己经常福从口入。

有两个汽车司机在同一个单位工作。由于人员精简，两人只能留一个，而他们的去留要看他们对自己价值的描述。第一个司机说了一大段话："我将来开车，一定把车收拾得干净利索，一定遵守交通规则，而且时刻保证领导的安全，还要做到多省油……"第二个司机只说了几句话就结束了。但老板留下的是第二个司机。

第二个司机的话是："我过去遵守了三条原则，现在遵守着三条原则，如果以后还用我，我依旧遵守三条原则：第一，听得，说不得；第二，吃得，喝不得；第三，开得，使不得。我过去这样做，今后还是这样做。"领导一听，说这个司机好，就是他了！那这第二个司机好在哪里呢？

其实这个司机好就好在会说话。他说话不但精炼，而且说出了领导最关心的事，让领导觉得他这样的司机用起来很放心。在激烈的竞争中，一个会说话的人，往往会因自己的语言而产生让人意想不到的威力，不但赢得了残酷的竞争，还让自己在别人心中更有价值。

(1)说话要尽量精炼清晰、简明扼要，让人一听就懂。

(2)说话多用短句，不要"一气呵成"。

(3)说话时要因人而异、察言观色，要学会揣摩对方的心思。

❁温暖人心，懂得用语言宽慰对方

有这样一句话："眼睛可以容纳一个美丽的世界，而嘴巴则能描绘出一个精彩的世界。"其实好的口才就是一种用语言表达思想感情的艺术，而一个懂得语言艺术的人必定会懂得用语言去宽慰他人，让听话者觉得如同喝了一壶陈年的美酒，如同听了一曲雄壮的交响乐，内心温暖，精神振奋。宽慰的话语可以带给人们愉悦和欢畅，帮助人们走出痛苦和烦恼的纠缠，增进人与人之间的感情，使人与人之间的关系更加和谐融洽。

足球教练文斯·伦巴迪是一位富有传奇色彩的人物。在一次在训练队伍时，他发现一个叫杰里·克雷默的小伙子思维敏捷，球路较多。但这个小

伙子性格浮躁,经常因为一点小小的失败就破罐子破摔。所以在球队里他并不是个优秀的队员,他自己也经常觉得很自卑,很沮丧。

一天,伦巴迪轻轻地拍了拍杰里·克雷默的肩膀说:"你的球踢得不错,有一天,你会成为国家足球队的最佳后卫。只要你学会勇敢面对失败,你就一定是最棒的。"克雷默后来真的成了国家足球队的主力队员。他后来回忆说:"伦巴迪鼓励我的那句话对我的一生产生了巨大影响。"

很多时候,一两句真诚巧妙的宽慰的话,完全可以胜过九牛二虎、苦口婆心的劝说。一个懂得语言艺术的人,会通过谈话巧妙地将别人的斗志激发出来,不但轻松地达到了说服的目的,还在最短的时间内让他人接受了自己。

(1)宽慰的语言可以轻松地动之以情,能让听话者产生愿意听从说话者的情感。

(2)每个人都有被尊重和被爱的需要,宽慰的语言可以让听话者产生感恩之情,更容易接受意见和建议。

(3)说服不是压制,而强迫的语言只能让对方产生对立情绪。

口才体现的是个人综合素养

口才绝非只是单纯的"口上之才",其内在含义是指一个人在一定的语境下,根据当时的交际需要,为了实现某种特定的交际目的,调动和运用多种主客观因素的一种综合言语能力。所以在生活中,一个人的综合素养怎样,完全可以从一个人的口才上反映出来。

张强来到一家公司应聘,应聘题目竟是让应聘者在会议室与一位助理聊天。在张强看来,这恰恰就是他的强项。于是,在聊天的过程中,张强妙语连珠,和对方天南海北,乱"侃"一番。

可是最后,张强却被刷掉了。对此,他很纳闷,于是就去询问原因。结果那位助理告诉他:"小伙子,你确实很能说,我们这种销售行业也确实需要你这样的人才,可是我从你的说话中发现了一点问题,这也就是我们决定不录用你的原因。"张强忙问:"什么问题?"对方笑笑说:"在与你聊天时,你常把你朋友的缺点当作讨好别人的笑料,你不认为这样的人,在综合素养方面

有所欠缺吗？”听完这些，张强只有低下头，默默离开了。

张强在应聘时，一味地追求语速和说话的多少，而忽略了说话的“质量”，在谈话中把朋友的缺点当作取悦对方的笑料，所以在对方看来，他的综合素养是有所欠缺的。那在生活中，我们到底应该怎样运用口才来体现自己的综合素养呢？

(1)在交谈中注重说话对象，面对年长者，懂得用“请”“您”这些词汇，而面对年龄相当者，要懂得用“你好”“打扰”等礼貌用语。

(2)说话中切忌在别人面前“指手画脚”，不要以“老师”的姿态出现在交流中，要懂得谦虚，懂得礼让他人。

(3)交流中切忌“口出狂言”，切忌脏话连篇，胡乱吹捧。

❁错言错语必定为自己招致祸患

在与人交往的时候，要谨防祸从口出。一个人如果“讲错话”，就会带来很多不必要的麻烦，尤其是那些个性比较直爽的人，在说话时，总是会一不留神“黑白颠倒”，也许自己并没有意识到，可是实际上已经捅了很大的篓子。

有个人生前做尽了缺德事，死后到阴曹地府，阎王决定将这个人用500亿万斤柴火烧煮。结果在将那人下入锅中时，那人私下里探头对牛头鬼说：“如果你肯可怜我，减少些柴，使我能够活着回去，我一定为你焚烧10张豹皮。”牛头鬼大喜，于是就答应那个人减去“亿万”两字，煮烧时也只是做做样子。等到那个人将要回去的时候，牛头鬼叮嘱道：“千万不要忘了答应我的豹皮呀！”这时，那人回过头说：“我送你一首诗：牛头狱主要知闻，权在阎王不在君，减扣官柴犹自可，更求枉法豹子皮。”听完此话，牛头鬼很生气，不仅把那个人投进了沸水中，还加了更多的柴。

故事中的这个人，他最后被投入沸水中，就是因为他在离开时说错了话，激怒了牛头鬼。在日常交际中，口才是一种很重要的艺术。可是如果一个人在说话时，不经意出现错误言语，那就会在很短的时间内毁掉自己从前的良好形象。那么如何让自己在日常交际中，不会因为说错话而酿成大错呢？

(1)在与别人交谈时,记得保留自己的看法,尤其是对那些自己不太确定的事情,不要轻易下结论。

(2)把握自己说话的时机,在对方情绪不稳定的情况下,千万不要告诉对方有关对方的不好消息,而且说话时也要注意场合。

(3)不要轻易把有关别人的隐私告诉他人。

摆正说话态度,让谈话更贴心

在生活中,与他人的交流和沟通,可以帮助我们工作取得进步,同时也可以实现我们的目标和抱负。在与他人交流时,摆正自己的说话态度,可以帮助我们拉近与对方之间的距离,进而使得对方能够帮助和支持我们。

一次,李宇在向一家工厂的老板做推销。李宇说:“您好。我叫李宇,是一名保险公司的推销员。”那位老板很生气地说:“又是一个推销员。我有很多事要做,没时间听你说。你是我今天见到的第十个推销员,别再来烦我了,我没时间。”这时,李宇低头看到了放在地上的产品,然后,他就问那位老板:“您做这一行多长时间了?”对方回答说:“哦,22 年了。”李宇又问:“您是怎么开始从事这一行的?”就是这句有魔力的话发挥了效用。那位老板开始滔滔不绝地谈起来,从自己的早年不幸谈到自己的创业经历,一口气谈了一个多小时。最后,那位老板还热情地邀请李宇参观他的工厂。而故事并没有结束,在以后的三年里,那位老板从李宇那里买走了 5 份保险。

正是因为李宇在与对方交谈时,摆正了自己的说话态度,才使得那位工厂老板不再对他有厌烦情绪,最后成功地卖出了自己的保险。那么,我们在交际中,应该怎样摆正自己的说话态度,进而与人更亲近呢?

(1)在与对方交流时,不要咄咄逼人,要以平和的态度来面对对方。

(2)说话时,懂得长幼尊卑,不要将自己永远置于“智者”的位置,要懂得放下身价,平等交流。

(3)在谈话中避免滔滔不绝,懂得多倾听对方的观点,说话要以事实为依据。

有时沉默可以征服一切

很多时候，我们在被人误解、不想争辩时，总是会习惯性地选择沉默。其实，每个人在生命中都有“无言以对”的时刻，毕竟有些时候是非并没有真正的标准。所以这时候，你的沉默恰恰就是最好的解释，甚至有时候，你的沉默还可以征服一切。

周星驰是一个做任何事情都很低调的人，当年在演员罗慧娟淡出时，由于朱茵独得周星驰及他的母亲凌宝儿的宠爱，使得香港的娱乐八卦媒体不断捕捉周星驰和朱茵的约会信息，还写出了不少关于周星驰与罗慧娟、朱茵的三角恋爱的文章。在这期间，周星驰与朱茵一起出现在外地，还一起去录影带租铺，这一系列行踪也都被狗仔队当作是他们感情的把柄。面对媒体的质疑、影迷的怀疑，周星驰始终保持沉默，最后这些谣言在周星驰的沉默中不攻自破。

周星驰面对所有的流言飞语都选择了沉默，这并不仅仅代表周星驰的低调，同样也表现出了他“能言善辩”的一面，他让所有的绯闻在他的沉默面前不攻自破。其实，在日常交际中，有时候选择沉默，反而可以让自己战胜一切。那么，在生活中，我们又该怎样运用沉默这一重要交际方式呢？

（1）在交流中选择沉默要注意自己交流的对象，切勿对自己的领导或是长辈保持沉默。

（2）沉默要分清场合，不要在该发言时保持沉默，而在该保持沉默时又滔滔不绝。

（3）沉默要选对事情，对子虚乌有的事情应尽量保持沉默，切记不要越描越黑。

沟通的“神手”能够点石成金

现在的世界已是经济一体化的时代，面对科学技术的日新月异，人们之间的交流工具也变得越来越丰富和多样化，彼此沟通起来也容易了很多。

在社会交际中，如果我们能够掌握沟通技巧，学会有效沟通，必将助推我们走向成功。

一天，刘奶奶正在给宝贝孙子烧饭，突然屋里进来了一个20多岁的小伙子，手里还拿着一把长刀子。刘奶奶一看这架势吓出了一身冷汗，可当时家里也没有别人可以求助。于是，刘奶奶就假装很镇定地说："小伙子，你是卖刀的吧？外面冷得很，先进来喝点水！"看小伙子没什么反应，刘奶奶就又说："一看你就是大学生，放假还打工赚学费，多好的小伙子，这刀多少钱一把，奶奶我买了！"小伙子一看刘奶奶这么善良，一下子就心软了，于是就支支吾吾了一会儿，说5块钱一把。刘奶奶二话没说就掏出了10块钱，并说："不用找了！"看着手里的10块钱，小伙子突然跪在了刘奶奶面前。

面对坏人，刘奶奶很平静地和对方沟通，不但成功营救了自己，也使得那位小伙子能够幡然悔悟。同样，在生活中，人与人之间如果沟通得好，就会使自己离成功更进一步。那么，如何才能使自己更好地和对方沟通，进而收获成功呢？

（1）在与对方沟通时，要调整好心态，不能过于着急，切记"心急吃不了热豆腐"。

（2）在沟通时，要善于发现对方身上的闪光点，不要总是揪着对方的一些不足不放。

（3）在双方沟通过程中，语言要简练、清晰，切记不要长篇大论。

（4）在沟通的过程中，要学会换位思考，多站在对方的立场上思考问题。

❈把握好说话姿态，让话语更亲切

有很多人觉得，做人太谦逊了不好，太谦逊就不能体现自己的能力和存在的价值，其实不然。事实上，很多成功人士，在待人接物方面总是会以谦虚随和的姿态出现，因为在与人交谈时，如果能运用口才使得自己看起来平易近人，就更有可能获得成功。

一天，曹荻秋和一些干部乘车前往彭浦机器厂的工地劳动。到工地后，工地负责人想请曹荻秋先到办公室休息。他说："不用了，谢谢！我们是来参加劳动的，你还是直接分配我们干活吧！"于是，工地负责人就安排他们做

一些比较轻松的劳动，这时候，曹荻秋又说："我们是来劳动的，不能敷衍了事，工人做什么，我们也做什么。"说完就拿起刮刀，蹲在地上，同工人一样干了起来。过了一会，工地负责人对他说，工地广播准备播送市领导来参加劳动的消息。曹荻秋立刻摇头说："这可不行，我们来劳动就应该和工人一样。工人上班坐公共汽车，我们是坐大客车来的，已经和工人有距离了，再广播，影响就不好了。"听完这话，工地上的工人们都笑了起来。

也许只是短短的几句话，但是从曹荻秋的口中说出来，就变得很亲切了，进而使他拉近了和工人们的距离。其实，把话说得亲切就是一种艺术，有的时候，它可以使你获益良多。那么，在说话时，怎样才可以使自己的语言变得亲切呢？

(1)说话时，要记得面带笑容，要尽量使用一些平和的手势。

(2)交谈中，不要直呼对方姓名。

(3)在说话时，要心平气和，不要乱发牢骚，尽可能地使用幽默用语。

❈运用好口才，悦人又悦己

在现在的生活中，人们都越来越重视口才的重要性了。不懂得运用好口才的人，在竞争中自然就会被淘汰。相反，拥有良好口才的人，总能使自己事半功倍，最终收到利人利己的完美效果。

一位男生决定送自己女朋友一条牛仔裤作为生日礼物。于是，他就跑到牛仔裤专卖店买了一条女式牛仔裤。可是回去送给女朋友后，发现女朋友穿上有点小，于是两个人就来到专卖店换。可是专卖店老板一听要换裤子，就忙说："老板不在！再说你这裤子都买好几天了，是不能换的，而且这条裤子已经是最大码了。"这位女孩就说："谁说的，这裤子一般不是都有32码嘛！这才是28码呀！"那位老板又不耐烦地说："不换就是不换！"这时候，这一对小情侣就打算离开了。就在他们快要出门的时候，那位老板又说了一句："像你这种身材，肥得像猪一样，一辈子买不到裤子！"这句话彻底激怒了那位男生，他转过身冲那位老板就是一拳。

这位老板很不懂得怎么说话，面对顾客，他不但态度蛮横，而且还用言语伤人，最后不但挨了打，也破坏了自己专卖店的形象。其实，在与人沟通

的过程中，能够运用良好的口才，是可以收到利人利己的完美的效果的。那么，在交际中，我们应该怎样运用自己良好的口才，进而达到利人利己的效果呢？

(1)平时要多看书，多阅读，尽量充实自己，为拥有好口才作好铺垫。

(2)在与别人交流时，要做到先倾听，后发言，要学会尊重对方。

(3)说话时，要注意自己的用词，不要使用粗话、脏话。

(4)说话过程中，要有较强的应变能力。

说话之前，心里打好草稿

很多人在说话时，总是喜欢脱口而出，总感觉这样才会显得自己有水平。其实不然，真正有内涵的人，懂得“三思而后说”。在与人沟通交流时，如果能够在说话前作好准备，为自己的发言打好草稿，那一定会给人眼前一亮的感觉。

不管是有学问的人还是学问欠缺的人，在演讲之前，都应该做好准备，这样才能够展示自己的良好形象。那么，在生活中，我们应该怎样做好说话前的准备呢？

(1)说话之前，要把自己要说的话在脑海中酝酿一遍，重要内容要反复琢磨。

(2)根据说话的内容和对象，做好表情准备，要时常面带微笑，语气保持平和。

(3)说话不可信口开河，要以事实为依据，懂得尊重对方。

口才点睛:遵循定律说话是成事的捷径

作为一个成年人,我们都很希望自己可以掌握高效的说话捷径。在日常交流中,我们在说话时如果能够按照定律行事,就可以找到高效的捷径,为自己的口才画龙点睛。比如,在初次交流时,学会掌握首因效应,就会给对方留下深刻印象,再如双方谈话时,我们可以运用近因效应,将自己说话的重点放在最后,使得对方能够牢记……其实,这样的方法有很多种,在与对方交流的过程中,运用这些口才定律,自然会为自己的口才增色不少。

首因效应:让说话的第一面深入人心

首因效应,是指人与人第一次交往中给对号留下的印象,在对方的头脑中形成并占据主导地位的效应。在现代社会的演讲与口才中,运用好这种开场白的首因效应,就可以很好地吸引听众,并且给他人留下比较深刻的印象。

每次张宇的培训课都会有很多人参加,因为他每次的演讲都能给大家留下很深的印象。这一次,张宇又来到某上市公司进行培训。在培训一开始,张宇的一段话就给台下的听众留下了很深的印象。张宇说:"好久没见大家了,大家好吗?"下面一阵欢呼:"好!"张宇又接着说:"中国摇滚先驱、天王崔健,大家应该都知道吧,他每次开演唱会都会问一句和我刚才问的那句差不多的一句话,'各位父老乡亲大家还好吗?'台下一般都会排山倒海、异口同声地说一句'凑合!'我想,这可能是现在社会上一大部分人的心理感受,工作不好也不坏,心情不好也不坏,一切都只是凑合。这也就是今天我们要上这堂课的理由,我们的课题是从有效自我到卓越人生。"张宇说完后,底下顿时响起一阵雷鸣般的掌声。

其实,张宇的讲课之所以可以赢得很多人的青睐,主要的原因就是他懂得在培训课开始前,运用开场白的首因效应,来吸引大家的注意力,使得自己的课题给别人留下深刻的印象。那么,在实际演讲中,我们又该怎样运用首因效应呢?

(1)在正式说话之前,适当地作一些铺垫,如讲个故事或是说个笑话,以加深印象。

(2)根据自己的特点和风格,运用恰当的语速和语调。

(3)可以以提问的方式引入自己的说话主题,进而加深印象。

近因效应:把谈话的重点放在最后

有时候,当人们识记一系列事物时,前面的信息在记忆中会逐渐变得模

糊,而近期信息则在短时记忆中更为突出。在日常交际中,也正是由于这一原因,使得很多人会把谈话的重点放在最后,以加深印象。

“二战”期间,美国政府想通过心理学家的演讲,来动员青年参军服兵役。这位心理学家面对台下嘈杂的青年们说:“孩子们,我和你们一样珍惜自己的生命,而且珍爱生命并没有什么罪过,毕竟人的生命都只有一次。”青年们听完这话,下面安静了下来。那人又说:“但是,我也有一种侥幸心理:假如我服兵役,上前线的机会也只有一半,因为也有可能留在后方。即使上了前线,那我作战的概率也只有一半,因为说不定我会成为某个军官的左右手而留在安全区。万一不幸,我扛起枪,那受伤的可能也只有一半,即使我不幸挂彩,或许在医生的帮助下,我可以逃离鬼门关。就算我运气不好,真的为国捐躯,我的亲人和朋友也会为我感到骄傲,我的父母不但可以获得一枚奖章,还可以得到一笔数量可观的抚恤金和保险金。而我,一位伟大的战士也可以进入天堂。”听完这段演讲,原来极力抗拒上战场的青年们都纷纷表示愿意赌一把。

在演讲中,这位心理学家就是运用了近因效应,有意将谈话的重点放在了最后,才使得青年们加深了印象,进而愿意“赌一把”。那么,在日常交际中,我们应该怎样运用近因效应呢?

(1)说话时,要循序渐进,慢慢扩展。

(2)谈话时,不要为了将重点放在最后,而故意拖延前面的说辞。

(3)在交谈中,不要故意将语言变得繁琐,要以精炼简单为宜。

❊自己人效应:迅速让对方认定你是自己人

所谓“自己人”,其实就是指对方把你与他归于同一类型的人。而“自己人效应”就是指在交谈中,使得对方对“自己人”所说的话更信赖,也更容易接受。在人与人的交流中,想要让对方迅速认定你是自己人,那就要运用自己人效应。

一位中学老师,面对学生的早恋倾向,开展了一次座谈会。在会上,这位老师说:“我年轻的时候,我们班上有一位异性,他学习很好,我们经常在一起学习,时间长了也不知道是怎么搞的,我老是会想到他,有时候在上课

时，也会禁不住看他一眼。同学们有没有这种心理呀？”有几位同学小声地说：“有！”而后，这位老师又说：“到后来我才知道，这种心理其实就是青春期性萌动的正常反应。所以说，这并不是什么不可见人的事，不过这种心理也需要适时的调整，不能让自己沉浸其中不能自拔，那样会耽误自己的学习，也同样会影响到对方。所以，在以后的学习中，如果有同学有这种心理倾向，就可以来找我，我们可以好好沟通一下，好不好？”听完老师的这些话，同学们都异口同声地说：“好！”

这位老师就是运用了“自己人效应”，才使得同学们觉得亲切可信，从而采纳了她的建议。那么，在日常交流中，我们应该怎样运用“自己人效应”，使得对方迅速将我们认定为自己人呢？

（1）在双方交流之前，要树立平等观，将对方视为和自己一样的人。

（2）在与对方交谈时，要寻找到彼此之间的共同点，以此为切入点进行交流。

（3）重视自己能力和才华的提高，考虑问题以大局为重，切勿自私自利。

❁赫洛克的赞美效应：让对方得到有效激励

我们都知道，在现实中，适当表扬的效果明显优于批评，而批评的效果比不予任何评价又好。其实，这就是赫洛克的赞美效应。我们在与别人的交谈，学会适时地给予对方赞美，可以使对方得到激励，进而收到比较好的谈话效果。

一天，张老师在上课的时候，向同学们提了一个比较简单的问题。面对这个问题，班上有好几个同学把手举得很高，可也有那么几个同学似乎想举手但又不好意思。张老师走到一位犹豫不决的学生身边，很温柔地对那位同学说：“不要紧，你可以轻轻地将答案告诉老师。”张老师侧耳倾听了那位同学的悄悄话。然后起身大声地将那个同学的答案重复了一遍，又说：“某某说得很好，这个问题的答案就是这样的。”说完转身对那位同学说道：“如果你下次能够将答案，自己大声地告诉同学们，那会更好的！”自此之后，那位不敢举手的学生受到了很大的激励，使得他在以后的课堂上能够踊跃发言。

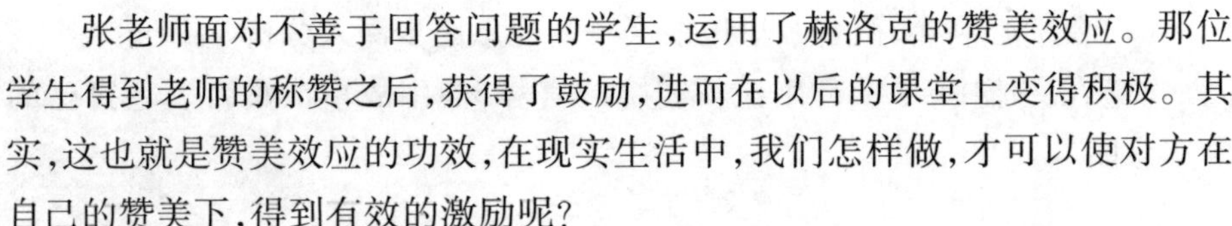

张老师面对不善于回答问题的学生，运用了赫洛克的赞美效应。那位学生得到老师的称赞之后，获得了鼓励，进而在以后的课堂上变得积极。其实，这也就是赞美效应的功效，在现实生活中，我们怎样做，才可以使对方在自己的赞美下，得到有效的激励呢？

(1)在交谈中，要多发现对方的优点，给予对方最真挚的赞美。

(2)使用过渡性语言，调节说话节奏，调动对方的情绪。

(3)谈话中，语言要有层次性和针对性，面对不同的对象选用不同的赞美方式。

❊布朗定律：有一扇心门等待沟通的钥匙

在交流中，我们一旦找到了打开对方心锁的钥匙，往往就可以反复用这把钥匙去打开他的某些心锁。其实在沟通中，我们只要知道别人最在意什么，别人的意愿就会在你的把握之中，而找到这把打开心锁的钥匙就是双方良好沟通的开端。

有一位妻子，因忍受不了丈夫对自己的猜忌，诉诸法院请求离婚。法官为劝说双方和解，就对男人说："以前有个乡下人，他在自家的地窖中干活时，忘了将斧头带出来。几天后，他发现自家的斧头不见了，找了很多地方，都还是没找到。于是，他就觉得斧头是被邻居家的儿子偷去了，可是自己又没有证据，所以也就不能乱讲。他就开始观察邻居家的儿子，他觉得这个人的神态举止都很像是偷了斧头的。过了几天，这个乡下人再次下到地窖里时，发现了自家那把斧头。这时候，他再看邻居家的儿子，就觉得不管是神态，还是言语举止，他都不像是偷斧头的小偷。你听明白是什么意思了么？"男人点点头。而后，法官又说："对自己的妻子，你就应该相信他，过多的猜忌是一种心理不健康的表现，同样也会让你的妻子对你厌烦，好好想想吧！"谈话之后，这个男人向自己的妻子真诚地道了歉，并求得了妻子的原谅。

这位法官就是借助"疑邻盗斧"的故事，打开了对方的心结。那么，在与人交流时，我们又该怎样找到打开心锁的钥匙，进而形成双方交流的良好开端呢？

(1)在交谈中，要以尊重为本，把对对方的尊重恰到好处地表现出来。

(2)要细心洞察,由表及里地根据一些现象逐步深入分析。

(3)在交流中,尽量运用比较委婉的言辞,借用故事或寓言表达自己的真实意图。

比林定律:果断拒绝不该答应的事

很多人一生中的麻烦有一半是由于太快说“是”或太慢说“不”所造成的。因此在发言的时候,我们要懂得发言的艺术,考虑问题不能急躁,也不能怠慢,在与人交流时,不应该答应的事情,就要学会果断地拒绝。

一天,李强接到一位客户的电话,说是要修复一副烧坏的轴瓦。李强表示要先看一下照片,然后再决定。李强和工艺师傅对客户发过来的照片观察了半天,发现轴瓦烧得比较严重,修复倒是可以,但是修复就有可能会发生变形。李强打电话把实情告诉了那位客户,结果那位客户说:“既然可以修复就帮我修复一下好了,这套产品是别人让我帮忙找人修复的,反正也不是我自己用。要是万一变形了我也不会找你们的啊!”听了这话,李强很生气地说道:“是作为加工厂家,最重要的就是一个‘信’字,如果我们把修复得有缺陷的产品提供给客户,这不是自砸招牌吗?这样的事我做不出来。”那位客户怒气冲冲地答道:“你这人怎么回事啊?送上门的订单你也会往外推。我送你就三个字——死脑筋!”李强回道:“灵活当然可以,但不能牺牲我们的信誉。我们确实做不了,你找别的厂家做好了。”说完就挂了电话。

李强在面对利益诱惑时,仍然可以做到不该答应的事情就果断地拒绝,这其实就是诚信的体现。那么,在生活中,我们又该怎样运用比林定律,来果断拒绝不该答应的事呢?

(1)运用抑扬顿挫的语调来表达自己的发言内容。

(2)在说话时,尽量不要使用客套话,用简短话题开头,以精练的语言结束。

(3)对自己要说的内容作充分的准备,要做到言之有物。

白德巴定律：管住嘴巴才能最大限度地行动

善于约束自己嘴巴的人，会在行动上得到最大的自由。在现代社会，似乎很多人在面对问题时，都喜欢尽全力为自己争辩。殊不知有时候争辩根本就解决不了问题，在合适的时候，管住自己的嘴巴，记住多说无益，反而会收到好的效果。

一天，一只狐狸外出，遇到了一只小花猫。交谈时，小花猫仰慕这狐狸"才高八斗"，因此便虚心请教："尊敬的狐狸先生，近来生活困难，您是怎样渡过难关的？"狐狸说："什么？你这只可怜的花猫，每天只会捉老鼠，你有什么资格问我如何生活！真不识抬举！你学过什么本领？说来听听！"小花猫很谦虚地说："如果有只狼狗向我扑来，我就会跳到树上去逃生。""唉，这算什么本领？我可是精读百科全书，掌握上百种武术技能，我身边还有满袋的锦囊妙计呢！你太可怜了！让我教你逃脱狼狗追逐的绝招吧！"说着狐狸想从袋子中寻找妙计。恰巧，这时猎人带了四只猎狗迎面而来。小花猫敏捷地纵身一跳，跳上一棵树，躲藏在了茂密的树叶中，而狐狸却被猎狗抓住了。

这个寓言故事中的狐狸，如果它懂得多练习，少说话，那么它也许就不会被猎狗抓住。其实，在生活中就有很多人像这只狐狸一样，面对事情光说不做，最后自然是一无所获。那么，在实际操作中，我们应该怎样管住自己的嘴巴？

(1)在面对实际问题时，要谦虚，不要只会逞口舌之快。

(2)在平时的交流中，不做长舌妇，避免谈论东家长西家短。

(3)对于自己能够做到的就提及，对于自己做不到的事情就不要乱说。

波特定律：批评也能让人心悦诚服

很多人在遭受批评时，都只会记住批评的事项，而不去关注批评的理由，因为他们忙于思索论据来反驳批评。之所以造成这种现象，很可能是因

为批评者方式不妥，一开口就让被批评者心生厌烦。所以，在与人交流时，如果要对对方进行批评，那就要掌握方法，使得对方心悦诚服。

一天，在学生上英语早自习时，有的同学交头接耳、吵吵嚷嚷，有的同学边吃边玩，可当王老师站到讲台上后，整个教室就安静了下来。王老师以平静的目光扫视了一番后说道："如果有人问你们借一件很珍贵的东西，你们会借给他吗？"同学们很奇怪，沉默了一会儿后，一位男同学答道："借！""那好，我想让你把你的青春借给我，不知你意下如何？"这时候，教室里一阵骚动，有几个顽皮的学生说道："不借！"于是，王老师就接着说道："看来，大家都很珍惜自己的青春，青春美好，岂有外借之礼！那为什么，在该上早读的时间里，大家却在嬉戏打闹中白白耗费自己的青春呢？如果你们真的珍惜自己的青春，那就请上好每一节早读课。"听完王老师的话，同学们都低下头开始背诵单词、课文了。

王老师在批评学生时，并没有直接挑错，而是借助波特定律，运用幽默风趣的语言来引出自己的批评，最终让学生们心悦诚服。那么，在日常交际中，我们应该怎样让自己的批评也达到这种效果呢？

(1)在对对方进行批评时，不要直接表达，可以借助一些别的事情，进而提出批评。

(2)在交谈中，如要批评对方，可以先对对方的优点进行表扬，而后提出批评。

(3)批评时，不要使用侮辱性语言，亦不要当众训斥，应将批评放在人后。

❁登门槛效应：稳步递进让效果达到最佳

心理学家认为，如果一个人一开始就接受了他人的一个微不足道的要求，那么这个人为了避免认知上的不协调，或想给对方以前后一致的印象，就有可能接受更大的要求。这就是"登门槛效应"对人的影响。

左师触龙面对怒气冲冲的赵太后，先是问候太后的身体，而后提出了自己的健康建议，见太后怒色稍解。于是说："我疼爱小儿子舒祺，希望能让他替补上卫士的数目，来保卫王宫。"太后说："可以，你们男人也疼爱小

儿子吗？”触龙说：“比长安君。”太后说：“你错了！我比较疼爱长安君。”触龙说：“父母疼爱子女，就得为他们考虑长远。燕后出嫁以后，您也并不是不想念她，可您祭祀时，一定为她祷告说：‘千万不要回来啊！’难道这不是为她作长远打算，希望她生育子孙，一代一代地做国君吗？”太后说：“是这样。”触龙说：“然而您把长安君的地位提得很高，封给他肥沃的土地，而不趁现在这个时机让他为国立功，一旦您死了，长安君凭什么在赵国站住脚呢？所以，我认为您疼爱他不如疼爱燕后。”太后说：“好吧，任凭你指派他吧！”

触龙在说服赵太后时，并非直接表明自己的意图，而是通过循序渐进的方式，来让赵太后答应将长安君作为人质。那么，在日常交际中，我们又该怎样运用登门槛效应呢？

(1)在与对方谈话时，不要直奔主题，可以找一个切入点，慢慢拓展。

(2)在交流中，可以采用以迂为直的策略，切勿急于求成。

(3)在双方交流中要懂得“先得寸，再进尺”的策略。

❀牢骚效应：及时疏解牢骚有益团结

牢骚效应告诉我们：对一个人未能实现的意愿和未能满足的情绪，要让它们发泄出来，并加以正确的引导，这有利于个人身心发展和工作效率的提高。所以，在日常交际中，我们要及时疏解牢骚，进而促成团结。

王启是个既无后台又无阿谀奉承之术的小职员，眼看周围的人各自走马上任，他心里极不平衡。一天他在大树下纳凉，边摇着芭蕉扇边说：“你说现在，要想办点事，不送礼还行？那些升官晋级的，哪个没有送礼？”这时，另一位小伙说：“那也不一定，我们单位刚提拔的小李，我看就没有送礼。”“嗨！他送礼还和你打招呼？傻小子，你还嫩了点！我过的桥比你走的路还多。哼，我算是看透了！”那小伙子沉默了。这时，旁边一个人说：“现在的人，有才华自然就有升职的机会，有些东西是你的就始终都是你的，不是你的又何必强求呢？保持一颗平常心，不是比什么都好吗？”王启听完这话，点了点头说道：“你说得也有道理呀！”

后来的那个人之所以能够说服王启，原因就在于，他对王启的牢骚采取

了“宜疏不宜堵”的策略，进而达到了团结的目的。那么，在日常交际中，我们又该怎样疏解牢骚呢？

（1）面对对方的牢骚，要找准切入点，号准脉。

（2）缓解牢骚时，不要置疑对方的能力，要使用平和的口气与之沟通。

（3）说话从宏观着手，不要纠缠于细枝末节。

第3章

说话原则：利用口才技艺让别人信服于你

口若悬河、滔滔不绝并不代表口才好，舌绽莲花、八面玲珑也并不代表“会说话”。真正的口才技艺并不是用话的多少和辞藻华丽与否来衡量的，而是看说话的人能否选择最适当的方式把最真实的意思表达出来，说出来的话是否能让听者信服。

❊真诚是一切谈话的根基

如果你想让沟通达到你所期望的效果，那么就要让别人从你的语言里感觉到你的真诚。如果为了达到目的而虚情假意、编造吹嘘，最后的结果只能让人对你产生厌恶的情绪，从而远离你。

小刘是一家公司的推销员，业务能力很一般。为了让自己的业绩有所提高，他开始对客户强颜欢笑、编造假话、吹嘘商品。的确，他的业绩一度有了很快的提高。

但时间一长，客户发现了他弄虚作假，渐渐对他产生了防备心理。自然他也一次次地被客户拒之门外。

有一天，一位老客户光顾他的生意，但这位客户并不是先看他的产品，而是说："如果你把产品的缺点告诉我，我就买你的东西。"此时的小王已经对自己失去了信心。他想，反正也卖不出去，告诉他也无妨。于是一五一十把产品的缺陷全告诉了客户。

令他不可思议的是，客户竟然真的买了他的产品。走的时候，客户语重心长地对他说："小伙子，要想成功，就要学会说实话，真诚的语言是最能打动人心的。"

故事中的小伙子因为满口谎言，遭人拒绝，而又因为真诚的表达，得到了别人的认可。真诚才会彰显人性的善良和美。言不由衷、虚情假意的语言只会让你祸从口出、自掘坟墓。只有真诚的语言才能换来别人对你的热诚相待，那么，如何说话才能让自己显得更真诚呢？

(1)如实地表情达意，不要夸夸其谈，让听话的人感到舒适，产生美感。有人错误地认为让自己显得真诚的方法之一就是口若悬河地说，其实那样只会让别人讨厌你。

(2)说话要有感而发，在晓之以理的同时动之以情。如实地表情达意之后，接下来就需要我们动之以情，而不是平平淡淡地有感而发。

(3)最后，就是要让听话的人感觉得到你对他的信任。只有让别人感觉到你对他的信任，感觉到你对他的真诚，别人才会对你真诚。

❁适合自己的表达方式最得人心

在很多人眼里，会说话就是指"口若悬河、滔滔不绝"，其实不然。在人际交往中，要想成功地传递信息，最主要的应该是选择适合自己的表达方式。因为语言的技巧并不在乎能说多少，而在于能否选择最适当的方式把真意表达出来。只有这样才能使你所表达内容与表达方式形成一种完美的统一，最终让你的交流沟通达到理想的效果。

林肯很善于找到适合自己的表达方式来征服民众。在一次总统竞选中说道："伊利诺伊州的同乡们，肯塔基州的同乡们，密苏里州的同乡们，我听说在场的人之中，有些人想和我为难，我实在不明白你们为什么要这样做。因为我也是一个和你们一样的平民，那么为何我不能和你们一样拥有发表意见的权利呢？亲爱的朋友，我并不是来干涉你们的人，我也是你们之中的一分子！

"我生于肯塔基州，长于伊利诺伊州，和你们一样都是在艰苦环境中生存下来的人，所以我了解你们，而你们也应更清楚地认识我，知道我不会做不利于你们的事。所以同乡们，请让我们以友好的态度交往，绝不干涉任何人。我现在对你们诚恳要求，请求你们允许我说几句话。那么，现在让我们诚恳地讨论一个严重的问题吧……"

林肯的演讲口才世界闻名，但是他一上台演讲并不是像其他竞选者那样夸夸其谈地对自己的选民们承诺什么，而是找准切入点，以平易近人的态度来拉近和选民的距离，博得选民的支持。那么，如何才能在平时的说话中找到适合自己的表达方式呢？

(1)快速进入话题，用一两句话直接"切中要害"，一下子拉近与听话者的距离。

(2)掌握聆听者的心理，顺着聆听者的心理展开自己的谈话，而不是只按照自己的意思滔滔不绝，让听话者没有表达自己意见的机会。

能把话说到点子上更容易获得机会

人际沟通,实质就是思想情感的交流。一个会说话的人,可以流利地用语言表达自己的意图,能把想要表达的意思说得很清晰,而且层次分明、有条有理,使每一个人都乐于接受。而一个能把话说到点子上的人,在生活和事业中会比别人更容易取得成功。

某公司招聘会计,当天有两个人同时去应聘。公司老板告诉他们:"我们公司只招一名会计,所以你们两人需要竞争。"接下来,老板让他们各自介绍一下自己,最后老板定夺谁去谁留。

第一个人首先说:"我是某名牌学校的高才生,专业知识掌握得相当牢固,我干工作也很踏实……"老板听后点了点头。而第二个人只是简单的几句话:"我觉得干好会计工作有两点:服从上司的指示,保证账目清晰。"最后老板录用了第二个人。因为第二个人不但把话说到了点子上,而且说话很有条理。

有的人滔滔不绝地说了一大堆的话,到头来却发现,自己说的全是废话,反而会引起别人的反感。事实上,一个人会不会说话,能不能条理清晰地表达自己的意图,并不在于话多话少,而在于能不能将话说到点子上。能把话说到点子上,才能明确表达自己的意思。那么,怎样才能将话说到点子上呢?

(1)说话时要善于抓住主要问题,做到主次分明,模棱两可的表达只会让别人对你产生反感情绪。

(2)言简意赅,明确表达自己的意思,让听话者明白你所表达的主旨。

(3)说话注意语言的逻辑性,不要前后颠倒,混淆视听。

条理清晰的表达,让对方更理解你

在人际交往中,口头语言是一种重要的交际工具。现实生活中常常有人由于缺乏必要的语法知识,又不注意逻辑思维的训练,不懂得说话的技

巧，以致说话时前言不搭后语、条理不清、逻辑混乱、天马行空，想到什么说什么。这种词不达意的言语，不但使对方听着吃力，影响良好的人际关系的建立，而且会阻碍自己和对方进一步的交流和交往。

小王进入一家公司做推销员，刚开始第一个月，小王路没少跑，话没少说，可产品一件也没有卖出去。

一天，小王照常走进一个曾经来过多次的小区，一位大妈迎上来问："小伙子，你这几天天天到我们社区来，你到底是干什么的？"小王回答："大妈，我是某某公司的，我是来推销一种新产品的。""噢，原来是这样，我们还以为你是骗子呢。你一来'倒豆子'似的一通说，我们根本听不明白你在说什么，今天才知道你是推销员。"另一位大妈说道。

小王一惊，原来症结在这。小王说话快，因为是新手，有时候一紧张常常前言不搭后语，就更让别人听不懂他说什么了。找到问题所在，小王的业绩也一下子上升了许多。

在别人面前不会说话、尤其是说话快的人，更要注意语言表达的条理清晰，前后话语的连贯，否则就会让别人听不懂你所表达的意思，对你产生误解。生活当中有很多人说起话来滔滔不绝，可就是不能说得清楚明白。那么，要想条理清晰地表达自己的想法，我们该怎么做呢？

(1)首先要克服紧张、焦虑、恐惧等不良情绪，保持一个良好的心境。不慌不忙，镇定自若地阐述自己的看法。

(2)平时多学习，勤实践，讲实效。除了多看逻辑性强的书籍外，还应多阅读报纸杂志。

(3)有准备地开口说话。尤其是在说一件复杂的事情的时候，不妨在心里打打腹稿。

❊切莫滔滔不绝，言简意赅才是金

中国有句古话叫作"祸从口出"，是说一个人说的话太多了，有时候就会招来祸患。中国人讲究大智若愚，有学问的人一般不乱讲话。只有那些胸无点墨又爱慕虚荣的人才喜欢信口开河，大发言论。所以在研究说话艺术时，首先要学会"少说话"，也就是说话要言简意赅，不说不该说的话。有一

句名言不就这样说吗:"宁可把嘴巴闭起来,使人怀疑你是浅薄的,也不要一开口就让人证实你的浅薄。"

所以,我们要记住这样一个原则:无论在任何地方和场合,我们都要尽量注意自己的说话方式,缄默是值得提倡的。如果非说不可,那么,我们就要注意所说的内容、措辞等,力求达到言简意赅,决不多说无用的话,以免招来不必要的麻烦。那么,我们该怎样学会少说话、言简意赅而又能准确表达自己的意思呢?

(1)对于能直接回答的问题,最好正面回答出来,而且切中要害问题,不要拖泥带水,不要多说无用的话。

(2)要用最凝练的话语来表达自己尽可能丰富的意思。但不要跟说古文一样咬文嚼字,因为交流沟通不是做学问,最主要的是让对方明白你的真实意图。

(3)说话要注意场合,不该你发言的时候绝不开口。要懂得什么话能说,什么话不能说,避免祸从口出。

❊掌握聆听者的心理,让你说得准

俗话说:"酒逢知己千杯少,话不投机半句多。"人际交往中,有人口若悬河、滔滔不绝,而有人三言两语之后就变得语枯句穷。其实,这两者的主要区别就在于,前者懂得在说话时掌握对方心理,能让自己的话说到对方的心坎上。这样的人总可以在不同的交际场合应付自如。那么,我们在与人交谈时该如何掌握聆听者的心理呢?

(1)说话时多注意对方的眼神。一个人的内心在想什么,可以通过他的眼睛看得清清楚楚。当听者直盯着你看,那表明对方可能对你的话产生了质疑;当听者在你说话时不停地眨眼,那就意味着对方对你所说的没有一点兴趣,继续说下去可能会引起听者的反感情绪;当你发现听者眨眼睛的频率变快的时候,说明你的话起到作用了,对方很感兴趣。

(2)聆听者不经意间流露出来的一些头部动作,往往能映射出对方的心理倾向。与人交谈时,如果听者不断地点头,那意味着对方对你的话产生了兴趣;如果对方低着头一言不发,多半是对方已经对你产生了不满意或者是

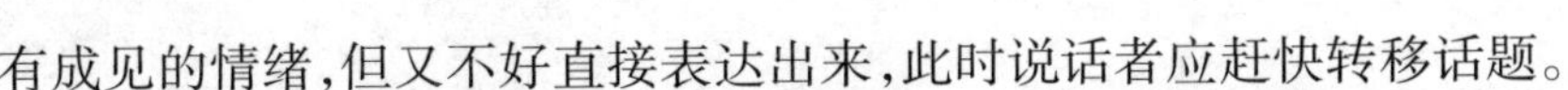

有成见的情绪，但又不好直接表达出来，此时说话者应赶快转移话题。

(3)手部的微小动作，往往能将聆听者的心思暴露出来。当对方在你说话时用手摸鼻子，往往表明他对你的话题不感兴趣，不想和你有更深层次的接触和合作；当对方在你说话时老是揉眼睛，那就说明对方对你的谈话不太感兴趣。此时应赶紧转换自己的谈话主题。

与人谈话，要学会观察和捕捉他人心思，只有这样我们才能知道什么时候该说什么话。我们不断言中别人的心思，或不断说出对方想听的话，这时候，对方自然就很高兴，也乐于和我们继续交谈。

❊不卑不亢的沟通令人信服

在日常的人际交往中，有人因为个性缺陷或心理障碍而产生一种自卑的情绪，从而使自己的人际关系严重受损。也有人因一时的得势而骄傲自大，目中无人，最后成了众矢之的。正所谓，尺有所短、寸有所长，要知道，不卑不亢的人才是最令人信服的。那么，在人际交往中如何做到不卑不亢呢？

(1)保持自己的最低原则不妥协。与人交往，矛盾是难以避免的，小的得失可以不计较，但涉及原则问题就要寸步不让；用相同的态度和不同的人相处，不因权势而随声附和，也不因为别人的地位低下而瞧不起别人；既要尊重他人，又要尊重自己，只有自己先看得起自己，别人才不会小视你的存在。

(2)积极进行交往，克服各种心理障碍。学会主动与人交往，让自己的心理活动不仅仅局限于个人的小圈子里，只有这样你才能逐渐消除自卑心理；在与他人交往的过程中要有自信心，要悦纳自己，只有喜欢自己的人，才会喜欢别人；认识自己，克服各种心理障碍，建立良好的人际关系。

(3)扬长避短，让人看到你的价值。与人交往时不要过分否定自己，要善于发现自己的长处，并在与他人交往中大胆、合理地发挥这些长处。只有这样才会使他人对你产生信任和敬重，同时也会提升你的自信心。

(4)人际交往中要学会真诚待人。与人交流沟通时要坦诚相待，让人觉得你是一个值得信赖的人；减少自我防卫，适当地暴露出自己的真实想法，完全把自我封闭起来是无法获得别人的信任的。

❁把握沟通成效，必先了解对方

无论是职场、生活还是社交、人际，沟通是一项必不可少的元素。要想让沟通富有成效，就应该先了解对方。当我们了解了对方的性格后，就可以根据对方的心理特点，预先考虑采取适当的沟通策略，以便在见面及交流过程中赢得对方的好感，使沟通能顺利地进行，并实现既定的沟通目标。

不同性格喜好的人在沟通时很容易产生矛盾，而如果你在与他人沟通前已经对其有了一个全盘的了解，那就更容易突破这层障碍，最终实现预期的沟通效果。那么，要想达到良好的沟通效果，我们应了解对方的哪些方面呢？

(1)了解对方的性格、心理。性格比较稳重的人，一般来说比较喜欢安静，因此和这种人沟通交流时就不能口若悬河、滔滔不绝。性格比较开朗的人，与其交谈切忌拐弯抹角，因为这种人大多喜欢直来直去。

(2)了解对方的生活习惯。生活井井有条，平时爱干净的人，与其交谈要条理清楚，切忌含糊其辞。做什么都一丝不苟的人，大多是一根筋，只认死理，和这种人说话，要多以事实为依据，切忌在这种人面前吹牛说大话。

(3)了解对方的文化背景。面对不同文化层次的人，要酌情选择自己的语言。比如，对一个文化水平不高的人咬文嚼字，那只能招致对方对你的反感情绪。

❁先开口认错，避免误会的发生

俗话说："知错能改，善莫大焉。"人与人在交流沟通中，错误、矛盾在所难免，要想不让这些不必要的因素影响到沟通的成效，那就需要学会在必要的时候主动开口认错。也许导致矛盾的人不是你，但你的主动承认错误的态度，也会让对方觉得你很有诚意。

王倩在一家公司做销售员，有一次，她遇到了一位特难缠的客户，他老是问王倩一些与产品风马牛不相及的问题，最后闹得她和客户都不高兴。

但就在客户准备要走时，王倩却很真诚地说："对不起，由于我的经验不足而让你生气，为了表示我对你的歉意，希望你能对我的工作提出一些宝贵的建议。"客户听了也觉得不好意思，于是很干脆地购买了她的产品。

对他人的尊重就是对自己的尊重，有时候，与其作无谓的辩解，闹得双方不欢而散，还不如自己主动认错，让对方在消除对你的误会的同时主动接受你的意见。对此应注意以下几点：

(1)给对方一个台阶，让沟通更具成效。如果对方是个爱认死理的，那就先放弃自己的观点，给对方一个必要的台阶，让对方在得到尊重的同时看到他的错误所在。

(2)要学会割舍一些情感因素。出现矛盾要学会自我分析，找到自己的错误并主动开口认错。据理力争、死不认错只能招来他人对你的误会。

(3)要有耐心，也要有智慧。与人沟通交流要有耐心，学会倾听，尽可能少开口批评、埋怨他人，学会与人平等共处。有时候，必要的低头会让你显得更有诚意。

引导对方的积极心理暗示

人际沟通，不单单是说话这么简单，关键在于如何让你说的话被别人信服。没有人愿意去听你滔滔不绝的废话，信口开河也只能让他人对你的可信度产生怀疑。因此，在与对方沟通的时候，要向对方展现出你是真诚的、是值得信赖的。当对方有了这种感觉的时候，就会对自己进行积极的心理暗示，从而作出相应的举措拉近和你的关系，加强和你的交往。那么如何说话才能让对方感觉到你的真诚，从而对自己进行积极的心理暗示呢？

(1)真诚的话语更具生命力。人的话语就像一面镜子，虚情假意的语言是禁不住时间的磨砺的，故弄玄虚、哗众取宠的语言只会让人觉得你不可信；反而是简简单单的话语更能让大众接受。朴实的语言往往会让听者感觉到你的真诚，也让你的语言更容易被他人信服。

(2)平实的语言更能引领别人的思想。先用简单的道理让对方明白你的想法，然后通过交流中的心理暗示逐渐深入主题，这样可能会有事半功倍的效果，还会使你的想法植根于他人心中；要想让他人认真地去听你讲话，

首先就要学会如何去尊重别人,过分直接的语言可能会让对方陷入尴尬的境地,最后只能使双方不欢而散。

(3)稳健的语速更能显示出你的诚意。说话过快,很容易让听者有一种模棱两可的感觉,更有甚者会引起对方的反感情绪;语速太慢,往往会让听者觉得不耐烦,有时还会觉得你是在编造谎言。稳健有力的语速更能显示出你的真诚和可信。

❊让别人从你的口中听出自信

在交流沟通中,说话只是一种手段,最终目的是通过语言让对方按照你所表达的观点去执行。而要想让你的沟通达到这样的成效,首先就要让对方从你口中听出自信,让人一听就觉得你值得信任。相反,如果一个人说话时支支吾吾,语气不坚定,听者就可能觉得你是在糊弄别人,那他又怎么可能对你信服呢?那么,如何才能让对方从你口中听出自信呢?

(1)预先把言辞计划好。与人交谈前把要说的话预先做个简单的计划,这样你说话时就显得很自然,而且可以轻松应付对方的提问;要时常面带微笑,说话平和,条理清晰;言简意赅,抓住主要问题,切忌眉毛胡子一把抓。

(2)正确的肢体语言更能展现出你的自信。说话时,面带微笑,目光柔和地看着对方的眼睛,不卑不亢,让对方感觉到你的自信、诚实和勇气。与人站着说话时,站姿要稳,切忌摇晃肩膀,倒换双腿。在与人交流时,脸上要时常洋溢着微笑,因为微笑是展现你自信的最好方式。

第4章

初次谈话：留给对方深刻的第一印象

人们常说“贵人多忘事”，叹惋与别人在再次见面的时候，对方居然叫不出自己的名字，甚至根本不记得曾经与自己交谈过。其实，初次与人交谈，能否与之“一回生，二回熟”，关键在于我们自己的口才，在归咎于对方“忘事”的同时，我们不妨找找自己的原因，在与人初次交谈的时候，你注意到了自己的自我介绍方式了吗？你使用自己的身体语言了吗？你在称呼对方时是否犯错了呢？你是否注意到了自己的说话分寸呢？……要想给人留下深刻的第一印象，就多注意一些技巧吧！

❊初次见面说话要掂量轻重、把握分寸

蔡小姐要去美国出差，登上飞机后，飞机还未起飞，机舱内骚动着。恰巧，坐在蔡小姐旁边的是一个英国姑娘。蔡小姐是个热心的人，便大大方方地随口与对方聊了起来。

在交谈之中，蔡小姐询问对方："你今年多大岁数呢？"

"你猜猜看。"

蔡小姐转而又问："到了你这个岁数，你一定结婚了吧？"而最终的结果是：对方居然转过头去再也不搭理她了。一直到下飞机，她们两个人再也没有说一句话。

蔡小姐与那位英国姑娘聊天不投机、不欢而散，主要是因为她不该过问对方的隐私。在国外，按照常规，对方是有权利拒绝回答此类问题的。

所以，我们与陌生人交谈时要把握以下分寸：

(1)不要打听别人的隐私等。初次见面就谈及对方的隐私等，是交谈的大忌。

(2)不要人云亦云。人们往往更喜欢那些有主见的人。但许多事情并不是它表面上所呈现的那样，需要我们去探求才能知道真理。人云亦云只会失去他人的信任。

(3)不可重复啰唆。朴素诙谐的话语，能给人以快感。但是，一个词不不管多么新鲜诱人，若出现过频就会大失光彩，使人顿觉乏味。

(4)不要急于告辞。正确的告辞时间是谈话结束，并且对方对你的谈话很感兴趣之时，这会让对方萌生起一种企求能再次见面的欲望。

只要你掌握了以上几点，初次交谈的成功率将会大大增加。

❊称呼得恰当，沟通才能继续

称呼，是人际交往中一方对另一方的称谓。在日常生活中，称呼是一种友好的问候。在与人初次交往时，如何称呼别人，是很有讲究的。

一位女大学生，刚考进大学，对校园不熟悉。这时，她看见一个管理楼道卫生的老大妈，就上去问这老大妈："老奶奶，去食堂怎么走呀？"

谁知道，这位大妈竟然把头一扭，没有搭理她，这位大学生感到很纳闷，不明白是怎么回事。后来，她从其他学姐那里得知，她不喜欢别人叫她老奶奶，如果叫她阿姨，她就对你非常热情了。

由此可见，称呼他人是一门极为重要的艺术，在交往当中应当注意慎重地选择称呼。那么在选择称呼时应该遵循什么样的原则呢？

(1)要考虑对方的年龄。看年龄称呼人，要力求准确，否则会闹笑话。

(2)要考虑对方的职业。

(3)要考虑对方的身份。

(4)要考虑说话的场合。

(5)要考虑自己与对方的亲疏关系。对关系普通者，不宜直呼其姓名；对关系密切者，可不称其姓而直呼其名。

(6)不使用不文雅、不文明的称呼。如"哥们儿""姐们儿""老头儿""老太太"。

总之，为了保证交际的正常进行，说话者要根据对方的年龄、职业、地位、身份以及同对方的亲疏关系和谈话场合等一系列因素选择恰当的称呼。

拉近距离互道寒暄必不可少

寒暄乃应酬之语，是指交往初始见面时相互问候、相互致意的应酬语或客套话，恰当地运用能打破僵局，缩短距离，拉近关系，营造良好的交谈气氛。

日常交往中，我们在与对方第一次交谈之时，若能选用适当的寒暄用语，往往能为双方进一步的交谈作出良好的铺垫。寒暄得体与否，往往是能否给对方一个良好心理暗示的重要因素。所以我们必须要学习和了解寒暄的技巧。

寒暄可以分为以下几个类型：

(1)夸奖对方。人与人交往，是为了获得一种自我价值认定。没有人会拒绝赞美，寒暄之时，适当地赞美对方，很容易拉近彼此间的距离。

(2)通过问候的方式。问候是典型的寒暄方法之一。交谈者可根据不同的场合、环境、对象进行不同的问候。常说的是“你们好”“大家好”“天气冷了,多注意保暖”等。

(3)触景生情式寒暄。触景生情式是针对具体的交谈场景临时产生的问候语,对方刚做完什么事,正在做什么事以及将来做什么,都可以作为寒暄的话题,比如,“你这是要去哪儿呢?”

(4)攀亲认故。这种寒暄指的是抓住双方共同的亲近点,并以此为契机进行发挥性问候,以达到与对方顺利接近的目的。如:“大家是广州人,我母亲出生在广州,说起来,我们算是半个老乡了。”因此,只要你留心,就不难发现,你与交谈对方有着这样那样的“亲”“友”关系。

(5)表达敬慕之情。这是对初次见面者尊重、仰慕、热情有礼的表现。如:“大学时候,师兄的名字可以说是人尽皆知啊!”

(6)言他式。日常生活中,人们经常会借助一些无关紧要的事物来引起交谈,如天气,人们一时难以找到话题,可以通过谈论天气来打破尴尬的场面。

寒暄语不一定具有实质性内容,而且可长可短,因需而异。特别要注意的一点就是寒暄语应当删繁就简,不要过于程式化。

❈见面第一句话该怎么说

人们都说一回生、二回熟。“二回”不难,难就难在头“一回”。难在哪儿呢?难在面对的是陌生人,不知该从什么话说起,不知该说什么话,不知要说的话会不会让人听了感觉不悦……初次和他人交往,要想给对方留下良好的第一印象,开场白起着至关重要的作用,从某种意义上说,说好了开场白,你也就拥有了一把打开陌生人心扉的钥匙。

要想说好开场白,可以参考下面这几种方法:

(1)开门见山式。有几种开门见山的“开场白”,如“初来乍到,请大家多关照”,“今后我们要一起共事了,有什么做的不妥之处,还请各位包涵”,“作为新人,能得到大家如此的热烈欢迎,真让我感动不已”,“认识大家很高兴”……这种开场白适合于面对一个陌生的群体。

此时，说话不可过多也不可过少。对一个陌生的群体而言，故意回避或有问不答，均会被视作对这个群体的拒绝；说话太多也难以让陌生的群体所接受，而且还会让人感到害怕。

(2)自我介绍式。在开场白中很热情地表示友善地作自我介绍，也是不错的选择。但要注意讲话要真诚、友好、热情、有礼貌。

(3)表达感情式。在和他人初次交谈时，你可以随机式地表达自己的某种感情，以带动对方的谈话兴趣。但要注意，要努力造成一种轻松愉快的气氛，不要带有任何的负面情绪。

当然，说好开场白的方式还有很多，但只要你能对这几种方法灵活掌握、运用，就能在交谈中收到立竿见影的奇效。

❁肢体语言也为表达加减分

人们通常认为交际的技巧完全在于口头语言，而实际上，这只是人们的主观感受，事实并不是如此。人们使用最频繁的恰恰是非语言的交谈方式，这就是人们常说的“肢体语言”，它通常在说话之前就已经表达出了我们的感觉和态度，反映了我们对他人的接受度。有数据显示，一个人要向外界传达完整的信息，单纯的语言成分只占7%，声调占38%，另外55%的信息都需要由非语言的体态来传达。而且因为肢体语言通常是一个人下意识的举动，所以，它很少具有欺骗性。

既然肢体语言在人际交往沟通中起着如此重要的作用，那么在交谈的时候，我们一定要注意肢体语言的运用。尤其是与陌生人交往的时候，善用肢体语言，更能有效地拉近彼此间的距离。

这需要我们从现在起，尝试使用这些肢体动作：

(1)展开你的笑颜。人们对于那些总是报以微笑的人似乎总是多一份好感。微笑是一种易于被接受的非言辞信号，可以给人以友好、热情的印象。

(2)身体微向前倾。当你和对方谈话的时候，身体微微前倾，这表明你对他的话题感兴趣。而这对于他来说，显然是一种尊重，他自然很愿意同你交谈下去。

(3)接触。如握手,这不仅是一种礼节,更能体现你的热情与友好,几乎所有人都喜欢这种身体接触。

掌握这三种肢体动作,就掌握了一项与人初次交谈的本领,保证能给对方留下深刻印象。

抓住自我介绍要领,建立沟通

在日常生活和工作中,我们在与陌生人交谈前,为了寻求理解、帮助和支持,免不了要自我介绍一番,介绍是最常见的与他人认识、沟通、增进了解、建立联系的方式。

在社交活动中,想要结识某人或某些人,而又无人引见,此时可以向对方作自我介绍。很多人觉得这很容易:"您好,我叫某某,很高兴认识你。"但实际上,像这样平淡无奇的介绍,下次见面时,对方十有八九会忘记你的名字,甚至忘掉你这个人。

一次非正式聚会中,一个初出茅庐的大学毕业生希望能认识某著名编辑,就主动介绍自己:"您好,我叫某某,今年刚毕业,正在找工作。"这位编辑当时有点愣,头一次听人这么介绍自己,只好接话说:"是吗?那加油啊,祝你早日找到满意的工作。"

显然,他的自我介绍有些不得要领。因为"正在找工作"对于交谈对方来说根本就是一个无效信号。

那么,我们该掌握哪些自我介绍的技巧呢?

(1)介绍出自己的亮点。亮点就是让别人记住的地方。自我介绍尽管只是简短的一两句话,但吸引别人的也许正是开篇的某个亮点。

(2)注意态度。进行自我介绍,要简洁、清晰、充满自信,态度要自然、亲切、随和,应镇定自信、落落大方、彬彬有礼。既不能唯唯诺诺,又不能虚张声势、轻浮夸张。语气要自然,语速要正常,语音要清晰。

(3)注意时机。在社交场合或工作联系时,自我介绍应选择适当的时间,当对方无兴趣、无要求、心情不好,或正在休息、用餐、忙于处理事务时,切忌去打扰,以免尴尬。

(4)注意方法。进行自我介绍,应先向对方点头致意,得到回应后再向对方介绍自己。如果有介绍人在场,自我介绍则被视为不礼貌的。

共同的朋友是更多话题的出发点

与人交谈遇到的第一道关卡便是谈什么,即选择什么话题。有了共同话题,就能使谈话融洽自如。共同话题,是初步交谈的媒介、深入细谈的基础、纵情畅谈的开端。但话题的选择不能一厢情愿,因为交谈是双方的,不能只是沿着自己的思路讲下去,还要设身处地为对方想一想,看对方对什么话题感兴趣。而对于初次交谈的陌生人,你们共同的朋友将会是更多话题的出发点。

以共同的朋友为交谈的首要话题,将会很快建立认同感,双方的心理距离就会有效地缩短,双方的认同感就容易建立起来了。

既然共同的朋友在交谈中如此重要,那我们该怎样利用这一因素呢?

(1)请朋友引荐。在与陌生人交谈之前,你可以请双方共同认识的朋友为你引荐。在第三方的介绍下,双方能很快熟识,并顺利进入话题。

(2)“投石问路”,了解对方和朋友的关系。如在聚会时见到陌生的邻座,便可先“投石”询问:“你和主人是老乡呢还是老同学?”无论问话的前半句对,还是后半句对,都可循着对的一方面交谈下去;如果问得都不对,对方回答说是“老同事”,那自然也可谈下去了。

(3)“套近乎”,拉近和对方之间的关系。在确认了和交谈对方有共同朋友的前提下,就可以与之展开话题了。而此话题,要尽量围绕“这个朋友”,因为这是双方共同熟悉并感兴趣的话题。但在交谈中开始时,你要想方设法诱导对方说话,不能唱独角戏。

有了自然而得体的话题,有了认同感,再加上交谈时诚恳、热情的态度、语言、表情,以及双方表现出的对共同话题的勃勃兴致,和谐的交际气氛也就自然地创造出来了,这样就为下一步的交谈打下了良好的基础。

❁有的放矢，话要说得贴切

在各种不同的交谈对象中，使人们最感困惑、最感气闷、最感局促的是对其一无所知的陌生人。于是，为了让双方敞开心扉，带动对方说话的兴趣，很多人在与陌生人交谈的时候，不注意自己的谈吐，他们常是心不在焉地胡乱言论，从不想想他们在讲些什么，为什么要讲，怎么讲等。而讲话不思考、无准备，或文不对题、无的放矢，则会给人以浅薄之感。

一个青年人参加同事举办的聚会时，与坐在身边的一位女士不断谈论自己的父亲的权势，刚开始，这位女士勉强听着他的吹嘘，但这位青年说得越来越过火，女士已经不厌其烦，最后一气之下说了一句："能让我的耳朵休息会儿吗？"

可能我们常常在谈话中不自觉地犯这样那样的错误。但此时很少会有人提醒我们，只有靠我们自己留心自己的讲话，注意对方的反应，才能发现自己说的是否妥当。

总之，初次与人交谈，一定要三思而后言，为此，我们要做到：

(1)每当说话之前，应对自己所要说的话稍作思考。这里有两层意思，一是知己知彼，即一方面设置自我"警戒线"，同时对对方的个性、爱好、兴趣等有个概略的了解。二是对谈话本身有所准备，包括谈话的内容、提问的方式，语言、声调等。

(2)不要急于下结论，过早表态会使谈话夭折。

(3)表达自然。与人交谈时，只有用最自然的声音说话，才能真正打动人心，不要因为紧张而失真。同时语言表达要简单清晰，切忌啰唆。

(4)懂得倾听。人人都有表达的欲望，切忌滔滔不绝地讲话而忽视了倾听。

与陌生人交谈，一定要注意说话的分寸，说话不温不火，才能不失礼节！

❈先给对方好评，回馈的绝不会是差评

好评是对他人好的印象或评价，它侧重于对人的某一方面价值的肯定和褒奖。对于初次交谈的陌生人，好评是迅速拉近心灵距离的良方，因为人们都有被人肯定的需求。它犹如一缕耀眼的光带给人一片温馨，所以会使人感到满足，感到幸福，感到激动。

某聚会上，一个刚毕业的美术系的女学生在恩师的引荐下，结识了某位画家。

“姜老师，我们大学宿舍四年都挂着您的那幅××图呢！”

“是吗？其实，那幅画并不是我最得意的作品呢！”这位画家已经面露喜色。

“我要是能欣赏到您的得意之作该有多好啊！”

“我的工作室随时都开着，你有时间去找我也可以啊……”

这位女学生的聪明之处就在于在不显山露水中对这位画家大加赞扬了一番，让画家很受用。

的确，与陌生人交谈，先给对方好评，回馈的绝不会是差评。但给人好评，也是有要求的，我们要做到以下三点：

(1)实事求是。给人好评应当实事求是，让人心服口服。这里要求将好评建立在客观事物的基础上，要力求客观、公正、不夸大、不缩小，平理若衡，言之凿凿。譬如，明明这个人的学习成绩不如人，你却说他“名列前茅，百里挑一，才智过人，聪明绝顶”，他必会反感，觉得你是在讽刺他，别人听了也不舒服。

(2)措辞得当。在事实确凿的基础上，给人好评的措辞也应得当，不要油嘴滑舌，大而无当。

(3)态度诚恳。给人好评，要发自内心，出于真诚，让别人觉得你是真心的，不虚伪，不客套，这样才会有好的效果。

给人好评，只有遵循以上三点，才会收到应有的效果。

❁从细节入手,展开谈话的话题

在与人初次交谈过程中,话题很重要。有人说:"交谈中要学会没话找话的本领。"所谓"找话"就是"找话题"。但面对初次交谈的陌生人,要想展开话题并非易事,对此,我们可以从细节入手。

那么,怎样从细节展开谈话的话题呢?

(1)根据现有信息,即兴引入。我们可以巧妙地借用已经得知的某些信息为题,借此引发交谈。比如,你可询问对方的籍贯等,即兴引出话题,常会取得好的效果。"即兴引入"法的优点是灵活自然,就地取材,其关键是要思维敏捷,能作由此及彼的联想。

(2)了解对方的兴趣,循趣入题。我们可以问明陌生人的兴趣,循趣发问,能顺利地进入话题。如在得知对方喜欢网球后,便可以此为话题,谈网球的情趣等。如果你对体育和网球略知一二,那肯定谈得很投机。如你对网球不太了解,那也正是个学习机会,可静心倾听,适时提问,借此大开眼界。

(3)察言观色,寻找双方的共同点。一个人的心理状态、精神追求、生活爱好等,都或多或少地会在他的表情、服饰、谈吐、举止等方面有所表现,只要你善于观察,就会发现你们的共同点。

(4)借用媒介,以此找出共同语言。孔子说"道不同,不相为谋",志同道合,才能谈得拢。与陌生人交谈,必须在缩短距离上下工夫,其中就可以借用媒介。

如你想与某人交谈而与其并不熟,当你见其手里拿着某件物品时,可问:"这是什么?看您对它的了解,在这方面一定是个行家。我能想向你请教个问题吗?"对别人的一切显出浓厚兴趣,通过媒介物表露自我,交谈也会顺利进行。

引出话题的方法很多,只要我们从细节入手,陌生人无话可讲的局面是不难打破的。

第5章

看人说话：与任何人都能聊得开怀

生活中，与人交谈的时候，你是否经历过“对牛弹琴”的尴尬？你是否让对方感觉无趣而被终止了谈话？你是否因没顾及对方的情绪而得罪别人呢？你是否……如果你经历过这些交际难题，那么，你可能忽略了一点，那就是看人说话。不同的人，有不同的脾气、性格等，即使同一个人，也可能会产生情绪的变化。如果忽略了这一点，往往会遭遇“不对脾气”，甚至“话不投机半句多”的尴尬。而如果你懂得了看人说话，也就懂得了和任何人都能聊下去的技巧。

跟不同的人别说一样的话

中国有句谚语:“到什么山唱什么歌,见什么人说什么话。”大多数交际高手都深谙此道,所以才能在交际中左右逢源,游刃有余。可能在日常生活中,我们并不一定需要掌握那么高超的说话技巧,但在适当的场合、对适当的人说适当的话的技巧,还是非常有用的。

每个人,由于生活环境、接受的教育程度、性格、性别、社会地位等方面的不同,导致了他们所能接受的说话方式、语言习惯等方面的不同。因此,与人说话,一定要看清对象,因人而异。“见什么人说什么话”是非常必要的,否则就会犯“对牛弹琴、鸡同鸭讲”的错误。

一般情况下,“见什么人说什么话”要考虑以下几个方面:

(1)性格。现实生活中,有些人内心方正,有些人内心圆滑;有些人对外方正,有些人对外圆滑。从这个角度考察,人可以大致分为四种形态:内方外方,内方外圆,内圆外圆,内圆外方。和不同形态的人交往,要用不同的交际之道。若对方性格直爽,便可以单刀直入;若对方性格迟缓,则要“慢工出细活”;若对方生性多疑,切忌处处表白,应该不动声色,使其疑惑自消。

(2)年龄。不同年龄阶段的人,感兴趣的说话方式也是不同的:对年轻人,应采用热情的语言;对中年人,应该理性地说话;对老年人,应尽量表示自己的尊重。

(3)性别。男性更喜欢干脆的交际语言,而女性,则需要温柔一点的。

(4)职业。不同职业的人,说话习惯也是不同的,但我们尽量要运用与对方所掌握的专业知识关联较紧的语言与之交谈,这样对方对你的信任感就会大大增强。

(5)兴趣爱好。每个人的兴趣爱好都不相同,当你谈起有关他的爱好方面的事情时,对方便会兴致盎然,同时,无形中也会对你产生好感。

❈说话过程中学会察言观色

与人交谈，在最适宜的时机，说出最适宜的话，这才是最会说话的人。否则，如果说出不合时宜或者不悦耳的话，就可能让对方心有不快甚至使交谈终止。而一个人的性格、优点、缺点等，都会在谈话过程中表现出来，只要你能细心观察，就会对你们进一步沟通大有帮助。

可见，我们只有学会察言观色，才能把握好说话的时机。而有时候，眼睛也会欺骗人，观察得来的信息也不能全信，也要细加分析。特别是对一些老于世故的人，喜怒不形于色的人，很难从表情上看出其内心活动。所以若非经过多次观察，最好不要轻率地加以判断。同时，察言观色一定要看其内心，切不可只观其表面。具体来说，我们要做到以下几点：

(1)看眼识人。眼睛是心灵的窗户，人类五官之中，眼睛是最敏锐和最诚实的。观察人的邪正、善恶、喜怒、哀乐，没有比观察他的眼睛更准确的了。眼睛不能遮掩人的恶念。心正，眼睛就明亮，心不正，眼睛就昏昧。

(2)说话的速度。说话的速度常常能反映一个人的心情。说话快的人突然慢下来，那他可能有些不满；而说话慢的人忽然加快语速，他可能在说谎，或者心中怀有愧疚。

❈不要让陌生成为彼此交流的障碍

在交际过程中，经常遇到一些“闷罐子”。在面对陌生人的时候，他们总是习惯于沉默，因为和陌生人说话对他们来说实在“太难了”。而实质上，沟通是一种主动交际行为，如果你总是选择沉默，定然使交际受阻。而只要我们有沟通的欲望，并打破“陌生人”这一思维定式，自然就能打开交谈局面。

美国作家马克·吐温出名之前，很不善于沟通。一次，有人把他介绍给后来成为美国第十八届总统的格兰特将军。当时马克·吐温竟想不出一句可讲的话，而格兰特将军保持着平时的庄重、严肃，同样选择了沉默。

最后，马克·吐温说：“将军，我感到尴尬，您呢？”

可见，无论何时何地，我们遇上并不熟悉的人时，心里都会七上八下，不知该怎样打开话匣子。然而，你必须先打破沉默，才能毫无拘束地与人交流，从而扩大自己的朋友圈子。

既然主动沟通如此重要，那么，我们该怎样做到主动呢？

(1)用打招呼开场。

(2)询问对方的籍贯、身份等，从中获取对交谈有用的信息。

(3)还可以通过对方说话的口音、言辞，观察了解对方的情况。

(4)以动作开场，运用开放的肢体语言。你可以微笑，打招呼，握手，眼神接触，点头示意，等等。

总之，要开启陌生人的话匣子，首先要有沟通的欲望，主动去和别人沟通，尤其是和陌生人沟通。其实，陌生人引人入胜之处，就在于我们对他们一无所知。

当然，只要善于总结，开启话匣子的方法还有很多：我们可以从对方的兴趣爱好谈起，激发对方的交谈欲望；可以从对方的烦恼谈起，并给予理解；也可适当自我袒露心迹，拉近距离。总之，我们要让对方觉得，你是一个想与他交谈的人，并且是一个很友好、善良的人。

❁与家人的沟通也不要“随心所欲”

有人认为，既然都是一家人，沟通还需要讲技巧？但正是这种想法，成为很多家庭不和睦的原因。诚然，一家人天天在一起，协调一致、和睦相处的事例还是占多数；但问题是对于亲人的错误言行和看不惯的事例，说还是不说？如果说，说了不听又怎么办？

“实话实说”与“直话直说”未必有好效果，所以正直的人还要研究与积累“说不说”与“怎么说”的经验。“忠言逆耳利于行”是针对听者说的；而对于说者而言，必须记住“忠言要顺耳”才会奏效；说者不能一味地“苦口婆心”，而要详略得当，要照顾听者的“口味”。

那么，与家人沟通有什么方法呢？

(1)多商量。在家中，多点民主空气，凡事多商量，许多棘手的问题，往往可迎刃而解。比如，逢年过节，给岳父岳母买东西，妻子提出一个具体的

数目时，你可以对她说："少了点吧？再添几个！"这样，不仅可以让爱人感到满意，而且为你给父母买东西打下了基础。

（2）多建议。比如，面对儿子袜子味道太大的问题，你可以这样说："我觉得你长大了，应该自己处理这些熏鼻子的袜子了。"

（3）少吵闹。争吵在夫妻之间是常有的事，即使是最恩爱的夫妻，相互间也难免发生争吵，"小打小闹"可以增进感情，但是，如果争吵起来不加控制就可能激化矛盾，引出意想不到的坏结果。所以，夫妻争吵有必要控制好"度"，即使在最冲动的情况下，也不要超越这个界限。

总之，该说的说，不该说的不说；怎么说有利于家庭和谐就怎么说。至于究竟什么不该说、什么该说、该怎么说，并无定论，全靠当事者明辨事理、洞察情况。

❊多说悄悄话让感情更浓郁

俗话说："相爱简单，相处太难。"恋人之间，在恋爱之初，相互觉得性格相投、相处融洽，为什么随着时间的推移，尤其是进入婚姻之后，却发现彼此间有那么多的差异？作为共处一室的两个个体，这时，语言的沟通有着极其重要的作用。如果你想增进彼此之间的感情，不妨说些悄悄话。

据美国著名男性网络杂志报道，有研究表明，枕边私语可以让夫妻关系更亲密，婚姻更幸福。对女性而言，枕边私语更为重要。因为与心爱的人耳鬓厮磨、窃窃私语，是彼此身体与心灵贴合的过程，这能让她感到无比幸福。

既然悄悄话对增进双方的关系如此重要，那么，我们的爱人喜欢听什么悄悄话呢？又不喜欢听什么呢？我们又该怎样说呢？

（1）多称呼你爱人的昵称。调查显示，人们喜欢听到爱人呼唤自己的昵称，因为这会增加亲密感，让人觉得自己很重要。所以，你可以给自己的爱人起个昵称，在说悄悄话时多用昵称相称。

（2）多赞美你的爱人。几乎所有的人都希望得到爱人的称赞，尤其是在私密的环境下，因为这更体现了爱人的关注。因此，你不妨多夸夸她有多么漂亮、聪明和有趣，多夸夸他多绅士、俊朗等，或者说一下你对她的爱有多么浓烈。比如，你可以说："我们结婚十五年了，你还是和当年一样美""你真是

孩子们的好榜样!”

(3)少“审案”、少抱怨。在和爱人独处的时候,千万不要在如此亲密的时候说一些消极、否定或大煞风景的话。悄悄话最忌“审案”,也忌抱怨工作、说别人的家长里短。这些只会让对方不胜其烦,不啻于一场精神折磨。

将对方看成朋友,才能聊到一起去

俗话说:“己所不欲,勿施于人。”你希望别人怎么对待你,就要怎样对待别人。交谈中亦是如此,你把对方当成朋友,真诚地与之交流,才能聊到一起去;而如果你对其处处设防,恐怕对方也不会与你交心。可见,在交谈中,要想让别人相信你,对你的话感兴趣,首先要强调的就是真诚。也就是说,不仅要用嘴,还要用“心”去说话,把对方当成朋友。

有道是,听其言,观其人,言为心声。“真诚”是一种主观感受。那么,我们该怎样让对方感觉到我们当对方是朋友呢?

(1)真诚。要让对方信任你所说的话,就要避免那些一钱不值的奉承、空洞的许诺和毫无意义的废话,要言行相符,言行统一。

(2)要热情。热情是极具感染力的,只要你善于热情地推销你自己,你将会从中获得许多意想不到的回报。热情是人生得以成功的最大资本。比如,与并不熟悉的人交谈,你可以说:“初来此地吧?如果你需要的话,我可以当你的免费向导。”对方一定会为你的热情所打动。

(3)不必过分急躁 。在与人交谈时,不要表现出你的过分急躁。因为过分的急躁会令人感到疑惑、怀疑。人们会对你的行为感到不安,并退避三分。你需要放慢你的说话节奏和速度,让对方的心情也缓和下来。

(4)不要通过贬低、攻击别人来抬高自己。真正的进步,是靠你不断努力所创造的价值来体现的,绝不能“以别人为台阶向上爬。”因此,在人际交往过程中,你一定要和气,要明智,不要攻击或贬低他人。当对方谈及第三者的某种缺点或不足时,此时,最好保持沉默。

为了使交谈取得良好的效果,我们只有在把对方当朋友的基础上,用心说话,才能让人产生共鸣。

先打动对方，再过渡到目的

我们深知，有求于人时，你得具备一套过硬的嘴上功夫。“打鼓打在点子上”，这是人们经常提到的一句话。不仅打鼓如此，说话亦如此。求人帮助，只要懂得说话的技巧，即使是天大的难事，都不会令你望而却步。

那么，我们该怎样打动对方呢？

(1)说话饱含感情。“真是久仰大名”“一日不见，如隔三秋”之类没有感情色彩的话语，如同一束没有生命力的塑料花，它非常美丽但缺少活力，不鲜活动人，没有触动力。

(2)表达真诚。一个说话真诚的人，更容易让人相信、亲近。很难设想，那些冠冕堂皇、虚情假意的话怎么能让人产生亲近感？因此，即使对话双方身份不同、处境各异，只要说的是坦率的、真诚的、发自肺腑的话，往往都能起到感动人心的作用。

(3)站在对方角度说话。如果与人对话时多从沟通的角度出发，多一点将心比心的理解，多说一点善解人意的话，那么，语言表达就容易引起对方的共鸣，一种独特的亲和力也就寄寓其中了。比如，当对方正遭受某种不幸时，你应当感情真挚地表达自己的理解，你可以说：“你的心情我能理解……”而假如你漠不关心的话，对方是不会答应你的请求的。

当然，打动对方的说话方式和要求还有很多，需要我们在生活的各类场合留心发现。

跟领导都说些什么才能前途坦荡

在每天的工作中，我们都要与领导沟通，但有些人能赢得领导的信任与提拔，有些人却不能，可见与领导沟通的重要性。而要做到前者，我们就必须懂得要怎样和领导说话，说什么话。

与领导交流，有两个重要的目的，一是要提供你所掌握的信息，二是寻求领导的反馈。所以，首先你一定要了解老板对哪些信息感兴趣。

(1)领导往往留意与自身利益密切相关的信息。你可以告诉领导:"这个月我们的营业额是……"

(2)领导对与自己的角色、志趣、经验相关的信息特别关注。若你发现老板酷爱戏曲,你可以告诉他:"程总,今晚大剧院将有……"

(3)领导容易接受具有权威性的信息。比如,你可以对领导说:"目前,药监局出台了新的政策……"

(4)领导总是喜欢选取以肯定形式出现的信息。对此,对于那些好消息或者坏消息,你要采取不同的方式告诉领导。当然,不能一味报喜不报忧。

(5)领导希望获得新奇的信息,而不爱听老生常谈。

(6)领导对某些特殊的消息特别感兴趣。越是为社会和他人所禁锢、保密的信息越是想知道。

如果你已掌握以上信息,那么恭喜你,你和领导沟通往往会很成功。反之,则最好不要轻易去打扰领导。除此之外,在与领导沟通的方式上也要注意:

(1)要注意语气适当,措辞委婉。下属一定要注意使自己的语气比较缓和,显示自己的诚恳和尊敬之情。特别是要使领导明确地认识到,你的所作所为都是出于做好工作的动机,是为领导设身处地地着想,而不是针对领导者本人有何不恭之意。

(2)言辞尽量简短。俗话说:"言多必失。"没有领导喜欢颐指气使的下属,即使你对领导有建议或者需要劝谏,只要指明大意就已足矣,其中的推理不妨由领导自己来作;语言越是简短,语意越是含蓄,就越能引起领导的深思,又不失时机表示了自己对他的忠心耿耿,表明你会永远站在上司这一边。

❁大方且谨慎地同知名人士说话

社会上名人很多,诸如明星、企业家、作家之类,他们身为名人或公众人物,难免已经习惯"高高在上"的派头,与这一类人打交道时,必须特别注意自己的用语。

某报社著名编辑,想与某位大作家约稿。听说这位作家很高傲,于是,

拜访的时候，他只字不提约稿的事，只是和作家聊天。

接着，在双方交谈甚为融洽之时，他突然说："先生，听说你最近写的一部长篇小说在国外很畅销，有这回事吗？我读过不少您的作品，但你的作品手法奇特，这本书也能翻译成其他语种吗？"

这位高傲的作家听到这句话，心中乐不可支，态度也不再那么傲慢了，他说："是有这回事，翻译倒是可以，只是要辛苦翻译及编辑人员了。"两人于是开始兴致勃勃地谈论起文学作品。

而几十分钟后，大作家亲口答应当天就给这位编辑写一篇文章，他最后高高兴兴地回去交差了。

这位编辑采用的是特殊的说话策略。尽管名人都有较高层次的社交范围，有高人一等的优越意识，但并不是无法与之沟通。

那么，我们该怎么与知名人士说话呢？

(1)摆正位置，以示真诚。与知名人士说话，要准确把握双方关系，给其以相应位置，充分表现出对他的尊重。比如，对于某嘉宾的到场，我们可以说："感谢您百忙之中抽出时间来参加我们的活动。"这是合乎交际现实的，不仅不会损害自己的"身价"，而且会取得尊贵者的信任。

(2)消除心理障碍，尊重与严谨并存。面对知名人士，心理上难免有障碍，不敢正面和对方交谈，让对方始终以压倒性姿态占据自己的上风，这就容易让自己一直处于劣势。而要消除心理障碍，就要主动交谈，你应该主动地走上去，说："××先生，您好，欢迎您参加本次的写作交流会。"

(3)态度自然，不卑不亢。知名人士一般会在地位、阅历或者学识上高我们一筹。与他们交往，常令我们肃然起敬，但这意味着我们更要态度自然、不卑不亢地与之说话，自我贬低会无形中降低我们的身份和重要性。

注意以上三点，我们在与知名人士交谈的时候，自然可以提高自己的发言地位。

❊想要把握说话分寸，先要读懂对方

"知己知彼，百战不殆"，这虽是一句古语，但仍可以运用到交谈中的口才技巧上，也就是说：要想把握说话的分寸，就先要读懂对方。因为面对不

同性格、不同脾气、不同身份地位的人，需要用不同的说话方式；而即使是同一个人，在不同时候、不同场合、不同心情下，所能接受的说话方式也是不同的。

老陈和老张是同一个单位退休的员工，也是邻居。老张平时爱逗乐子，几天没有见，一见面第一句就说："你还没有死呀？"对方也不计较，回一句："我等着给你送花圈呢！"两个人哈哈一笑了事。

后来老陈因病住进了医院，老张去医院看望，一见面想逗逗他，又说："你还没有死呀？"这一次，老陈立刻变了脸，生气地说："滚，你滚！"把他赶了出去。老张丈二和尚摸不着头脑，不知道怎么回事。

其实，老张是因为没有读懂一个病人的心情，人家正在病中，心理压力很大。你在病房里对着忧心忡忡的病人说"死"，显然是有失分寸的。其实，老张本来也是好意，想让对方开开坏，只可惜好心办了坏事，才闹出了不愉快。

那么，日常生活中，我们怎样才能读懂对方呢？

(1)读懂对方的肢体语言。人们的心理状况，通常都会通过肢体语言表现出来。比如，当对方"害羞"时，会双臂伸直，向下交叉，两掌反握，同时脸转向一侧；当对方愤怒时，两手臂会在身体两侧，双手握拳，怒目而视。在与对方交谈的时候，我们要善于观察，然后加以判断，及时调整交谈方式。

(2)询问。一位沟通高手，绝对善于询问以及积极倾听他人的意见与感受。当对方行为退缩、默不作声或欲言又止的时候，可用询问来引出对方真正的想法，了解对方的立场以及对方的需求、愿望、意见与感受。比如你可以问："有哪里不妥吗？"

(3)倾听。当你通过询问了解了对方内心的想法后，可以运用积极倾听的方式，来诱导对方发表意见，进而使其对自己产生好感。

观察对方情绪波动，言谈更能对症下药

人们在谈话中，随着谈话进程的推移，可能会出现情绪的波动。当对方出现情绪波动的时候，如果我们还采取原本的谈话方式，可能会令对方不快，甚至令交谈终止。一个人的言行举止、眼神、小动作，都是很有价值的。

因此，交谈对象有情绪波动时，只要我们善于观察，都可以察觉出来。

小风是个口才很好又幽默风趣的人，同事们都特别喜欢跟他在一起，觉得跟他一起很快乐。

但是，小风也有苦恼，那就是一旦自己暗恋的美女同事小娟在场，他就会思维迟钝、说不出话。如果他正和同事开玩笑时，小娟突然出现或者与他目光交接，他就更会面红耳赤、不知所措，甚至语无伦次。每次他都想在小娟面前一展自己的幽默天分，以期获得她的好感，结果总是适得其反。对于自己屡屡的“临阵怯场”，小风真是郁闷透了。

可见，人的情绪随时随地都有可能发生变化，而这些变化也会不由自主地表现出来，那么，我们可以通过哪些方面观察到呢？

(1)留意语速变化，就抓住了对方的内心变化。如果一个平常说话慢慢悠悠、从不着急的人突然加快语速，那么很可能是对方说了一些对他十分不满的话，语速的加快表达了他内心的不满、着急和委屈；而相反，如果语速减慢的话，则很可能是对方触及了他的一些短处、弱点甚至是错误，要不就是他有事瞒着对方，语速的减慢反映了他底气不足、心虚、卑怯的内心状态。

(2)声调的提高，并不一定是有理。音调的变化，语气的改变能体现一个人内心的动荡，反映出一个人真实的一面。理直才能气壮，为了引起你的重视，他往往会提高声调。对此，你可以这样说：“是的，我也认为……”

(3)沉默寡言的人变得健谈，是因为心里有“鬼”。突然由沉默变得健谈的人，往往是刚遇到了一些自己不愿意别人提及的事情，也就是心里有“鬼”。对此，我们要识趣，我们可以这样说：“对了，我想起一个问题……”这样，就能顺利把话题引开，把对方的思维引向别处。

懂得观察对方情绪的波动，我们才能对症下药，采取正确的说话方式。

看清对方表情，说话选对时机

现实生活中，与人交谈，是要选准时机的。找准时机，才能增强说话效果；说话不注意时机，往往事倍功半。一般来说，人们都喜欢与人交谈那些愉快轻松的话题，而避开那些沉重的话题。但事实上，这类话题我们无法避免，比如，对领导提出建议、传达坏消息等，这些就更需要我们说话恰逢时

机，而选对时机，我们可以观察对方的表情，从对方的表情入手。

那么，什么时候才是正确的说话时机，对方又会有什么样的表情呢？

(1)对方心情不错的时候，一般会面露喜色，如嘴角上扬。当对方心情比较愉快的时候，你可以适当地给他提点建议，或者告诉他某个坏消息。但是，千万要注意一个度的问题，最好能点到为止，千万不要破坏人家的心情。

(2)当对方眼神专注，是对你的话感兴趣。此时，你不可以像竹筒倒豆子一样，什么都说了。对方征求你的意见，只能说明他对与你交谈的话题感兴趣，你应顺着对方的思路，而不能肆无忌惮地说。

(3)当对方目不转睛地看着你并微微点头的时候，这是肯定的时机。肯定不仅仅是给人一个形式上的肯定，更大程度上表现的是一种信任，一种支持。当你获得对方的肯定后，也通常获得了一种信任，此时，你可以将话锋一转："谈到这个问题，我想起来一件事……"

了解这些之后，我们还应注意，当对方出现以下表情时，是不适当的说话时机：

(1)厌恶：肌肉轻微收缩而导致鼻子和眼睛周围起皱，上嘴唇轻微提升。

(2)克制的愤怒或烦恼：下巴向前伸，下眼睑也有轻微的紧张。

(3)心烦、不快、痛苦、困惑：眉毛降低和下眼睑拉紧的是生气的信号。

(4)轻蔑、得意或倨傲：一侧嘴角收紧表明了这些相关的情绪。

读懂对方这些表情语言，我们自然就能选对时机说话了！

❊谈及对方的兴趣是令话题投机的必杀技

好的话题，是初步交谈的媒介，深入细谈的基础，开怀畅谈的开端。一旦找到这个话题，就能使谈话融洽自如。我们发现，能言善道，在人际往来中如鱼得水的人，往往在与对方接触的一瞬间，就能找到双方感兴趣的话题，从而引发交谈的兴致。因为人性中有一点：人们首先是对自己感兴趣，而不是对其他事物感兴趣，换句话说，一个人往往关注自己胜过关注别的事物许多倍。

美国一名记者访问肯尼迪时，见面就说："我看您还真像个人文主义

者。”一下子便引起了肯尼迪莫大的兴趣，破例与这名记者长谈了将近两个小时。

在人际交往中，能用来接近对方的话题可说俯拾皆是，关键在于我们要善于根据特定的情境去发掘，并恰到好处地运用。

(1)进行言语试探，寻找话题。

两个年轻人一起坐在杭州某车站的同一条长椅上。

“你好，请问你在什么地方下车?”其中一人问对方。

“到终点站，你呢?”

“我也是，你到浙江什么地方?”

“我到杭州上学，你就是本地人吧?”

“不是的，我是来找女朋友的。”

经过双方的言语试探，双方都对浙江很熟悉，又都是外来者，这样他们的共同点就清晰了。两个人发现对方的共同点后谈得很投机，还约定要一起喝咖啡。

言语试探，你不妨从天气、籍贯和衣着等方面着手。因为问对方这些方面的问题可以迅速拉近关系，且不易触及对方敏感处。

(2)借助媒介，引入对方感兴趣的话题。即以一定的物和事为媒介，作为引发交谈的“因子”。比如，如果你想结识坐在你身边看报纸的这位先生，你就可以以报纸为媒介，对他说：“先生，对不起，打扰一下。请问您手里拿的是《人民日报》吗？今天有什么重要新闻吗?”如此一来，就开启了双方对话的话头。

(3)善于观察，找出对方在意的事物。比如，对方一直把玩相机时，这就表明他对摄影感兴趣。你可以此为题，谈摄影的取景、各类相机的优劣等。

总之，从对方的兴趣谈话，能让话题更投机。因为对方最感兴趣的事，总是最熟悉、最有话可谈，也最乐于谈的。当然，引出对方感兴趣的话题的方法还有很多，需要我们善于发现，然后加以引导。

第6章

善用赞美：一开口就让别人喜欢你

在积累人脉资源的过程中，懂得如何赞美别人是讨得对方欢心的最佳方式。“良言一句三冬暖”，适当的赞美，在温暖别人的心的同时，也温暖了自己的心。但赞美他人是门语言学问，其中的奥妙无穷无尽。人们爱听赞美之言，但人们不喜欢言不由衷的奉承，不喜欢毫无新意的陈词滥调……因此，我们一定要运用好赞美这门学问，赞美要因人而异、发自内心，并要做到言辞新颖、角度新颖等。只有做好这些，才能一张口就让对方喜欢你，从心里接受你的赞美！

❀赞美这门语言学问必须要掌握

古今中外,无论是过去、现在,还是将来,如果谁学会了适时、适当、真诚地赞美别人,谁就拥有了良好的人际关系。赞美之所以能对人的行为产生深刻影响,是因为它满足了人们较高层次的心理需求。

美国总统林肯曾经说过:"人性中最深切的秉性,是被人赏识的渴望,因为每个人都喜欢别人的赞美"。赞美他人,应该是我们在日常沟通中常常碰到的;要建立良好的人际关系,适当的赞美是必不可少的。

一位美国总统这样批评她的女秘书:"你这件衣服很漂亮,你真是一个迷人的小姐。只是我希望你打印文件时注意一下标点符号,让你打印的文件像你一样迷人。"

女秘书当然明白这是什么意思,从此打印文件很少出错了。

试想,身为总统,可谓是最有权势的人,但他依旧注意自己的言辞,用赞美的语气提醒了秘书,让秘书更容易接受。

被别人赞美不易,你必须拥有被人赞美的长处;赞美别人同样不易,赞美他人是一门语言学问。

那么,要想掌握赞美这门语言学问,我们要做好哪些方面的工作呢?

(1)摒弃成见,克服狭隘的心胸和阴暗的心理。一个始终想着一己得失的人,一个总用戒备和提防的心理去对待别人的人,怎么可能去欣赏别人呢?就更谈不上由衷地赞美别人了。大作家雨果曾说过:"世界上最宽阔的东西是海洋,比海洋更宽阔的是天空,比天空更宽阔的是人的心灵。"可见,我们应当摒弃自大、自负和自满,毫不吝啬地对别人的才智、德操、品行送上由衷的赞美。比如,当对方获得某种成就时,你一定要真诚地赞赏:"你的成就和努力是分不开的,希望你再接再厉……"

(2)善于观察,发现对方可赞赏之处。赞美绝非无缘无故,更不是无中生有。要想掌握赞美的学问,就必须具备善于发现的慧眼,从小处着手,发现别人的优点、优雅的行为、美丽的装束……

(3)修饰你的措辞。同样是赞美的话,表达的不同,效果是不同的,比如,如果你夸奖某位女性朋友的眼睛漂亮,"你的眼睛如泉水般清澈"明显比

“你的眼睛真好看”效果要好得多。我们在生活中与人交谈的时候，要多注意自己的表达措辞。

我们若能多加赞美他人的话，势必会给我们带来更好的交谈效果。

赞美他人是为自己的成功投资

赞美，是用语言表达对人或事物优点的喜爱之意。喜欢听赞美似乎是人的一种天性，是一种正常的心理需要。

有人说，赞扬是一小笔投资，只需片刻的思索和时间就能得到意想不到的报酬。这话有些道理，我们不妨来看看下面的故事：

1921年，查尔斯·史考伯担任美国钢铁公司的第一任总裁时，钢铁大王卡内基给了他100万美元的年薪。对此，史考伯说，他得到这么多的薪水，主要是因为他跟别人相处的本领。

“我认为，我那能把员工鼓舞起来的能力，是我拥有的最大资产，而使一个人发挥最大能力的方法，就是赞赏和鼓励。再没有比上司的批评更能抹杀一个人的雄心了的。我从来不批评任何人，我赞成鼓励别人工作，因此我急于称赞，讨厌挑错。如果问我喜欢什么的话，那就是我诚于嘉许，宽于称道。”

员工的工作积极性来源于领导的赞美，而员工的积极性是保证高效率工作的前提，也是价值和利润产生的前提。

当然，赞扬不应该仅仅为了报酬，赞美他人的同时也成就了自己。那么，究竟赞美于我们有什么作用呢？

(1)有利于沟通感情。赞美是沟通感情、表示理解的方式，如同微笑一样，也是照在人们心灵上的阳光。马克·吐温说：“靠一句美好的赞扬我们能活上两个月。”

(2)净化心灵，化解矛盾。赞美别人，可以使我们的心灵在欣赏与赞美中得到净化。在这个节奏飞快的现代社会，在这个无暇沟通的生活环境中，学会赞美别人，人与人之间便会多一分理解，少一点矛盾。

(3)完善人际关系。当我们给予他人赞美时，传达的也是友好、亲切的信息，相互间的交际氛围自然就会大大改善。对方通常会说：“哪里，您真是

过奖了。”而实际上，对方心里已经乐开了花。

在积累人脉资源的过程中，懂得如何赞美别人是讨得对方欢心的最佳方式。

❁赞美要分好时段才能达到功效

人际交往中，许多人常常使用赞美的语言。如果你对他人说出赞美的话，并且能恰如其分，对方一定会十分高兴。赞美对人际沟通、维系良好关系会产生重要的作用。它不仅是调整心灵的润滑剂，而且，让别人听了舒服之余，还有助于增进彼此关系。所以如何适当地赞美他人，也是与人沟通的重要课题。

当然，赞美别人，不是廉价的吹捧，不是无原则的“你好我好大家好”，不是投其所好的精神按摩，更不是包藏祸心的精神贿赂。赞美是有原则的，其中重要的一点就是：赞美也要分时段。

那么，我们该怎样理解赞美要分时段的原则呢？

(1)如果彼此是初次见面或是关系一般，赞美之言最好点到为止。赞扬对方，如果关系不是那么深，还没有融入彼此的圈子，那么你的赞美之言能传达你的心意即可。“你真是太好啦”或者“我对你的佩服如滔滔江水连绵不绝”之类的话，恐怕没有什么人会认为你真的是对他们充满善意吧！

(2)随着关系的深入，可适当采用随意的赞美之语。比如，对于你的一个女性朋友，你可以随时随地地赞美她，但与其说“你太漂亮了”，不如说“这件衣服穿在你身上真漂亮”；与其说“你真有头脑”，不如说“你怎么就能想出这样的好办法呢”。这样表达起来更自然，更显真诚。

(3)如果彼此关系很好，交情很深，那有时即使夸张一些也没关系。比如，对你的闺密的新衣服，你可以说：“你的美丽真是让我嫉妒死了。”你的话不仅不会让她生气，还会很受用。

常言道：“语言是衡量沟通双方心理距离的尺度。”因此令人感到不舒服的赞美之言，不仅会在无意中拉开彼此的距离，更有防范他人侵犯的意味。因此，我们要想让赞美起到良好的效果，就要注意根据双方关系的亲疏远近分时段地赞美，这样才能拉近彼此间的关系。

❈人人需要赞美，但人人爱听的不同

在日常交往中，人人需要赞美，人人也喜欢被赞美。真诚的赞美不但会使被赞美者产生心理上的愉悦，还可以促进人际关系的和谐。赞美是一件好事，但绝不是一件易事。

人的素质有高低之分，年龄有长幼之别，不同的人所能接受的赞美的语言和赞美的方式是不同的，赞美别人时如不审时度势，不知道因人而异，即使你是真诚的，也会变好事为坏事。相反，因人而异、突出个性、有特点的赞美比一般化的赞美能收到更好的效果。

那么，怎样才能做到因人而异地赞美别人呢？

(1)根据对方的年龄。为此，我们在赞美老人时，可以着重赞美他当年的那些引以为豪的业绩与雄风；对年轻人，不妨语气稍微夸张地赞扬他的创造才能和开拓精神，并举出几点实例证明他的确能够前程似锦。同时，一般老年人会寄希望于子孙，而年轻人则寄希望于自身。因此，尽量不要称赞年轻人的父母或者长辈等；而对于老年人，你如果说他的子孙，无论学识或能力都是难得的人才，他一定会相当欢喜，甚至认为你慧眼识英雄！

(2)根据对方的职业。对于经商的人，可称赞他头脑灵活，生财有道；对于有地位的干部，可称赞他为国为民、廉洁清正；对于知识分子，可称赞他学有根底、笔下生花、知识渊博、宁静淡泊……

(3)根据对方的性别。比如，同样是赞美体胖的人，对于女性，若说她又矮又胖，一定会令人反感；但你夸她丰满，她会得到几分心理安慰。对同样体型的男子，你说他是矮胖子，他也许只会置之一笑。

(4)根据对方的个性性格特点。对方性格外向，行事大方，可多赞美他，他会很自然接受；如果对方比较内向、敏感、严肃，你过多地赞美他，会使其认为你很轻浮、浅薄，甚至怀疑你别有用心。

(5)根据对方的知识水平。比如，如果你和一个知识分子谈到对社会上嫉贤妒能现象的认识，你可以说“木秀于林，风必摧之”之类的话；而如果对方是个知识水平不高的人，你则可以说“枪打出头鸟”“出头的椽子先烂”这

样的俗话，对方会更容易接受，讲话会更有效果，赞美人同样如此。

当然，这一切要依据事实，切不可虚夸。

真诚有度，赞美不要成了奉承

赞美会令对方产生好感，从而使相互之间的关系融洽，这一作用是不言而喻的。但赞美并不等同于阿谀奉承，人们喜欢被赞美，但并非任何赞美都能使对方高兴。能引起对方好感的只能是那些基于事实、发自内心的赞美。相反，你若无根无据、虚情假意地奉承别人，他不仅会感到莫名其妙，更会觉得你油嘴滑舌、诡诈虚伪。所以，生活中与人交谈，我们要赞美而不要奉承别人，别让你的赞美变成奉承。

那么，我们怎样赞美才能避开奉承之嫌呢？

(1)动机纯洁，态度自然。真诚的赞美首先要有纯洁的动机，它不是为了谋求什么才赞美。卡耐基说："如果我们只图从别人那里获得什么，那我们就无法给人一些真诚的赞美，那也就无法真诚地给别人一些快乐。"我们在赞美他人的时候，为了防止自己的赞美流于奉承，我们一定要显得诚恳且坦然。比如，你可以不时在"这张可爱的小孩子照片，是您孙子的吗"等类似的轻松话题中与对方交谈。只要心里坦然，在愉快和谐的谈话中，对方必会接受赞美。

(2)选准时机，及时赞美。赞美的效果在于相机行事、适可而止，真正做到"美酒饮到微醉后，好花看到半开时"。要知道，赞扬是过时不候的。

(3)"患难见真情"，逆境中的赞美更真诚。俗话说："患难见真情。"最需要赞美的不是那些早已功成名就的人，而是那些因被埋没而产生自卑感或身处逆境的人，这时候的赞美才更显真诚。因此，最有实效的赞美不是"锦上添花"，而是"雪中送炭"。

当然，除了语言赞美外，真诚的赞美并不一定总用一些固定的词语，见人便说"好……"。有时，投以赞许的目光、做一个夸奖的手势、送一个友好的微笑也能收到意想不到的效果。

❊出其不意，借他人的话赞美对方

有人说，赞美是所有声音中最甜蜜的一种，赞美应该给人一种美的感受。同时，赞美是一门学问，其中奥妙无穷。聪明的人不会流于陈俗地赞美别人，更不会绞尽脑汁地去想如何赞美他人，而是用别人的话赞美对方，起到出其不意的效果。

用别人的话来赞美对方，也叫作间接赞美，生活中经常听到“某某很佩服你”，“某某称赞你”等这些都是间接赞美法。

有时，赞美由自己说出来，不免有恭维和奉承之嫌。如果换个方法，借用第三者的口吻进行赞美，对方多半会认为你不是在奉承他。例如，“章经理，我听圣通服装厂的刘总说，跟您做生意最痛快不过了。他夸赞您是一位热心爽快的人。”

巧用别人的话赞美对方的效果，可谓出奇制胜。那么，我们在赞美别人的时候，该怎样运用别人的话呢？

(1)知其所荣，知其所好，知其所短。对每个人来讲，既有优点和强项，也有缺点和弱项。优点和强项很容易赢得赞美，而缺点和弱项则不然。因此，我们在利用别人的话赞美对方的时候，首先要了解对方喜欢听什么话，不喜欢听什么话。

(2)“以子之矛攻子之盾”，巧用正面的赞美语言。正面赞美一个人，难免有奉承之嫌。但如果我们利用交际对方自己的话，则会有不同的效果，比如，当你称赞对方的书法造诣深时，你可以这样说：“您的字，正和您曾经说的‘做人要大气’一样啊。”

(3)慎用第三方语言，做精明的“传声筒”。比如，当你想与某位同事拉关系，你不便直接赞美，但你可以利用领导的话。这样，对方不仅心中大悦，也会愿意与你交往。你可以这样说：“小王，我听书记说，你的年终报告写得特别好。”

❀对方的成就是你赞美的开始

适当的赞美，是促进人际关系和谐的润滑剂。但要恰如其分地赞美别人是件很不容易的事。如果称赞不得法，反而会招致反感。希腊有句谚语："使人幸福的不是体力，也不是金钱，而是正义和多才。"最能打动他人的赞美，莫过于对其才能的认可和高度评价。而通常情况下，人们的才能几乎都是通过成就展现出来的，因此，对方的成就就是我们赞美的开始。

韩信曾经为了保全自己，对刘邦有过一番恭维。当时两人的话题是从评论将士开始的，之后各持的见解却不同。刘邦问韩信："你看我有率领几万大军的能力呢？"韩信答："陛下最多只能率领十万左右的大军吧！"刘邦又问："那么你呢？"韩信笑答："臣当然是多多益善！"刘邦此时也笑着问："那你又为什么被我所用呢？"这时韩信开始巧妙地恭维道："陛下虽然没有'将兵'的才能，却具有'将将'的才能，而臣之所以被陛下所用，道理也在于此。而且陛下的此种本能是天生的，绝对不是普通人所能具有的。"

韩信的这番恭维之语可谓巧妙之极，对刘邦可"将将"的才能大加赞扬了一番，从而保全了自己。

那么，我们在赞美别人成就的时候，该注意那些事项呢？

（1）多加了解，确定对方的成就。尚未确定对方最引以为豪的成就前，最好不要胡乱称赞，以免自讨没趣。比如，如果对方明明这月营业额下滑，你却夸赞他"生意兴隆"，招人厌烦自然是在所难免。

（2）多从事实出发，而非成就本身。如果你一味地赞美对方成就卓著或只是蜻蜓点水式地稍加赞美，对方可能会认为是恭维或客套话，而如果你能指出对方有如此成就的原因或者具体表现，则能提高它的可信度，让对方觉得你是真心实意地赞美他。比如，面对一个学有所成的年轻人，你可以说："你每天晚上点灯学习，现在终于有志者事竟成了。"

（3）虚心请教是最好的赞美。比如，你可以对一个事业有成的人说"据说你这个月的销售额又提高了九个百分点，说说你是怎么做到的"，对方一定很乐意接受。

总之，赞美也必须讲求技巧，只要运用得法，必能让对方由衷的高兴。

❊女人不要忽略了对男人的赞美

在男女平等的现代社会，尤其是在女人面前，男人的尊严感是十分强烈的。的确，人无完人，但即使是一个有许多缺点的男人，也需要赞美。生活中，我们经常看到男士赞美女性，但很多女性却忽略了男人也需要赞美。

1920年，时任上尉的戴高乐，有一次在巴黎舞会上邀请汪杜洛小姐跳舞。在优美的旋律下，戴高乐向这位小姐说："我有幸认识你，小姐，非常荣幸，是一种莫名其妙的荣幸……"汪杜洛说："上尉先生，我不知道还有什么比你的话更动听，比此时此刻的时光更美丽……"这种相互间的赞美不仅让两人的距离一下子拉近了很多，更使两人一见钟情，心心相印，很快便定下了终身。

可见，获得赞美并不是女人的专利。作为女人，同样需要不失时机地赞美身边的男性。那么，我们要怎样赞美男性呢？

(1)不必刻意回避对方的缺点和不足。因为回避意味着你意识到了他的缺点，并且视之为忌讳所在。这会大大伤害男人的自尊心的。其实，面对一个其貌不扬的男人，你倒可以这样赞美："你的外表可能在整个公司称不上帅哥，但是你的头脑绝对是最智慧的一个。"

(2)最好间接性地赞美男性。间接赞美符合女性的含蓄、羞涩和感性化的人格特点。如果对男性直接而大胆地赞美，容易招致误解。男女之间说话应考虑到是否适度。直接赞美很容易使男性感到舒服，但有时又可能会对你产生非分之想，而这并不是我们赞美的目的。

比如，你可以借助他人之口赞美某位男同事："据说你的风度非凡，今天看来果然是名不虚传"，"怪不得人人都夸你呢，现在我算是相信了"，这种赞美方式，就可以有效避免一些误解。

(3)对你爱的男人表达敬慕。无论你对对方是爱慕还是热恋或是已经组建家庭，作为男人，他都需要你的赞美。赞美他，最好的方式莫过于表达你的敬慕。爱情心理学家指出，彼此敬慕是充实爱情的最有力的支撑系统和最坚实的感情基础。

在男人眼里，女人的赞美是他个人魅力的象征，显示了他征服世界的实

力，因而会产生很强烈的人生满足感。因此，从现在起，赞美你身边的男人吧！

❁赞美有力度，努力发现对方的独特优势

赞美的实质是能把赞美的话说到对方心里去。而这，首先需要我们具备一双慧眼，善于发现对方的长处，并赞美他人的长处。生活中，许多人常犯的错误，就是见了什么都说好，见了谁都说好。而实际上，很多时候，他们是不懂装懂，因而就缺乏赞美的力度。有这样一个笑话：

在某次书法展上，某青年偶遇某著名书法家，他对该著名书法家说："这字写得真好！"书法家问他究竟好在哪里。他只好回答："这手字真乃绝活！我一个字都认不出来！"

该青年如此赞扬，真是自露浅薄。那么，我们该怎样从对方的长处着眼，赞美他人呢？

（1）善于观察，发现他人的长处。发现对方的长处，这是赞美对方长处的前提。对此，我们可以从对方的爱好入手。一般来说，人们只有先对什么感兴趣，才会擅长什么。几乎每个人都有自己的爱好，有自己擅长的事物，如琴、棋、书、画等。这需要我们细心观察，在发现对方长处后，也不要贸然赞美，而应该先加以了解。

（2）了解对方的长处，用专业知识赞美。做一个赞美者，要懂专业知识。"隔行如隔山"，如果知识面狭窄，无疑就成了"门外汉"，空怀一颗善良的心，却找不到赞美的话题。人们除了对自己专长的东西比较了解以外，对很多事情都很陌生，而在自己陌生领域内对别人表现出的才能和长处就不能理解。为此，我们在发现了对方的长处后，应尽量用专业术语赞美。比如，当你想赞美一位研究历史的教授，你可以谈及对方曾经发表的论文和专著，并对其中的某些内容加以正面评点。

（3）虚心请教，放低姿态。有时候，我们没必要直接恭维他人的长处，这时，只要你虚心地讨教一番，作毕恭毕敬状，他定会兴高采烈地向你传授其中一二奥秘。比如，你可以对一位爱好养花的老人这样说："王老，您这水仙是怎么养的呀？我怎么养不出这么好看的花呢？"

其实，每个人都有自己的长处，而这，都需要我们发现、了解并加以赞美。

❁赞美他人学会无"微"不至

大千世界，芸芸众生，我们每个人只是沧海一粟而已。在日常生活中，不是每个人都能功成名就。真正聪明的人善于从小事上称赞别人，而不是一味地搜寻了不起的大事。我们与人交往中应从具体的事件入手，善于发现别人哪怕是最微小的长处，并不失时机地予以赞美。因为赞美用语越翔实具体，说明你对对方越了解，你的赞美越显得真实可信，越是能让对方感到你的真挚、亲切，你们之间的距离就会越来越近。

某服装店内，一位导购员发现新上架的一件衣服做工有问题。于是，她及时把它换下来。这一举动被店面经理看到了，就夸她为公司着想，维护公司的荣誉，还决定给她加奖金。这位导购员简直有些受宠若惊，到处赞扬那位经理，说她眼快心细，自己的一点小成绩也逃不过她的眼睛，在这样的公司工作才有价值感。

这位导购员不仅仅是为了被奖励而快乐，而是被经理的关心所感动，使她感到自己生活、工作在一个温暖的集体之中，从而激发了她的工作热情，增强了责任心。

那么，我们该怎样从细处着眼赞美别人呢？

(1)要留心观察，细心思考。从现在起，我们要做一位有心人，善于发现赞美的题材，这就要留心观察，细心思考。比如，你是否发现办公室有位同事，总是为其他人冲咖啡？对此，你可以赞美道："你为我们每个人省了5分钟的时间……"

(2)让更多的人知道。人们都希望得到更多人的认同，如果你满足对方这种心理，那么，对方必将予以回报。比如，你可以选个某个时机，当众感谢替别人冲咖啡的同事，放大其这一助人为乐的品质并大加赞扬，该同事一定会对你心存感激。

(3)破除固定思维，尽量"对事不对人"。例如，当你见到一位其貌不扬的小姐，却偏要对她说："你真是美极了。"对方立刻就会认定你所说的是虚

伪之至的违心之言。但如果你着眼于她的服饰、谈吐、举止,发现她这些方面的出众之处并真诚地赞美,她一定会高兴地接受。

可见,从小处着手夸奖别人,不仅会给别人出乎意料的惊喜,而且可以给他人留下你非常关心、体贴他人的好印象。

❈抛掉庸俗恭维,赞美就要有新意

赞美是世界上最动听的语言,赞美是欣赏,是感谢,给人的喜悦是无可比拟的。但很多人的赞美语言乏味,净是些陈词滥调。比如,初次见面,就是久仰大名、如雷贯耳、百闻不如一见、财源茂盛等俗不可耐的恭维。这种公式化的套词会使人感觉恭维者缺乏诚意、玩世不恭,造成不值得深交的印象。而如果我们能有新意地赞美,则能让对方耳目一新,并觉得真实可信。学生周某对此深有体会:

一次,经一位朋友的介绍,他去拜访一位青年学者。当他与主人握手时,赞赏地叹了一句:"你肌肉真棒!"没想到,这句话使得这位学者异常地开心,并挪开宝贵的写作时间为他解答问题,提供有关信息。

这个故事对我们是很有启发意义的。通常情况下,知识分子在体质上会稍显虚弱,身体素质好的不多,身体健美者更是不多。因此,夸奖知识分子肌肉棒无疑会让对方开怀。

那么,我们怎样夸奖对方才有新意呢?

(1)从细节入手,抓住细节赞美。我们不妨抓住对方的某些行为细节来赞美,而不是只赞美这个人,这样会明显加大可信度和新鲜感,很容易博得对方的好感。比如,当你发现你的女同事今天戴了新耳环后,你可以适度赞扬一番:"这对耳环是不是今年某某杂志上重点推荐的那款?"

(2)语言要有新意。赞美的语言固然甜蜜,但如果多次单调重复,也会显得平淡无味,甚至令人生烦,所以要掌握火候,恰到好处。为此,你不妨转化一种语言方式表达你的赞美语言。比如,当你想赞美某位小姐漂亮时,"你今天中午用餐的时候,估计全餐厅的男士都会为你让位子吧"就明显比"你真漂亮"起到的效果要好得多。

(3)角度要有新意。每个人都有很多优点和可爱之处,赞扬要独具慧

眼，发现对方的“闪光点”和“兴趣点”，从新颖的角度赞美将起到事半功倍的效果。

人们都有喜新厌旧的心理，好话听了三遍，谁都会厌烦。因此，我们要想达到赞美的目的，就必须有新意地赞美他人！

赞美同事讲艺术，职场上收获好感

赞美是一种行之有效的交往技巧，它能够有效地拉近人与人之间的心理距离，使彼此迅速地产生沟通的愿望。工作中也需要赞美，赞美是认可别人工作能力和劳动成果，肯定别人价值的表现。可见，如果我们想搞好与同事之间的关系，就需要多去发现别人的优点、成绩，而不能只顾自己抢功劳。

当然，我们赞美同事，并不一定要从工作入手，只要我们细心观察，就能发现同事值得赞美的地方。

公司秘书小杨去理发店剪掉了自己的长发，可是剪完以后，她很不满意，觉得和自己想象的效果完全不一样，她几乎和理发师当场吵起来。当她极其不安地到了公司的时候，同事们都齐声称赞她发型的清爽和简洁，在一片赞美声中，小杨的怨气一股脑儿全消了，心情变得大好，随后几天的工作都非常顺利。

从这个故事中，我们应当有所启发，身处职场，赞美别人，我们要心思细腻，有时候哪怕是赞美别人微不足道的一个优点，就会起到意想不到的效果。

但我们对同事的赞美是有原则的，是发自内心的真诚的表现，而不是曲意逢迎。为此，我们应注意以下两个方面。

(1)发自内心、真诚赞美。任何赞美，只有建立在真诚的基础上，才会真实可信，否则就会给人虚假和牵强的感觉。比如，如果你的女同事身材矮小肥胖，你却用“纤细修长”这个词来夸赞她，必定会被对方认为是嘲笑、讥讽或者是不怀好意。

(2)不能用千篇一律的语言赞美每一个同事。在赞美同事的时候要根据其性别、性格和职位高低等各个方面来使用赞美语言，对待不苟言笑、内

向的同事，赞美要点到即止；对待性格活泼外向的同事就不要吝啬赞美的词汇；对待异性，赞美的时候要注意不能引起不必要的误会；对待年长的同事不能口无遮拦，等等。

总之，真诚而又有技巧地赞美同事，不仅会让同事增加对你的好感，而且也会给你自己的工作带来便利，使彼此的心情变得愉悦、轻松，合作起来也格外容易。

❊赞美上级是一门特殊“功夫”

在与老板说话交流的过程中，能适时地送上几句夸赞领导的话，对上下级关系的融洽能起到积极的作用。但老板对我们的工作有直接的领导权力，一般来说，我们和老板的关系基本上是建立在工作的基础上，这就使得下属对领导的称赞不同于对其他类别的人的称赞。赞美老板也就成了一门特殊的艺术。

那么，赞美老板有哪些方式方法呢？

（1）不卑不亢地赞美更显真诚。有的人称赞老板时不自尊，甚至丧失自己的人格，低三下四，奴颜婢膝，认为凡是老板说的都是正确的，凡是老板的意见都要赞成，凡是老板的行动都要赞美，动不动就用“老板的决策真是英明”之类的词语加以赞扬，这样就把正义的赞美歪曲为拍马溜须、阿谀逢迎。殊不知，现代社会，人们都对人格、尊严看得很重，像这种奴性十足的奉承不仅老板不愿接受，其他同事看起来也会感到幼稚、可笑。要做到不卑不亢地赞美领导，需要我们做到心底无私，实话实说，并做到积于平常、发于一时。

（2）背后赞美比当面赞美好得多。当着领导和周围同事的面直接夸赞领导，虽然也是一种不错的方法，但很容易招致同事的轻蔑、嫉妒和排斥。而且，这种正面歌功颂德的方式能够产生的效果并不大，甚至有负面效果。而背后赞美领导，则显得更真实。比如，如果你想赞美老板为人正直，你不妨借机与同事议论：“王总这人真不错，上次……”你大可不必担心这些话不能被老板听到。

（3）工作能力强才是硬道理，不做“马屁精”。任何事情都有度的把握问题，如果你把“拍马屁”看成是工作中的必须，所拍的“马屁”没有任何目的而

且拍得毫无意义，恐怕会使自己陷入窘境，事与愿违。因此，你不妨多把精力放在工作上，可能有时候比刻意奉承的效果要好得多。

注意以上三点，对老板的赞美才能起到应有的作用。

❊选对赞美下属的方式，让人更忠心

有人认为，下属赞美领导天经地义，领导为什么也要赞美下属呢？事实上，领导赞美下属，可以使领导与下属的距离拉近，使双方能够融洽相处，同时也能能调动下属的工作积极性。但领导赞美下属，也要注意自己的表达方式，有的领导不能说口才不好，也并不是没有称赞下属，但却经常犯一个类似的错误，就是把口头表扬作为经常的廉价奖赏，随便抛给下属，而在下属看来，这样的赞美可有可无，甚至还会起到相反的作用。

小小是一名打字员，由于她工作很是刻苦，她经常受到表扬，但慢慢这些表扬，却使她感到不知所措。比如，有一天，她刚走进办公室，恰遇上总经理，总经理称赞她"是一名优秀的职员"，小小还以为自己的努力被经理看到了。但事实上，过了一会儿，经理就问一份错误的报告是谁打的，小小主动承认了自己的失误。而下班时，经理又赞扬她"你工作得很好"。这些都使小小感到很困惑。接下来的几天，小小都受到了经理这种莫名其妙的表扬。在几经折腾下，小小递上一纸辞呈，离开了公司。

在这个事例中，小小的经理很明白赞扬对员工的激励作用，但他却不知道赞美的方式方法，让员工小小陷入了困惑而辞职。

那么，赞美下属应注意哪些表达方式呢？

(1)注意说话态度，要平易近人。放下"架子"是领导称赞下属的前提条件。领导要想让下属感到你的平易近人，不妨从工作之外入手，比如，当下属生病的时候，你可以去医院看望，并说："身体是工作的本钱。小刘，你作为单位的骨干，身体垮了可不行，平时一定要注意加强营养。"一句略带责备的话却透出领导的赞扬、赏识和爱护。

(2)赞美要具体，不要用一些泛泛而谈的套话。上述事例中的经理犯的就是这个错误。赞扬越具体，这一赞扬的有效性就越高。同时，领导者对年轻下属的表扬越具体，说明你对他越了解，越重视他。比如，你要夸奖一个

下属细心,“这份报告不仅内容完整,而且数字精确,真是份好报告”就比“你真细心”的效果要好得多。

(3)发挥肢体语言的作用。当你想夸奖一个下属“好好干,继续努力哦”的时候,如果你能走上前去拍拍他的肩膀,他更会觉得你很亲切,心中也会更有成就感。

总之,领导也要注意赞美的表达方式,才能使下属感到所从事的工作很有价值,很有意义!

❊文火慢炖,让赞美更入味

在人际交往中,恰如其分地赞美对方,能创造一种热情友好的气氛,能使彼此的心情更加愉悦舒畅。但赞美也是一把双刃的利剑,它能增进人际关系,也能破坏人际关系。我们要想让赞美起到应有的作用,就必须懂得一个道理:赞美如煲汤,火候是关键。

在我们周围也有很多人,赞美别人时,一是太烦琐,不管大事小事都滔滔不绝,乱说一通,总怕自己的赞美太少,不能满足别人。时间长了,大家都觉他是个“老好人”,他赞美自己与否已没有多大意义。因此,我们要注意赞美的火候,千万不可过,赞美别人,不要刻意堆砌一些不适当的敬语。

那么,我们该怎样掌握赞美的火候呢?

(1)把握最佳的赞美时机。这就要求我们对周围的人身上的优点和特点等要多观察,尽可能地随时随地去发现。如果你能及时发现,就要抓住时机,当时赞美,当众赞美。比如,如果你碰巧发现了你的同事无意中完成的工作帮助大家渡过了某个难关,你就可以当着大家的面把这件事说出来:“你们知道吗,这次要不是小王,我们可能都要受罚了……”

(2)在词语运用上要留有余地,不要走极端。比如,我们要慎用有绝对化倾向的修饰语,如“最”“一定”“全部”等。

(3)力争是第一次发现。你所发现的对方的特色、潜能、优势最好是别人谁也没有发现,甚至是他自己也没有发现的内容。你的赞扬会令他恍然大悟,瞬间即增强自信,从而对你产生好感。比如,某位女同事相貌不好,你不知道怎么赞美她,而她却有个听话的女儿,你可以这样说:“你说说你是怎

么教育孩子的，我怎么就教不出这么懂事的女儿呢？”

(4)背后赞扬。在背后赞扬人，是一种高明之至的技巧，因为人与人之间难得的就是背后能说好话，而不是说坏话。比如，当大家都在背后说某同事的坏话时，你可以这样说：“可能你们误会了吧，我觉得小刘这人很仗义呀！”如果对方知道你在别人非议他时挺身而出，主持公道，一定会非常感激你。

总之，把握好赞美的火候，才能真正发挥赞美的作用！

第7章

礼貌交流：尊重别人等于尊重自己

人与人之间的沟通是永恒的话题，但是，只有礼貌交流，相互之间有了尊重，我们才会获得真诚、互助，才能拥有真正卓越的口才。礼貌是尊重的前提，它体现在语言里，也体现在最真实的内心里。当语言中透露出敬意的时候，对方定会感受到被尊重的愉悦。现在，互相尊重已经成了人与人之间相处的一种普遍形式，只要彼此能够礼貌交流、以礼相待，那么就能达到互相尊重的目的，进而创建友好和谐的人际关系。

❊得体的说话更能助你步入成功

许多人善于言谈，却不是那么会说话，给人的感觉总是很别扭，究其原因，主要是说话不够得体。其实，在日常生活中，说话得体是十分有必要的，它是一个人素质的直接体现，也是能够赢得别人尊重的先决条件。有的人说话不得体，这样不仅仅令人厌烦，而且还会在不经意间暴露出自己的不礼貌行为，最终只能导致沟通失败。

春秋时期，陈国国君灵公在夏徵舒家里饮酒，在席间他忍不住嘲弄孔宁、仪行父两大夫说："徵舒像你俩。"而两大夫也不客气地回敬说："也像您。"不言而喻，其意是指三人均和夏徵舒的母亲"有染"。最后，陈灵公被夏徵舒用箭射死。

陈灵公因为说话不得体，以致招来了杀身之祸。在日常交际中，语言是必备的也是最重要的工具之一。我们要想获得交际的成功，在使用语言表情达意时就必须特别讲究得体。"言为心声"，语言是否得体文雅，直接反映了说话人的思想素质。

那么，说话得体需要注意哪些问题呢？

(1)注意说话的场合。不同的场合对语言有不同的要求，或庄严，或肃穆，或轻松，或随意，不同场合自然有不同的语言表达要求。比如，参加葬礼就要求庄严肃穆，切忌嬉笑打闹。

(2)注意说话的对象。对方是长辈还是晚辈，是先生还是女士，是需要分享喜悦的成功者还是需要安慰的失意者，对方的年龄、性别、经历、身份、思想性格、兴趣爱好、文化水平、心理需要、职业处境，等等，这些方面的差异也相应地要求交流中语言的得体运用。

(3)注意话语的恰当使用。得体的语言还要求合适的语体、语气、语调、句式，在一些庄重严肃的场合需要使用比较正规的书面语言，在轻松自由的聚会场合需要活泼诙谐的口语；向对方有所请求需要用征询的口吻，批评他人需要用委婉的语调；对长辈要使用恭敬的语言，对陌生人应该客气礼貌。

在任何时候，要记住"话多不如话巧"，说话得体是语言的最高境界。

谦词、敬语是谈话必不可少的调味料

日常交际中，我们可以用“敬语”和“谦词”来表示对他人的尊重。诸如“请教、指教、赐教、请问”，还有表示“打扰”一词的诸多说法“劳驾、费心、麻烦”等。如果我们能在日常语言交际中使用这些谦词和敬语，那么必定会与他人建立友好和谐的关系，进而减少许多不必要的交际阻碍。

有位士兵骑马赶路，到黄昏了还找不到客栈，这时他看见前面来了位老农，便高喊：“喂，老头儿，离客栈还有多远？”老人回答：“五里！”士兵策马飞奔十多里，仍不见人烟。“五里、五里”，他猛地醒悟过来，“五里”不就是“无礼”的谐音吗？于是他掉转马头赶回来亲热地叫了一声：“老大爷。”话没说完，老农说：“你已经错过路了，如不嫌弃，可到我家一住。”

语言本是思想的衣裳，它可以直接表现出一个人的高雅或粗俗。语言交流就是一种心灵沟通，要想沟通畅通无阻，就应该得体地运用敬语与谦词，这样会让人感到“良言一句三冬暖”，使人与人之间的感情很快就融洽起来。如“您好、谢谢、请、对不起、别客气、再见、请多关照”等谦词、敬语。

那么，如何正确地使用谦词与敬语呢？

(1)适时性。谦词与敬语的使用要注意切合情境，看准时机。比如，当你与别人在洽谈一笔生意的时候，但最后却没有达成一致的协议，这时候如果你说出“很感谢您”，谢什么呢？对方心里会产生你很虚伪的感觉。

(2)艺术性。谦词、敬语的表达应该有一定的艺术性，或许你可以风趣幽默一点，这样会给对方留下深刻的印象，同时也可以化解尴尬的气氛。比如，交谈遭遇了僵局，你可以运用一些幽默的客套话，化解尴尬气氛，使交谈继续进行下去。

(3)适当性。谦词、敬语本身就体现了客气与礼貌，如果在使用时不注重适当性，就会适得其反。比如，领导有事情吩咐你过去，你不需要使用敬语，只需要含笑点头“有什么事吗”，因为对他存有尊重的意念，那么敬意就会自然地流露出来。

活用"对不起",让对方听着舒服

在日常交际场合,经常会听到"对不起",有时候是道歉,有时候是请求别人帮忙,有时候是表达感谢之意。"对不起"是谦虚礼貌地表达歉意的用语,因此,在最开始大家都习惯性地把"对不起"作为表示道歉时的专用语,实际上请求帮忙或表达感谢时也可以使用"对不起"。

语言使用方面的权威人士主张"对不起"在任何场合都能使用。有时,"对不起"这个很简单的词汇能让对方有好心情。所以,在运用"对不起"的时候,请不要拘泥于道歉用语,而是要广泛、灵活地使用。

(1)灵活使用同义的措辞。其实,从字面意思上说,对不起就是"过意不去"的意思,除了用"对不起"来表示你的歉意,你还可以使用与"对不起"意思差不多的客气措辞,比如"真是不好意思""抱歉""给您添麻烦了"。不要光说"对不起",其他各种各样的同类词也需要灵活运用。

(2)恰当地使用"对不起"。有的人总是习惯性地说"总经理,对不起,请看一看",其实这时候说话者应该有意识地使用更恰当的语言,诸如"总经理,对不起打扰您一下,能帮我看看这份文件吗"。使用越灵活,就越能脱口而出,并逐渐成为自己的东西。

(3)道歉不忘说"对不起"。道歉的人心里都比较难过,但又总想为自己解释清楚,结果往往忘记了说"对不起",一上来就开始为自己找借口,这样反而会引起对方的不满。所以,道歉时需要先说"真对不起,我错了",然后再做解释也不迟。

(4)附和对方的意见,以表示真诚的歉意。一句简单的"对不起"并不能真诚地表达歉意,你在说明的时候,需要适当地附和别人的意见,如"对不起,真的很抱歉,你所说的很有道理"。

客气话挂嘴边让你更好办事

交际往来常用的客气话,就犹如润滑社交齿轮的润滑油,能减少"摩擦"

和“噪声”。嘴边常挂着客气话，才不会阻碍彼此的亲切感，而拿捏得恰到好处就会成为出色的社交达人。而说话不客气，就好像话里藏了匕首，随时会刺伤别人。

人与人之间都有一定的心理距离，而客气话恰恰体现了这样一种距离感，尤其是对于初次见面的陌生人，客气话是必不可少的。但是，这样并不代表你所使用的客气话越多，你就越受欢迎，任何事情都有一个“度”，超过了这个“度”就会适得其反。

陈先生是某知名企业业务部经理，他平时很少和部属一同拜访客户，但有一次和一名年轻下属一起前往拜访客户时，一进门，年轻下属像对他朋友一般地对客户说：“这就是我在电话里提过的目录，你先参考看看……”陈先生有些不悦，现在的年轻人怎么这么随便啊，连客气话都不说。但对方却一面倒茶一面说：“经理亲自上门未免太严肃了，以后还是让年轻小伙子来就可以了。”原来客户喜欢这样。

由此可见，过分的客气话反而不容易让彼此更亲近。当彼此之间的关系熟悉了之后，省略一些客气话也没有关系，但也不可因为熟悉而表现得太过轻佻。

那么，如何把客气话常挂在嘴边呢？

(1)熟悉常用客气话。面对初次见面的朋友说“久仰”，若是好久不见的朋友则说“久违”；请人批评时说“指教”，请求他人原谅说“包涵”；请求帮忙说“劳驾”，求人方便说“借光”，等等。

(2)让客气话成为一种用语习惯。同样一个意思，会因为表达方式不同而给人完全不同的感受。因此，不妨让客气话成为一种习惯。比如，前面有位先生挡住了去路，如果你说“让开，让开，让我过去”，或许只会换来一个白眼，如果你能使用客气话“先生，劳驾您让一下路，好吗”，对方一定会面带笑容地让你过去。

说话有分寸感，让对方欣然与你沟通

分寸感是说话的最高艺术，如果你能有分寸地运用语言来准确、贴切、生动地表达出自己的思想感情，这会让你在社交上八面玲珑，在办事时无往

不利。那些说话有分寸的人，从来不会勉强别人与自己有相同的观点或者相同的感觉，他们给人的感觉很舒服；相反，那些说话不懂分寸的人，最后只能使自己在交际中显得越来越被动，甚至陷入困境。

说话有分寸，必须配合一定的语言要素，了解足够详细的背景知识，明确自己的交际目的，选择恰当的交际方式，同时，还需要注重措辞的分寸感。如何使自己说话既礼貌又有分寸感，确实是一门大学问。

(1)掌控说话的时机。把握好说话的分寸，自然需要掌握说话的时机，要做到该说的就说，不该说的就不要乱说。

(2)说话要到位。说话不到位，别人就会不明白，也理解不了你的真实用意，你提出的想法或意见也有可能不会被人重视和接受。如，有人这样说"纵观现在这样的情况，昨天我请教了王先生的看法，他说了该怎么去做，可我觉得还是有些问题"，这种模糊的表达，别人是不能理解的。

(3)避开一些禁忌。说话有分寸还需要避开一些谈话的禁忌，比如尽量不要提起对方所遭遇的伤害，若对方主动提起，你只需要表现出同情并听他述说，但千万不要为了满足自己的好奇心而追问不休，只需要适当附和"真不幸，总算熬过来了"就行了。

(4)说话要注意一些基本技巧。说话有分寸还需要注意一些基本技巧，比如，注意说话的深浅，有的话只需浅尝辄止；注意说话的轻重，响鼓不用重槌敲；说话要注意曲直，有的话是醉翁之意不在酒。

(5)说话不能太过头。说话太过头，言辞太尖刻，比如，"噢，你就是某某呀，我可早就听说过你了，我是章教授的学生，这是我的论文，你先给我看一下！"这样会让人听了不愉快，觉得你不懂规矩，没教养，很容易被人拒而远之。

感谢要真诚，"谢谢"也不能随便说

"谢谢"表示感谢，是在别人给予帮助或提供恩惠时说的感谢话，这是一种发自内心的用语言表达的感谢，也经常用于受到别人帮忙、得到别人原谅等情境。

学会说"谢谢"会让我们在交际场合变得彬彬有礼，给别人留下良好的

印象。其实，人际交往就是一个互动过程，对方友好的行为会引起我们心中的感谢，而这样的“谢谢”又会使对方产生好感，并做出更多友好的行为。

当然，“谢谢”也不是随便就说出口的，而是需要正确恰当地说出“谢谢”，这样别人才会感受到你的真诚。

(1)主动及时道出“谢谢”。感谢者应该主动找上门，在尽可能短的时间内去表达感谢。比如，当自己得到了对方的帮助，而事情也有了好的结果时，不妨亲自登门拜谢，“真的很感谢您，有您的帮忙，我才得以熬过了这个难关”，这样对方立即就感受到了诚意。

(2)小事也需要道“谢谢”。有时候对方并不是刻意去帮你做什么事情，只是无意或者顺便帮忙做了一件小事，这时候也不要吝啬自己的感谢。比如，同事早上上班顺便为你带了一份报纸，你就需要真诚道一声“谢谢你了”。

(3)逐个道谢比“谢谢大家”显得更有情意。几个朋友一起帮了你，如果你只是概括性地说“谢谢大家”，这并显不出多深的情意。正确的方法应该是逐个地道谢，尽量“点名”道谢：“小王，谢谢你，耽误你不少事吧?”“小李，这次可把你累坏了，实在对不住你了。”

(4)诚心道谢。为了显示出自己的诚心，可以在“谢谢”前面附加适当的修饰词，如“真是太谢谢您了”“十二分地感谢您”等，当然也可以采用重复的句式“谢谢，太谢谢您了”。

做礼貌之人，才有人助

礼貌，是人类为维系社会正常生活而要求人们共同遵守的最起码的道德规范，它是人们在长期共同生活和相互交往中逐渐形成的，并且以风俗、习惯和传统等方式固定下来。礼貌是一个人的思想道德水平、文化修养、交际能力的外在表现。

小李同学想找章教授帮忙指导自己的毕业论文，她来到了办公室，彬彬有礼地问道：“请问您是章军章教授吗?”章教授微笑着点头，小李好像有点受宠若惊：“章教授，我早就听说过您的大名了，以前没有机会师从于您，临到毕业的时刻不知道能不能得到您的栽培，我知道您最近公务繁忙，但是我

很期盼能够得到您的指导，期盼您在百忙之中抽出一点点时间看一下我的论文。”“好的，你交给我吧，我先看看，明天你再来取。”章教授笑着接过了小李的论文。

如果小李大大咧咧地说“你就是章军啊，我找了你很久了，你快点给我看看论文啊，后天我就论文答辩了，你可别耽误了我的事”，那么她一定不会得到章教授的帮助，正所谓“礼貌之人才会有人助”。

礼貌体现了一个人对别人的尊重和友善，那么，怎样才能成为一个礼貌之人呢？

（1）尊重别人。首先，我们在与别人接触和交往中，应该尊重别人。比如，在电梯或楼道碰到了邻居，不妨说一句“你先请”，并停步让对方先走，这样就会让别人感受到你的尊重。

（2）说话态度诚恳和气。在交谈中，应该做到态度诚恳，举止大方得体。比如，你先于别人结束用餐，应该向其他人打招呼说“请大家慢用”。

（3）养成说敬语的习惯。敬语是表示尊敬和礼貌的词语，要想成为礼貌之人，应该努力养成使用敬语的习惯，诸如“您好”“请”“谢谢”“对不起”“再见”等。

❀礼貌说话谨记几点注意事项

语言是人与人之间沟通的桥梁，也是思想感情交流的渠道。语言在人际交往中占据着最基本最重要的位置。同时，语言作为一种表达方式，却随着时间、场合、对象的不同而表达出不同的思想情感。说话礼貌关键在于尊重对方和自我谦让，要做到礼貌说话就必须做到以下几点。

（1）使用敬语、谦语。敬语也就是敬辞，即表示尊敬礼貌的词语。我们常用的敬语有“请”，第二人称“您”，代词“阁下”“尊夫人”“贵方”等；谦语是向人表示谦恭和自谦的一种语言，如称自己为“愚”“家父”等。

（2）恰当称呼别人。无论是新朋友还是老朋友，都需要见面就称呼对方。对那些有头衔的称呼其头衔，如“王科长”；直呼其名适用于关系亲密的人，如“李丽，过来一起吃饭”。普通场合下，直呼其名会显得更亲切些；而在公众场合，称呼头衔更得体。对于知识界的人士，可以称呼其职称，如“李博

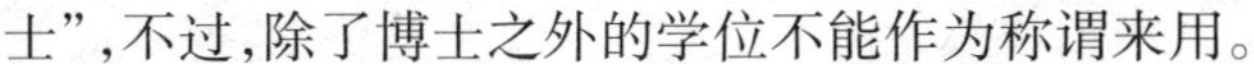

士”,不过,除了博士之外的学位不能作为称谓来用。

(3)善于言辞。不管是达官显贵,还是平民百姓,作为交谈的双方都应该是平等的。交谈中,一般都会选择大家共同感兴趣的话题,但是,对于一些不该触及的敏感话题,如对方的年龄、收入、婚姻状况等,应该尽可能地避开。询问对方这样的信息,无疑是不礼貌和缺乏教养的表现。

(4)使用礼节性语言。语言的礼节就是寒暄,有一些最常见的礼节语言惯用形式,比如,问候语“您好”,告别语“再见”,致谢语“谢谢”,致歉语“对不起”,回敬语“没关系”“不要紧”“不碍事”,等等。

场合不同,礼貌用语也不同

交际本是一门艺术,需要讲究礼仪,这就要求我们在不同场合都要注意礼貌用语。礼貌用语也不能盲目使用,比如初次见面应该说“幸会”,看望别人应该说“拜访”,等等。

作为社会中的一员,每个人都应该熟知一些常用的礼貌用语:与人相见说“您好”,问人姓氏说“贵姓”;请人协助说“费心”,求人办事说“拜托”;麻烦别人说“打扰”,致谢说“多谢”。这些不同场合下的礼貌用语都是很有讲究的,不能乱用,比如请改文章用“斧正”,但若面对的对象不同用法也不一样,面对水平相当的人用“雅正”“指正”;面对长辈用“教正”“赐教”比较恰当。

另外,还需要掌握在公众场合下的礼貌用语:

(1)“十字”礼貌用语。现在,我国提倡的礼貌文明用语是十个字:“您好”“请”“谢谢”“对不起”“再见”,这十个字体现了说话文明的基本的语言形式。

(2)接听电话时的礼貌用语。接电话是很简单很频繁的一个动作,但也需要礼貌用语,特别是在办公室这样的公众场合。“您好,这里是××办公室,请问您找谁?”如果正好找的就是你,可以说“我就是,请问您是哪一位?……请讲”,挂电话的时候,可以说“您放心,我会尽力办好这件事”或者“不用谢,这是我们应该做的”。如果对方所找的人正好不在,你可以说“某某同志不在,我可以替您转告吗”或者“请您稍后再来

电话好吗”。

(3)接待来客礼貌用语。面对来客,你可以说“您好,请问您找谁”或者“他不在,请问有事需要我转告吗”;如果面对已经等了很久的来客,你可以说“对不起,让您久等了”;如果对方所说的问题暂时不能办理,你可以说“对不起,这个问题……请留下您的联系电话,以便联系”。

(4)外出办事礼貌用语。如果外出办事,需要咨询别人,可以说“对不起,打扰您一下,请问×××科室是哪间办公室?”得到具体的答案以后,需要礼貌地道一声“谢谢”。

❁礼貌说话需要肢体语言配合

肢体语言又被称为身体语言,虽然语言是交流中最基本的工具,但肢体语言在交流中的作用也不容忽视。人们总是习惯性地用一些肢体语言来表达情绪,如鼓掌表示兴奋,顿足表示生气,搓手表示焦虑。

一个人要向外界传达完整的信息,单纯的语言成分只占7%,声调占38%,另外的55%信息都需要由非语言的体态来传达,这时候肢体语言通常是一个人下意识的举动。所以,语言需要肢体的配合表达才更具真实性,礼貌说话也同样需要肢体配合。

(1)眼神。眼神表达丰富多彩,谈话中,不仅需要倾听,而且眼睛也应该适当地看着对方,能给对方一种受到尊重、受到重视的感觉,这就是一种礼貌的眼神语言。而如果你总是左顾右盼、东张西望,就会让人感到目中无人。当你想表达歉意或者感谢时,也需要相应的用眼神表达,比如,说“谢谢”的时候,眼神要充满感激之情地注视着对方的眼睛。

(2)手势。手势就是手的语言。在许多不需要说话或不便说话的场合,手势就派上用场了。握手是平日运用最多的一种手势,当你说“您好”时,同时就会伸出你的右手与对方握手。当然,握手力度要均匀适中,这也是礼貌友善的表示。

(3)体姿。体姿语言由两部分组成,一是指说话双方的空间距离,二是指各种不同的身体姿势。比如,当你与对方交谈的时候,切不可靠得太近,也不能坐得太远,距离要适当;身体姿势最好是保持正规的坐姿,否则会给

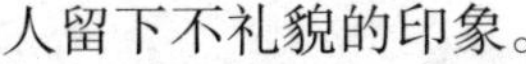
人留下不礼貌的印象。

(4)保持微笑。微笑是一种良性的脸部表情,直接反映出一个人的内心世界。微笑是一种自信,更是一种礼貌的象征。在交谈过程中,适当地保持微笑,胜过千言万语。当然,微笑需要注意场合,庄严肃穆的场合不宜微笑。

第8章

看清场合:把握说话的最佳方式

俗话说:“到什么山唱什么歌,到什么庙烧什么香。”如果将这个道理推及口才,那就是“到什么场合说什么话”。日常生活中有着各种各样的谈话情境及氛围,如果你不看场合,随心所欲,想说什么就说什么,那么只会显得你的说话方式很拙劣、态度不恭谦。所以,在不同的场合,面对不同的人,面对不同的事情,我们要从不同的角度出发,选择最佳的说话方式,这样才能收到理想的谈话效果。

❀"破冰"还须用巧言

在交谈中,我们经常会遭遇尴尬情境,瞬间就会使整个谈话场面"冷"掉,如同结了冰的河流,交流无法继续。这时候,如果处理不好就会导致沟通的彻底失败,所以,不妨巧言一句"破冰"开,不仅能够很好地化解尴尬、窘境,而且还会使交流更畅通无阻。

当然,"破冰"需要巧言而不是"随言",只有巧言才能达到最佳的效果。那么,如何使用巧言来"破冰"呢?

(1)顺水推舟法。有时候,别人无意之中做了错事,感到很尴尬,这时候你不妨顺着他这个错误"幽他一默",使当事人摆脱尴尬。比如,服务员不小心把酒洒到了将军的秃头上,将军只是笑着说"小伙子,我这脑袋秃了二十多年,你这个方法我也试过,可是根本不管用,但还是谢谢你!"

(2)巧借情景做文章。有时候,谈话会遭遇突发事件,若处理不当就会导致尴尬,这时候可以采用"情景法"。比如,大学教授跌倒了,引来同学们哄堂大笑,但他却说:"人生就是这样,跌倒了爬起来,再跌倒了再爬起来。这样,你才会更坚强,更成熟。"

(3)偷换概念。偷换概念是指把本来不同的概念混同起来,如果能够巧妙地偷换概念,也可以摆脱困境。杨澜有一次主持晚会,刚上舞台就被绊了一跤,但她不慌不忙地说:"今天的观众朋友实在太热情了,以至于我不得不为之倾倒啊!"

(4)自嘲。自嘲就是自我解嘲,调侃自己,一旦陷入困境,不妨自我解嘲一下,给自己找个台阶下。比如,一位肥胖的朋友坐垮了别人家里的椅子,主人一下子不知道该说些什么,肥胖朋友却自嘲开了:"小港湾哪泊得下万吨巨轮,下次请我吃饭,可得定做一张铁皮椅子了。"

(5)假装糊涂。有时候可以装傻充愣,把大家都认为是这样的意思故意曲解成另外一种意思,巧用糊涂话很好地化解尴尬。

怎样助人打圆场，令对方摆脱尴尬

所谓打圆场，是指交际的双方发生了争吵或正处于尴尬处境的时候，由第三者出现进行调解的一种方法。若运用得好，可以融洽气氛、增进感情、消除误会、缓和双方的矛盾，同时也有利于打破僵局，解决沟通中的问题。

打圆场是一种语言艺术，它必须从善意的角度出发，以特定的语言去缓和紧张的气氛，进而调节人际关系。那么，在日常交际中，我们该怎样助人打圆场呢？

(1)幽默提醒。女侍者碰到了一位挑剔的顾客，那位顾客对煎鸡蛋提出了苛刻的要求，但女侍者并没有生气，而是温柔地说："请问一下，那只母鸡的名字叫阿珍，可合你心意？"幽默本是人际关系的润滑剂，有时候幽默提醒也不失为一种好方法。

(2)委婉点拨。小李对小王说："小王，我总觉得小张这小子太顽固了，就像茅坑里的石头又臭又硬，你说是不是？"小王听了很反感，但他假装正经地说："小李，我先问你，我在背后和你议论我的好朋友，他要是知道了会不会和我反目成仇？"原来小王和小张是好朋友，而小王这样一种委婉的点拨，既让对方容易接受，又不至于让对方太难堪。

(3)转移话题。有时候尴尬出现时，交际双方由于情绪上的冲动，往往会互不相让。这时候，打圆场的人就不妨岔开他们争论的话题，转移他们的注意力。比如，两个朋友为某个问题争得面红耳赤的时候，你可以说"要把这个问题争得明白，比国家足球队赢球还难"。这样就灵活地转移了话题，制造了轻松的气氛。

(4)给对方找台阶下。有的人陷入了窘境，往往是由于他们在特定的场合做了不合时宜或不合情理的动作。这时候，你可以换一个角度或者找一个借口，合情合理地解释对方的行为是正常的，这样就化解了对方的尴尬处境。

※当批评来袭,如何应对自如

在日常生活中,每个人都免不了遭受别人的批评,但是,如何面对别人的批评却是一个重要的技巧。假如我们不经过深思熟虑就回应别人的批评,这很容易造成一些不必要的麻烦。虽然,从本能上说,我们无法轻易接受别人的批评,但是批评和赞美一样,都是我们生活中不可缺少的风景。

别人提出的批评大部分是建立在已经存在的事实基础上的,批评的内容是虽然是对你的否定,但是,我们却可以借此去了解和发现自己的不足之处。这时候,你可以绕开对方批评的方式和语气,寻找出真正对你有用的建议,然后再针对批评的问题做出回应。

(1)不必立即反驳。面对别人的批评,你仅仅是因为愤怒或者自尊心受伤而立即回应的话,你可能很快就会后悔。因此,必须让自己冷静下来,再回应别人的批评,这可以给自己一个反省的机会。

(2)面对错误的批评,以静制动。有些时候,我们也会遭遇无理的批评,这时候,我们完全可以避开、忽视它。或者选择安静下来,这样别人的批评就会失去作用。

(3)清楚批评的目的。当别人批评你的时候,并不是针对你这个人本身,他可能只是批评你做的某一件事情。这是批评本身的目的,当你清楚了这个事实,就不会再纠结于对方的批评方式和语气了。

(4)保持微笑。面对别人的批评,不妨保持微笑,即使是一个虚假的微笑,也可以让我们感觉很轻松,使谈话朝着和谐的方向发展。另外,微笑也可以缓和对方批评的态度。

(5)接受批评。大多数人只愿意接受别人的赞美,却接受不了别人的批评。但是,如果你总是以自我为中心,甚至愿意听到别人的虚伪的赞美和歪曲的谄媚,那你怎么能够看清自己呢?如果想让自己进步,就需要重视别人的批评和建议。

(6)不要过分否定自己。面对别人的批评,我们要发现自己的不足之处,但也不要过分否定自己。当然,如果别人的批评是正确的,那么就需要改变自我,以求进步。

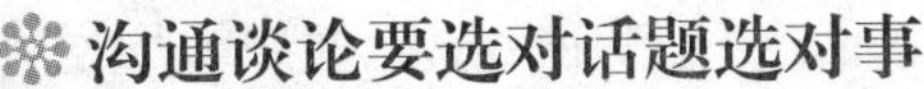

沟通谈论要选对话题选对事

沟通免不了会谈论一些话题，但是，如果话题选择不恰当，就极有可能造成冷场，最后导致沟通失败。所以，在谈话过程中，我们需要挑准了话题再说，这样才有可能促成一次愉快的谈话。

沟通是双方共同促成的交流活动，就必须要求沟通的双方都融入其中，这样才是一次成功的沟通。如果一方引发了一些尴尬、敏感的话题，那么自然就得不到另一方的回应，也说明选择的话题有失妥当。比如，有的人一见面就冒失地问“你一个月能挣多少钱”，他们一点都没有意识到自己已经挑错了话题。

（1）从对方感兴趣的话题说起。每个人都有自己的兴趣爱好，或者自己最得意的地方。那么，在交谈过程中，不妨从对方感兴趣的话题说起，激发对方说话的欲望，促进双方的愉快交流。比如，对方是画家，你可以随便聊聊凡·高的绘画之类的话题。

（2）共同的话题才是可聊的话题。如果你单方面对某一话题很感兴趣，但对方却反应平平，这时候，不妨换个共同的话题。比如，你们兴趣爱好中相似的部分，因为只有共同的话题才是可聊的话题。

（3）避开敏感的话题。一般而言，许多人出于礼貌都会避开一些敏感话题，比如，对方的年龄、收入、婚姻等。像“你一个月能挣多少钱”这样的问题只会把对方推入尴尬的境地，自己也给对方留下了不好的印象。

（4）不要触及别人的伤痛。每个人都有过去，有可能是痛苦的回忆，有可能是幸福的过往。对于大多数人来说，痛苦的记忆会比较多，因此，谈话的过程中不要触及别人的伤痛。即便对方主动说起，你也不要再三询问，只需要适当地附和“真是不容易啊”。

看场合说适当的话，更能传情达意

说话应善于区分不同的场合，否则就收不到理想的效果。在不同的场

合，要根据具体情况来选择说话还是不说话，以及选择什么样的说话方式。正所谓“言而当，智也；默而当，亦智也”。社交礼仪对言语最基本的要求就是：在任何场合，话语都应该“矜庄以莅之，端诚以处之”。

说话需要艺术，“能说会道”固然是一种本领，但会说、巧说才是最关键的。我们应该重视说话的作用，也应该讲究说话的艺术，面对不同的场合，要选择最得体最合适的语言来传情达意，力求获得最佳的效果。

（1）喜庆与悲伤。面对婚丧嫁娶这些不同的场合，应该顺应情境，一般来说，说话者应该与场合中的气氛相协调。比如，朋友结婚，你就应该高高兴兴地送上祝福“白头到老”；参加葬礼，就应该为悲痛的人送上安慰“节哀顺变”。

（2）朋友圈子与外人场合。中国的传统文化一向比较重视内外的不同关系，若是自己人就可以无话不说，甚至可以说一些比较放肆的话；但若有外人在的场合，则“逢人只说三分话”。一旦违反这样的原则，就会被认为是说话不得体。

（3）正式场合与非正式场合。在正式场合说话比较严肃认真，可以事先作好准备，千万不能乱说一通；在非正式场合，就可以随便一点，像朋友聊天一样。如果你没有把握好正式场合与非正式场合的界限，说话就会显得文绉绉或者俗不可耐。

（4）庄重与随意。有时候，也要分庄重场合与随便场合，如果你去拜访一位老师，可以说“今天我是特意从北京赶过来看您的”，这样显得比较庄重；如果只是顺便看看朋友，大可以说“今天到这边办事，顺便来看看你了”，朋友之间随意一些更显亲近。

❈说得多不如说得好，聪明人绝不话多

一个懂得说话艺术的人，一定懂得如何做人做事，因为大凡聪明的人绝不是话多之人。如果你的话说得太多意味着什么呢？一方面可以看出你的思路不清晰，另一方面说明你的信心不足。话多不如话少，聪明人认为如果说多了，就不可避免地露出了自己的弱点。所以，话要说得少而且要说得好。

在剑桥大学的一次毕业典礼上，整个会堂有上万学生，他们正在等候丘吉尔的出现。这时，丘吉尔在他的随从陪同下走进了会场并慢慢地走向讲台，他脱下他的大衣交给随从，然后又摘下了帽子，默默地注视所有的听众，过了一分钟后，丘吉尔说了一句话："Never, never, never, never give up!"丘吉尔说完后穿上了大衣，带上了帽子离开了会场。整个会场鸦雀无声，一分钟后，掌声雷动。

这是丘吉尔最后一次演讲，无疑也是一生中最精彩的一次演讲。他把自己所想要表达的思想都浓缩成了一句话"永不放弃"，正是这短小精悍的演讲，为他赢得了雷鸣般的掌声。

那么，如何能把话说得又短又好呢？

(1)有话直说，不要"弯弯绕"。大多数女性会把秘密藏在心里，无端地猜疑、生气，最后莫名地发脾气。其实，有什么话大可以直说，比如，"星期天与你一起吃饭的那位女士是谁呢？我好像没有见过"，那么或许丈夫只是轻描淡写地回答"刚刚来的新主管"。

(2)长话短说。有时候，你要说的话很多，一时不能说清，这时不如只用扼要的几句来表明主要意思。

(3)急话慢说。有时候，太着急导致了思绪混乱，本来三言两句就能解释清楚的，结果着急地说了半天也不明白。这时候，不妨急话慢说，等整理好了自己的思绪再说，若遇到紧急情况，可以先说重要的信息。

(4)欲晓之以理，必先动之以情。大部分人都喜欢听故事，但却讨厌别人讲道理。所以，为了阐述某些道理，你可以讲故事或者举例子，因为事比理强。

❀留出回味余地，一个暗示胜过一段话

暗示，也就是不明说，而用含蓄的话或动作使人领会。人们为了达到某种目的，在无对抗的条件下，通过交往中的语言、手势、表情、行动或某种符号，用含蓄的、间接的方式发出一定的信息，使他人接受所示意的意见与观点，或者按所示意的方式进行活动。

其实，在一些场合，许多话都不便于明说，这时便可以利用"暗示"来传

递一些信息。“暗示”所采取的方式可以是含蓄的语言，也可以是一个动作，只要受暗示者能够明白你所表达的意思，那么沟通的目的就达到了。事实证明，一个暗示往往可以胜过一段话，它所表现出来的婉转曲折，可以给人以回味的余地。

（1）拐弯抹角地用“暗示”回绝。在许多社交场合，喝酒总是无法避免的，这时候不宜直接说“我不会喝酒”，这样会扫大家的兴。你不妨用暗示的语言来回绝喝酒的要求，如“我比较擅长为大家倒酒”。

（2）批评也需要巧妙“暗示”。有的领导在批评下属的时候，喜欢采用直接的方式，其实这很伤下属的自尊心。不要总是说“我有几十年的经验，难道我还听你的”，不妨巧妙地暗示对方“这方法我用过，而且很有效，你要不要试试看”。

（3）“暗示”自己的不满。有的时候，你对他人的行为或者言语感到不满，这时候也可以用暗示的方式来表达自己的想法。

（4）非语言暗示。有时候，我们会采用非语言暗示，也就是行动暗示，有可能是摇头，有可能是微笑，等等。比如，当你面对别人批评的时候，不妨面带微笑，暗示对方你正接受他的建议；或者，在办公室，几个同事正议论上司的风流史，这时候你看见上司从后面走进来了，不妨假装咳嗽一声，这也是一种暗示。

❊微言大义，把话说到刀刃上

怎么才叫会说话呢？口若悬河、滔滔不绝？还是微言大义、要言不烦？一些人认为一定要说得多，才叫会说话。但是，在日常生活中，我们发现，会说话并不一定要说得多，关键是要说到刀刃上，要说得恰到好处。“兵不在多而在精”，同样，话不在于多，而在于精，说一句就算一句，句句都能说到点子上，那才叫会说话。

如果偏离了主题，就会导致沟通失败。而且，许多人一旦沟通失败就会为自己寻找借口，比如，“今天天气不好，影响我谈判的心情”，“对方根本不懂我在说什么”。实际上，大部分情况原因都在于说话时偏离了主题，最终导致了沟通失败。

（1）话不在多，全在点子上。有的人说话太多，反而没有触及最中心的话题。其实，话可以不用说得太多，但一定要句句说到重点。比如，一位刚毕业的大学生这样介绍自己“我叫李勇，和著名节目主持人李咏姓名同音，我的特长是新闻播音、主持、演讲，我应聘的岗位是主持人或编导”。

（2）明确沟通的目标。那些总是滔滔不绝、口若悬河的人不一定能达成沟通的目标，这主要是因为在有效的沟通中，不仅要善于言辞，还需要目标明确，否则你啰唆了半天还是没有成功地表达出自己的想法，对方听了半天也不知所云。

（3）不要让别人误解了自己的意思。当你想要解决问题或者阐述某个问题的时候，一定要有中心思想，并围绕着这个中心思想表达语言。有时候，可能会出现词不达意的情况，别人可能会误解你的意思。为此，你可以在平时多读些书，多在遣词造句上下工夫。

❁宴请话语门道深，掌握好了成大事

现代社会的交际，少不了宴请，人们把宴请当成了一种有效的沟通手段。为了让宴会取得成功，为了营造出良好的气氛，就需要注意展示自己的口才以及社交能力。另外。作为举办宴会者，更需要巧妙地用语言与宾客进行沟通。宴请是最为热闹的宴会，在这样的场合中，你该如何利用自己的口才，如何巧妙地与宾客进行有效沟通呢？所以，掌握好宴请的语言技巧显得十分重要。

（1）接待宾客。客人来了之后，召集者应该负责介绍宾客的姓名、身份、工作等。在介绍宾客过程中，不要过分夸张，也不要随意渲染，只需要三言两语即可。比如，“这是公司的副总经理，王华先生，也是我最好的朋友”。

（2）处理好与每位宾客的关系。当宾客坐下之后，不要单独与某位宾客展开长时间的聊天，必须注意处理好与每位宾客的关系，不要对一位宾客太冷落，也不要对另一位宾客太热情。对于那些被冷落在角落里的宾客，应该走上前去为他解围。

（3）致辞。宴会上少不了一份致词，一般安排在宴会开始或结束后，可以适当活跃气氛，也可以让宾客清楚此次宴会的目的。比如，“贵宾们，朋友

们，今天各位能在百忙中大驾光临，我公司同仁非常高兴，并表示热烈欢迎！”

（4）祝酒词。在宴会中，免不了互相祝酒，一方面可以加强了解，增进彼此的感情；另一方面也可以活跃宴会的气氛。祝酒词可以是即兴发言，也可以自己准备稿子，如“让我们端起金色的葡萄酒，在诗人席勒的故乡，用他著名的《欢乐颂》里的一段话，为我们已经签订的盟约干杯”。

（5）告别致谢。宴会完毕，当大家离去的时候，应该将宾客送至门口，挥手告别，并应该致谢“感谢各位的光临，谢谢大家把宴会气氛维持得这么好”。如果时间还比较早，你可以对宾客稍作挽留。

❈特别时刻会说话，婚丧嫁娶发言有技巧

天空有七彩阳光，也有凄风苦雨，有了喜事需要祝贺，有了伤心事需要慰问。无论是祝贺还是慰问，我们都不能不顾场合，随心所欲地讲话，否则，不仅得不到理想的效果，反而令场面变得尴尬。所以，面对婚丧嫁娶这些迥然不同的场合，我们必须掌握祝贺与慰问的语言技巧，才能够使自己在各种场合中轻松应对自如。

祝贺，就是向对方道喜，在对方喜庆之日，对其致以热烈且富有感情色彩的吉语佳言，会使对方的心情愉悦，彼此之间的关系更为亲密。祝贺的方式有多种多样，如口头祝贺、书信祝贺、赠礼祝贺等。一般而言，口头祝贺是人们常用的一种祝贺方式。

（1）多说吉语佳言。面对婚嫁场合，应该给予新婚夫妇美好的祝福，比如“天长地久”“比翼齐飞”“百年好合”“早生贵子”之类的祝福语，使新人陶醉在幸福与憧憬之中。

（2）避开当地的忌讳语言。有的话可能本来不错，但可能是当地的忌讳语言，所以，应该回避。比如，香港人不喜欢听别人祝他“快乐”，喜欢讨口彩的他们往往把快乐听成了“快落”，这样就太不吉利了。

（3）适时而得体的祝贺语。除了多说吉语佳言，还可以说一些适时而得体的祝贺语，把自己的关心和体贴及时传达给对方，这样可以增进彼此的友谊。

慰问就是在对方遭遇了重大变故时，用语言对其进行安慰与问候，稳定对方的情绪，减轻对方的哀伤，也可以给予一定的支持与鼓励。

(1)“患难见真情”。当对方遭遇了家庭变故，或者亲人离去的时候，你首先应该表现得“患难与共”，表情、动作、语言都应该真诚地显示出自己的关心体贴之意。当然，也不能表现得太过了，“人未语，泪先流”，这样恶化对方的情绪也是不恰当的。

(2)关心、体贴的慰问语。慰问语的重点就是体现出自己的关心、体贴，并及时疏导对方的情绪。比如，“请节哀顺变”，或者“逝者安息，生者奋进”，等等。

(3)不要刨根究底。慰问时，可以与慰问者进行适当的交流，但不要过多地纠结在“伤心事”上面，只需要三言两语即可。

总而言之，面对婚丧嫁娶这样不同的场合，要选择得体的祝贺语与安慰语，我们只要顺应环境，善用语言，就会收到良好的效果。

第9章

巧言拒绝：给彼此留足面子地说“不”

在日常生活中，每个人都不可避免地会遇到需要拒绝的人或事。面对他人提出的不合理、不合适的要求或者自己不愿意去做的事情，我们要善于说“不”。虽然这是对他人意愿或行为的一种否定，但却很好地达到了巧妙拒绝的目的，又使对方不至于产生不快的情绪。巧妙的拒绝是一门语言的艺术，同时也直接体现出一个人的智慧。学会拒绝是一种自我保护，也是一种豁达明智的心态，更是一种卓越的口才技巧。在日常交际的过程中，面对不同的问题，拒绝的方式也会不一样；面对不同的人，拒绝的态度也不一样，这其中的语言技巧与艺术，需要认真地学习，并加以掌握。

❊克服心理障碍，将“拒绝”说出口

在日常生活中，我们不能总说“是”，还需要善于说出“不”。有的人害怕说“不”，结果不仅使自己陷入尴尬，还会使对方有所误会，甚至造成彼此之间的关系产生裂痕。有人抱怨“那些拒绝的话怎么说得出口”。其实，拒绝并不意味着就一定会造成伤害，我们之所以不敢拒绝，是因为存在着一定的心理障碍。

周末，好友芳芳热情地找上门来，对扬扬说；“放假了，好不容易有点休息时间，走，我们一起出去玩玩吧！”扬扬面露为难的神色，芳芳又接着说：“听说江边那家书店到了好多新书，咱们去一睹为快。”说完，拉着扬扬就要走。可是，扬扬还有不少事情没有做，而且妈妈出差在外，爸爸早上出门时，告诉她抄表员要来查水表，让她在家别离开。这真让扬扬觉得很为难，一时之间，拒绝的话难以说出口。

面对芳芳的热情邀请，扬扬不答应怕拂了好友的面子，但她又实在不能出去玩。于是，她陷入了两难的境地。拒绝的话说不出口，最关键的原因在于自己的心理障碍，那么如何消除自己的心理障碍呢？

(1)拒绝是一种自卫。有时候，别人提出的可能是一些不合理、不合适的要求或者自己根本不愿意去做的事情，这时候，拒绝其实是一种自我保护。比如，自己的胃比较娇惯，吃不惯辛辣的食物，面对来自重庆同事的邀请，你可以委婉拒绝“实在抱歉，我吃不了辛辣的食物”。

(2)拒绝是一种智慧。或许你明明知道那位朋友是借钱不还的那种人，但面对他的要求，你还是不好意思拒绝，那最后吃亏的只能是你自己。所以，面对他提出的借钱要求，大可以拒绝“我的工资都是妈妈帮忙管理的，我每天就拿点吃饭的钱，实在不好意思啊”。

(3)大胆说出“不”。可能，在很多时候你都习惯说“是”，于是，身边的人都认为你是个很好说话的人，经常会忽略掉你的意见。那么，不妨大声说出“不”，勇敢地表达出自己的意见，定会为你的形象加分不少。

❊自然大方地把“不”说出口

喜剧大师卓别林曾经说：“学会说‘不’吧！那你的生活将会美好很多。”在日常生活中，我们并不想做有求必应的好好先生或者好好小姐，而人们的要求却是永无止境的，有的是合理的要求，有的却是背理的要求。如果你不好意思说“不”，轻易承诺了自己无法兑现的诺言，势必给自己带来更大的困扰。

那么，该如何自然清楚地拒绝对方？有的人在拒绝时语意暧昧地回答：“这件事好像很难做好吧！”本来是拒绝的意思，却被别人误认为你是同意了，原因就在于没有自然地说出“不”。

(1)避实就虚。面对别人提出的问题，你可以采用虚实法。不好正面拒绝时，只好采取迂回的战术，避重就轻、避实就虚或者转移话题，比如，先向对方表示同情，或给予赞美，然后再提出理由，加以拒绝。由于先前对方在心理上已因为你的同情使两人的距离拉近，所以对于你的拒绝也较能以“感同身受”的态度来接受。

(2)委婉拒绝。面对下属提出的建议，领导不忍拒绝，只好委婉地说“不”：“这个设想不错，只是目前条件还没有成熟，我觉得你还是应该把工作重心放在现阶段的主要项目上。”

(3)诱导对方否定自己。朋友可能会向你打听一些秘密的事情，但原则问题要求你保密。这时候，你不妨对他说：“你能保密吗?”对方肯定回答：“能。”那你可以接着说：“你能，那我也能。”

(4)隐晦地说出“不”。某经理极力要求在他们公司举办这次活动，你可以隐晦地表示拒绝：“贵公司的环境不太符合我们的要求，我看××公司可能更适合举办这次活动。”

(5)推托法。面对对方提出的要求，你可以适当推托：“这个问题涉及了方方面面，我无权决定，我还是把你的要求反映给领导，让他们讨论一下，过些天再答复你，好吗?”

❊以和为贵，拒绝不意味着要伤和气

拒绝是一种艺术，既能巧妙达到拒绝的目的，又不至于让对方心里产生不快的情绪，这才是高明的拒绝。当别人对你有所求而你却办不到的时候，你不得不说“不”，当然，拒绝并不是以伤害他人为目的，而是以和为贵，尽可能在不影响两人关系的前提之下进行的。虽然拒绝是很难堪的，但在不得已的时候还是会用到拒绝，事实上，只要你能够很好地运用拒绝的艺术，那么它最终带来的就不会是尴尬，而是和气。

那么，怎样拒绝才能做到“以和为贵”呢？

(1)不要马上拒绝。当别人对你提出要求的时候，不要立即就拒绝。立刻拒绝，会让别人觉得你是一个冷漠无情的人，甚至觉得你对他有某种成见。

(2)不要愤怒地拒绝。如果你正在气头上，别人提出了一些要求，你可以说“我们稍后再谈这个问题，好吗?”千万不要在愤怒之下就粗暴拒绝，这样会在言语上伤害对方。

(3)不要轻易拒绝。面对别人提出的一些要求，不要轻易去拒绝，有时候你或许能帮上忙。这时候，如果轻易拒绝了就意味着你失去了帮助别人、获得友谊的机会。毕竟，只有乐于助人才会让你得到更多的朋友。

(4)不要无情地拒绝。当你在拒绝别人的时候，如果表情冷漠，语气严峻，这种毫无通融的拒绝方式会令人难堪，甚至别人有可能与你反目成仇。

(5)不要傲慢地拒绝。当你在拒绝别人的时候，如果总是盛气凌人、态度傲慢，这会使别人更不容易接受。不妨把态度稍微放得缓和点，尽量顾及对方的情绪。

(6)不要太随便地拒绝。有时候，对方还没有说出自己的要求，你拒绝的话就脱口而出，这样太随便的拒绝会让对方觉得你不够重视他，很容易产生反感情绪。

❊拒绝他人的几个简单技法

研究拒绝艺术的专家强调，要建立这样一种意识：“你有权利说‘不’，你不必因为拒绝了别人一件事而感到不好意思。”其实，拒绝的能力与自信是紧密相连的，那些缺乏自信、自尊的人常常为拒绝别人而感到不安，而且觉得别人的需求比自己更重要。

一个总喜欢说“是”而不懂拒绝的人会很疲惫，当然，拒绝也是有技巧的，如果你想要拒绝对方，那么不但要保持坚决而直接的态度，而且也要运用一些委婉的语言，比如，“感谢你看得起我，但现在实在不方便”或者“对不起，我确实不能帮忙”，等等。下面我们就简单地介绍几个拒绝别人的小诀窍。

(1)直接陈述客观理由。你可以直接向对方陈述客观理由，如自己的状况的确不允许、各种条件限制等。这样，对方就会表示认同，会很好地理解你的苦衷，也会主动放弃说服你。

(2)拖延时间。面对别人提出的要求，你可以暂时不予答复，当对方觉得你迟迟不肯答应的时候，聪明的他也会马上了解你的决定。当然，你也要不忘致以歉意“不好意思，没有能帮上忙”。

(3)迂回战术。有时候，如果不方便正面回答对方提出的要求，你可以采用迂回战术，或者转移话题，或者找出理由。比如，你可以先向对方所处的情况表示同情，然后再提出自己的理由，加以正面拒绝。

(4)无语言拒绝法。有的人实在没有勇气说出“不”，这时候，你也可以利用肢体语言。比如，面对大街上走过来的推销人员，你可以摇头或者挥手表示拒绝。另外，类似的肢体语言有微笑中断、身体倾斜、频繁看表、目光四处游移等，这都是一些拒绝的暗示。

❊职场中的拒绝更要慎重婉转

在工作中，对于上司或者同事提出的不合理请求，许多人都不懂得该如何去拒绝，往往会因为情面等原因而违心地说“是”。其实，这样对双方都不

好，事情办不好可能会给对方造成一定的损失，而自己也会给别人留下不好的印象。

当然，没有人喜欢被拒绝，所以，在工作中拒绝不要急切、直接地表达出自己的立场与处境。我们应该掌握必要的沟通技巧，既不伤对方自尊，又能婉转地拒绝他人，尽量降低拒绝产生的负面效应。

那么，在工作中我们该如何拒绝呢？

(1)委婉地拒绝。当我们开始说不的时候，态度必须是委婉而又坚定的。委婉地拒绝比直接说“不”更容易让人接受。比如，当同事提出的要求不合公司部门规定的时候，你可以委婉地告诉对方你的权限，自己真的是爱莫能助，如果耽误了工作，会对公司与自己造成损失。

(2)拒绝之前先倾听。当同事或者客户向你提出要求的时候，他们心中通常也有些困扰或担忧，所以，你在拒绝之前应该先倾听。让对方把需要与处境讲清楚一些，你才能知道自己该如何帮他，而且，倾听能让对方有被尊重的感觉。当你在婉转地拒绝时，也能避免伤害到对方。

(3)表现出自己的关怀。有时候，你可以在拒绝时提出一些可替代性的建议，最好在隔一段时间主动关心对方的情况，比如，你可以问“上次你的那件事情办好了吗”。这样会让对方觉得虽然你没有给予帮助，但随时都在关心他的状况，因而也会感激你的。

(4)有耐心。在拒绝过程中，除了一些沟通技巧，还需要发自内心的耐性。如果你表现得很淡漠或者敷衍了事，对方会觉得你不是个诚恳的人，这样就会影响你的人际关系。

❁避免伤害，会说委婉的拒绝话语

拒绝，意味着否定了他人的意愿或行为，但稍有不慎，就会伤害到对方的自尊心。在日常生活中，我们需要拒绝，但是更需要会说“不会伤对方自尊心的拒绝话”。艺术的拒绝方式让对方感受不到一点伤害，反而会理解你的处境。

我们不建议用直接的拒绝方式，比较一下这两种不同的拒绝方式：“我不吃日本料理”，“附近还有其他特色餐厅吗？我不太习惯吃日本料理”。前

一句更像是一句带着刺的话语插进对方心里，典型的自我主义践踏了别人的一番好意；而后一句则委婉地表达了自己的想法，别人会更容易接受。

那么，怎样拒绝才不会让对方伤心呢？

(1)巧妙回避。面对别人提出的要求，你可以巧妙回避，比如，"今天咱们先不谈这个，还是说说你关心的另外一件事吧。"这样就把话题转移开了，也让你巧妙回避了对方的要求。

(2)委婉拒绝。对方提出一些你难以办到的事情，你可以委婉地拒绝："哦，是这样，可是我还没有想好，让我考虑一下再说吧！"聪明的他定会明白你的立场。

(3)让时间缓冲。有的时候，你不知道该如何拒绝，不妨使用缓冲法，"哦，我再和家人商量一下，你也再想想，过几天再做决定好吗？"尽量以时间去缓冲这个问题。

(4)补偿法。面对他人提出的要求，或许你真的爱莫能助，不妨用补偿法"真对不起，这件事我实在是爱莫能助了，不过，我可以帮你做另外一件事。"这样对方的要求虽然没有满足，但还是得到了帮助，也不至于伤自尊。

(5)自我保护法。有的事情你没有能力，大可以进行自我保护："你看我就这能力，我怎么能去做没有把握的事情，到时候我会出洋相的啊。"这样一番恳切的话，对方会理解你的处境的。

❁幽默的方式轻松将他人拒绝

拒绝的话本来就不好说，一旦说得不好还很容易得罪人，所以，在拒绝对方的时候，最重要的一点就是含蓄委婉。若拒绝时直接把"不"字说出口，不委婉、不含蓄，这只会让对方无法接受。而幽默地拒绝正好能巧妙地体现出"委婉、含蓄"，用幽默的方式拒绝对方，可以故作深沉，然后突然点破，让对方在欢笑中淡化失望。

为了不伤害到对方，那么不妨把拒绝的话说得幽默点。

(1)故意胡搅蛮缠。有时候拒绝的话不宜太过直接，若是用幽默的方式表达出来，既能起到拒绝的目的，也可以让对方愉快地接受。比如，面对同事相约去钓鱼的要求，"妻管严"丈夫回答："其实我是个钓鱼迷，很想去的，

可结婚以后,周末就经常被没收了。”同事哈哈大笑,也就不再勉强他了。

(2)假设法。有时候面对别人的要求,你可以用假设的方法,虚拟出一个可能的结果,而这个结果正好是你拒绝的理由。比如,萧伯纳那个著名的回答:“依我看那个孩子的命运不一定会那么好,假如他有我这样的身体,你那样的脑袋岂不是很糟糕了吗。”

(3)点明其不合理性。面对对方的要求,你可以含蓄地指出对方行为的不妥当之处,点明其不合理性。比如,罗西尼的朋友在他生日之际筹集了两万法郎,想为他立一座纪念碑,罗西尼并没有正面回答,而是提出一个不切实际的想法:“给我这笔钱,让我自己站在那里就好了。”含蓄指出朋友这样的做法太奢侈。

❁巧借他人之口,说出心底的“不”

中国人习惯于中庸之道,受传统观念的影响,在拒绝对方时很容易发生一些心理障碍。有的人不敢或不善于说“不”,无形之中使自己戴了假面具生活,身心疲惫,又失去了自我,但又由于无法摆脱“无力拒绝症”而自责。其实,学会拒绝并不困难,如果你想自己说出“不”字,那可以巧借他人之口,把“不”说出口。

巧借他人之口,把“不”说出口,实际上就是借助第三方拒绝。当你想拒绝对方,又不愿意伤害到对方的时候,你完全可以借助别人之口来说出“不”字,这样的拒绝方式并不困难,下面这些方法会经常用到。

(1)找出“替罪羔羊”。难以说出“不”时,可以找出“替罪羔羊”,把对方的注意力转移到共同的焦点问题上。比如,客户请求说“最近资金稍紧,希望延期付款”,可是,若拿不到货款,就会付不出员工的薪资,所以,经理不得不拒绝:“贵公司这样优良的公司也会资金紧张,看来银行真的没有培养企业的意愿。”两人宣泄了一番,经理又说“银行太不像话了,不过付款的事情也拜托了”。

(2)以公司或上司的名义。有时候不知道该如何拒绝,你可以借助公司或者上司的名义进行拒绝,比如,“前几天经理刚宣布过,不准任何顾客进仓库,我也没办法带你去啊!”或者说“这件事我做不了主,我会把你的要求向

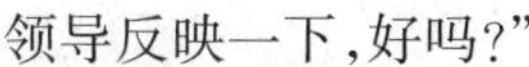

领导反映一下，好吗？”

(3)借朋友之口。面对对方提出的要求，你可以借朋友之口拒绝。比如，你可以说“你问问××，他可以为我作证，我从来干不了这样的事情”，或者“我最近忙着和朋友做生意，你可以问问他，真的是抽不开时间啊”。

(4)把父母作为挡箭牌。面对朋友提出借钱的要求，你可以把父母搬出来作为挡箭牌。比如，你可以说“我每个月的工资都交给了妈妈，好像她拿去作投资了吧，具体我也不清楚，实在是帮不上忙了”。

❊找出最恰当的理由，再拒绝对方

拒绝对方的时候，需要向对方阐述一些理由，而这样的一些理由应该是充分而合理的，否则对方会感觉到你不真诚。所以，在拒绝对方之前，需要给自己找好理由。一方面，如果没有好的理由就拒绝，明显会表现出“支支吾吾”的状态；另一方面，若是随便找的理由，不足以让对方理解，最终也有可能会导致双方关系破裂。

因此，我们建议在拒绝时最好遵循“先倾听，再拒绝”这样的原则。倾听，体现了对对方的尊重，而且，在倾听过程中你可以清楚地知道对方的处境，这也有助于找到帮助他的方式。另外，在倾听的这段时间里，如果你决定了拒绝对方，也可以有充分的时间来准备一个好理由。

(1)不要找一个随便的理由。如果男朋友约你晚上一起吃饭，但你却说“我晚上要洗澡”，这样的理由显得太牵强了。他会认为“你是故意找借口拒绝，洗澡是随时都可以做的事情”，这样就会影响两人之间的关系。而且，对方会觉得你不够重视他，继而心生反感。

(2)不要找不充分的理由。面对同事提出的要求，如果你只是说“我今天真的很忙，我要赶着回家去……”但是，你到底要急着做什么事情并没有阐述清楚，这样不充分的理由会给人不诚恳的感觉，最终留给对方不好的印象。

(3)拒绝的理由要开诚布公。拒绝对方要开诚布公，明确说出自己的理由。如果你在已经找好理由的情况下，还是采取模棱两可的说法，就会使对方摸不清你的真正意思，从而产生一些不必要的误会，这也很容易导致两人

关系破裂。

(4)不要针对对方一个人。面对推销员上门推销,你可以这样说"我们公司已经与某某公司签订了长期供给合同,公司里规定不用其他公司的原料,我也是按规矩办事。"由于你说的是公司的意见,并不针对他这个人,因此他自然也不会埋怨你的。

❊人不同,拒绝之言的分寸也不同

在日常生活中,朋友、家人、同事都有可能找你帮忙办事,对于那些自己深感头痛而又无能为力的事情,拒绝他人总是难以启齿。学会拒绝是一种自我保护,而且也能很好地顾及他人。当然,否定别人的言语或者行为是很容易伤害感情、造成尴尬的。但是,如果你能够注意话语的含蓄和拒绝的技巧,就可以避免这些情况的发生。

或许,一个品行不良的朋友会来向你借钱,一个相熟的商人会向你推销物品,父母会催促你去相亲等。面对不同人提出的不同要求,我们应该相应地予以拒绝,在拒绝别人的同时需要把握不同的分寸,这样才能达到"以和为贵"的目的。

(1)面对上司或长辈,要顾及其面子。如果是上司或长辈拜托你做一件事情,拒绝时要顾及对方的面子,不要伤害对方的自尊心。在尊重对方的意愿之上,直率地说出自己的难处,相信他会谅解的。

(2)面对同事,态度要和蔼。在拒绝同事的时候,不要在对方一开口要求时就断然拒绝。面对同事的时候,我们应该以和蔼可亲的态度诚恳面对。

(3)面对朋友,要给对方留面子。拒绝朋友,要给对方留一条后路,给对方留面子。当对方提出要求的时候,你必须自始至终表现出极大的耐心,把对方的话听完。当听完了之后,心中有了主意,这时候再来说服对方,就不会使朋友感到难堪了。

(4)面对难缠的人,态度要坚决。如果对方是那种品性不好的朋友或者死缠烂打的推销员,你在拒绝的时候,最好避免视线直接接触,可以态度坚决地拒绝,"这可不行,我已经想好了,你不用再费口舌了。",或者告诉他:"哦,我明白了,可是你最好找对这产品更感兴趣的人吧,好吗?"

第10章

懂得含蓄：说好难以开口的话

在日常交际中，许多场合需要含蓄委婉的交谈。懂得含蓄，学会委婉地表达，可以实现理想的交际效果。委婉含蓄不仅是一种魅力，有时候还能够帮助我们避免尴尬的情境。心直口快，想说什么就说，这固然是一种好习惯，但我们有时难免会遇到不便直说、不忍直说、不能直说的情景。在这种情况下，如果说了直话，就有可能会影响到人际关系，不仅给自己带来不必要的麻烦，也会伤害到别人。假如你有一种想表达的欲望，但又难以启齿，不妨使用“含蓄”这种巧妙而又艺术的表达方式，它比口若悬河更能达到目的。

❀沟通中最美妙之处在于含蓄

在语言沟通的过程中,含蓄是一种美妙的言语。含蓄是一种以坦诚开放的沟通来对待他人的方式,同时,也尊重了他人的感受。含蓄的表达是一种语言的艺术,委婉含蓄的表达比口无遮拦、直截了当更能体现一个人的语言修养。所以,无论什么时候,说话都要注意方式,多用含蓄的语言表达,让人与人之间充满友好和谐的气氛。

(1)含蓄表达,对方更容易接受。开门见山的语言虽然简单明了,但给人的刺激性太大,不容易被对方所接受。比如,导购小姐在向顾客介绍衣服的时候,经常会说"你的脸盘比较大,适合穿这种领子的衣服。"结果招来顾客的白眼。假如你说"你是不是觉得穿上这种领子的衣服会显得更漂亮?"那么,顾客就会欣然掏钱包了。

(2)曲径通幽更美。直言直语有时是一把伤人伤己的双面利刃,这时候,不妨绕个弯,让自己的语言表达更得体更完美。比如,正话要反说,硬话要软说,让自己的舌头绕个弯,这样的语言听起来会更加美妙。

(3)含蓄能够避免尴尬。巧妙地运用含蓄的语言来表达自己的想法,看似说得轻描淡写,但实际却说出了问题的关键,这样可以帮助我们避免一些尴尬。比如,朋友遇到困难就逃避,或者做事总是犹豫不决,你可以含蓄说"这好像不是你以前的做事风格啊"。

❀听得弦外之音,领会此言彼意

含蓄的表达方式就是说话不直截了当,而是从侧面切入,暗中点明自己要表达的主要意思。换句话说,也就是把话说在明处,而含义却藏在话的暗处。在日常生活中,我们不仅要学会含蓄地表达,而且还要能够听懂含蓄的语言,领会别人的弦外之音。

小王到总经理家请求帮忙,经理夫人热情接待了他,也很客气地端茶递水。可是,小王办完了正事之后竟然开始高谈阔论起来。眼看天色已经很

晚了，孩子也要早点休息，可小王还意犹未尽，这时候，夫人收拾了一下家务，到房间对丈夫说："小王这么晚来找你，你快点给他想个办法，别让他总是这样等着。"又对小王说："您再喝杯茶吧。"小王领会了经理夫人的话，很知趣地告辞了。

经理夫人表面上是帮小王说话，实际却在传达另外一个意思，这种因情因势的表达，语言得体，又达到了自己的目的。那么，面对别人含蓄的表达，我们如何领会隐藏在此言中的彼意呢？

(1)察言观色。含蓄是一种委婉的表达方式，但人们在使用这一表达方式时却大不相同。有的人对自己的喜怒哀乐从不掩饰，有的人则习惯于不动声色地掩饰自己的情绪，有的人还喜欢正话反说。因此，我们在与别人交谈的时候，要懂得察言观色，比如，同事说"我当然也很关心"，但脸上却写着"谁有空管这事啊"。

(2)捕捉话题中的关键信息。每个人的表述方式与表述习惯都会不一样，而你需要从对方的话语中捕捉其言语表达中是否存在着暗语。比如，"我会试着把这件事插进工作进度中"，它所传递的信息就是"你怎么不早一点告诉我呢"。

(3)揣摩对方的说话方式。一般来说，一个人的说话速度也会受到心理活动的影响。比如，当客户心存不满或者打算拒绝的时候，他的说话速度会变得迟缓，会慢条斯理地说"这份计划书还行，我再看看吧"。实际上，他已经向你传递了拒绝的信号。

❊学会含蓄表达法，语尽而意无穷

在一些社交场合，为了不伤害到对方，为了让对方更容易接受，我们会有意把话说得含蓄委婉，让对方揣摩自己话语的真正意思，这就是一种含蓄的说话方式。含蓄表达会使话语更耐人寻味，并产生言有尽而意无穷的效果。

在日常交际中，我们可以借助以下几种方法把话说得含蓄。

(1)暗示。暗示，就是不公开、隐蔽地给人以启示。暗示会把意思表达得隐晦、含蓄，让对方自己去揣摩弦外之音，避免了正面冲突。比如，一位顾

客凑近查看正在售卖的鱼儿是否新鲜，小贩翻着白眼问顾客"鱼儿跟你说了些什么"，顾客回答"它说不知道大海最近发生了什么，它离开大海已经有三个星期了"。

(2)婉言。遇到一些不便说或不忍说的话，可以故意说些与本意相关或相似的事物，来烘托本来要直接说的意思。比如，面对一些绝密的事情，你可以说"实在不好意思，因为需要保密，所以我无法开口，希望你见谅"。

(3)曲问。妻子在一家商品交易会上向酱油公司老总提问："这次能见到您，真高兴，我有一个困扰的问题，或许您能帮我解答，有的公司生产的酱油瓶盖很难打开，我奇怪为什么要把盖子封得那么紧呢?"对别人的建议不明说，而是借助提问来表达。

(4)话说在明处，意藏在暗处。面对主人的款待，你可以说"谢谢，多新鲜的水果，可惜我刚刚吃过饭，实在吃不下了，真是太遗憾了"，这样主人听了心里会很受用，而你也表达了自己的含义。

(5)正话反说。有时候，你可以说一些与本意完全相反的话语，让对方自己去领悟，从而接受你。比如，领导征求意见，一位员工说："我对您有意见，您太不爱惜自己身体，工作起来太玩命，要知道，身体是革命的本钱啊。"

委婉地向朋友提出意见更顺利

委婉是用迂回曲折的语言来表达本意的说话方式，说话者会故意说一些与本意相关或相似的话，以表达出本来要直说的意思。委婉的表达方式是沟通过程中的缓冲带，它既可以让本来可能困难的交流变得顺利起来，又可以使对方在比较舒适的氛围中领悟到自己的本意。

一般而言，委婉的表达方式常常用来规劝他人或者向他人提出意见，这样可以避免直接叙述给对方造成伤害而使其产生抵触情绪，也能让对方在愉快的气氛中接受我们的建议，最终达成共识。有时候，考虑到朋友的面子和自尊心，我们对于朋友的所作所为都不敢直接提出意见，这时就可以采取委婉的方式来表达。

(1)借助中介。当你想要对朋友提出一些中肯的建议时，可以借助故事

或者寓言等，这种就事论理的方式会让朋友在细细品味我们语言的同时领悟到我们的本意。比如，当你想规劝朋友不要再酗酒的时候，你可以讲隔壁叔叔因为喝酒过多而住进了医院，这样朋友就明白你的用心良苦了。

(2)巧妙利用时机。如果你直接以建议者的身份出现在朋友面前，这样会造成对立的局势，可能你越说朋友就越不听。这时候，你要巧妙利用时机，尽量在愉快的氛围中提出自己的建议。

(3)多角度提出建议。当你的建议被朋友反驳的时候，不要纠结于一个角度去说，你可以多角度地提出自己的建议。当然，其中隐藏的含义需要对方自己领悟，并在自我启发中认识到问题的严重性。这样的表达方式考虑到了对方的心理和面子，更容易使朋友改正错误和接受建议。

❊恋爱中表达不满要说悦耳的暗语

恋爱中，双方都充满了柔情蜜意，但是，偶尔也会在心中有一些不满情绪，这时候该如何表达呢？如果直接说出，有可能会影响到两人的感情，而且也会伤害到对方的自尊心。因此，含蓄地表达出自己的不满情绪，让对方慢慢领悟自己的本意，这样对于经营爱情无疑是十分有帮助的。另外，含蓄地表达出自己的不满情绪，这也符合恋爱时的那种羞怯心理。

恋爱是女性与男性交往的特殊时期，这对于女性的人生有着特别的阶段性意义。许多男性抱怨“女人心，海底针，猜不透”，其实，在恋爱期间，女性之所以心理变得捉摸不定、难以猜测，实际上就是含蓄地向对方表达一些自己的不满情绪。聪明的男士，可要仔细揣摩这些暗语。

(1)正话反说。女性在恋爱过程中表达自己的欲望的方式一般比较含蓄，常常喜欢正话反说。比如，她在说“不”的时候，心里往往想得是“好”“愿意”。按这样的推理，当你说什么她都随口答应的时候，有可能他已经对你产生不满了。

(2)莫名其妙地冷淡。女性对周围的人或事都比较敏感，尤其是在恋爱中。这时候，男性一旦作出了什么不妥当的行为，她可能会莫名其妙地冷淡，比如，不接电话，回信息也只发“嗯”“哦”“啊”。对这样的态度，男性可以反思自己的行为。

(3)故意迟到。恋爱中的女性具有一种施虐的潜意识,比如,在与恋人约会时,故意姗姗来迟,或者有意不赴约,让久等的恋人焦急烦躁。

(4)表现得很惊讶。每天都很晚才来看自己的男友,今天突然很早就来了,女朋友会故意表现得很惊叹"哟,今天太阳打西边出来了,这么早就来了",这表示她对男友之前的行为很不满。

❁尊重对方,委婉地拒绝求爱者

如果爱你的人正是你所爱的人,那么爱是一种幸福。但是,如果爱你的人并不是你所爱的人,甚至你一点也不喜欢对方,那么这份你并不需要的爱就成了你的精神负担。遇到自己并不爱的人,不要拖泥带水,如果不能接受他的爱,就想办法拒绝对方,尽可能把伤害降到最低。

拒绝并非自己所爱之人的求爱,是每个人的权利。但是,为了不使对方在不能获得爱情之外再增加其他痛苦,拒绝求爱也要讲究艺术。那么,该如何巧妙而又不失体面地拒绝求爱呢?

(1)直言相告。面对他的求爱,你必须直言相告,以免产生误会。如果你已经有了爱人,遇到了求爱者,就应该直接明确地告诉对方"我已经有男朋友,我很爱他,谢谢你"。如果你没有爱人,但他却并不是所喜欢的类型,你也可以找借口推辞"我现在还比较小,不想考虑个人问题"。

(2)尊重对方,婉言谢绝。有的男性自尊心比较强,有的女性羞涩心理比较重,面对他们的求爱,需要委婉、间接地拒绝。在拒绝时,态度要真诚,言语要谨慎,你可以对他说"我只是把你当朋友,我希望咱们的关系能保持在这一层面上",当然,你也不要向别人说出对方向你求爱的秘密。

(3)适当疏远或冷淡。如果对方之前是你较好的朋友,这时候你可以采用适当冷淡或疏远的动作来让对方明白你的心思。即使对方没有直接示爱,但是用言行向你含蓄地暗示了他对你的情感,你也可以采用同样的方式。

(4)拒绝与其约会。约会是男女开始真正意义上的恋爱标志,对于自己不愿意接受的示爱者,你应该首先拒绝与其约会,以免发生一些误会。比如,你可以说"爸妈还在家里等着我呢,实在是不行啊"。

不同的意见在工作中婉转表达

工作中，我们在与上司、同事或者客户的沟通过程中，免不了会遇到意见不合的情况。这时候，每个人都希望自己的意见得到别人的认可，如果彼此针锋相对，自然会影响到人际关系，最终也会间接影响工作质量。所以，在面对不同意见的时候，我们要善于婉转表达，让“忠言”也能“顺耳”。

其实，面对许多非原则性的问题，我们都可以委婉表达，这样既可以消弭怨气，又能够使人与人之间充满友好、和谐，还可以改善工作的紧张气氛。那么，如何把不同的意见婉转地表达出来呢？

(1)以迂为直。事实上，通过间接的途径表达自己的意见往往更容易被人接受，因为间接的方法会使你摆脱其中的种种利害关系，淡化矛盾或转移焦点，从而减少了上司对你的敌意。同时，间接地表达也会留给上司思考的余地。

(2)避开焦点。当你遇到要回答“好”与“坏”的时候，可以巧妙地避开焦点，不正面回答，而从侧面婉转地说出自己的意见。比如，“我觉得王先生说得很有道理，其实也可以有另外一种方法”。

(3)模糊主旨。有时候，自己的意见与他人不合，也没有必要去争论，你可以含糊其辞，一带而过。比如，“今天我们先不谈这个话题了，大家都回去想一下，过几天再作决定”。

(4)先肯定对方，再委婉表达自己的意见。面对别人的不同意见，你可以先肯定对方的看法有一定的道理，然后委婉地绕过争论话题，让对方明确公司的规章制度是不可以违反的。比如，“我觉得你说的有一定的道理，如果公司会这样做的话，我会通知你的”。

(5)旁敲侧击，点回正题。面对别人的不同意见，你可以旁敲侧击，点回正题，再抛出自己的意见。比如，“这个话题好像扯远了，我们还是回到刚才这个问题上面来，我是这么想的……”

❊掌握含蓄表达技巧，让关系更融洽

在日常交际中，为了避免不愉快的事情发生，说话应该讲究技巧性，比如，故意说一些与本意相似或相关的事情，含蓄地表达原本要直说的话。含蓄的表达方式，很容易达到有效交流和沟通的目的；含蓄的语言，也更容易被别人所接受，更能表现出对别人的尊敬。

有一天，有个客人来喝酒，才喝了一口，嘴里便叫："好酸！好酸！"老板听后大怒，不由分说，把客人绑起来，吊在屋梁上。这时来了另一位顾客，问老板为什么把人吊起来。老板回答："我店的酒明明香醇甜美，这家伙硬说是酸的，你说该不该吊人？"来客说："可不可以让我尝尝？"老板殷勤地给他端了一杯酒，客人呷了一口，酸得皱眉眯眼，对老板说："你放下这个人，把我吊起来吧！"

这位客人含蓄的表达方式，既是一种强烈的讽刺，又缓和了气氛。

(1)含蓄，能达到预期的沟通效果。含蓄是一种巧妙的表达方式，当我们很想表达出内心的想法，却又难以启齿的时候，含蓄比滔滔不绝更能达到正确表达的目的，促进交流的顺利进行。

(2)含蓄，能够避免正面冲突。有时候，含蓄的表达方式显得很诙谐，比如，身材臃肿的朋友穿了一件晚装，你可以含蓄提出你的建议："我觉得你适合穿那种休闲装，当然，这件衣服也有它的漂亮之处。"这会让朋友在领悟之余多了微笑。如果你直接说"你太胖了，穿这样的衣服简直丑死了"，那肯定会伤害朋友的自尊心。

(3)含蓄，能够避免尴尬。有时候，含蓄的语言还能够帮助我们避免尴尬，看似很简单的语言，却说出了关键问题。比如，丘吉尔曾经说："英国在许多战役中都是注定要被打败的，除了最后一仗。"由此可见，含蓄语言表现出来的力量是多么强大。

❊曲径通幽，言谈中别让对方一眼看穿你

当你不能确定自己的想法是否能得到别人支持，或者担心直接提出某

些要求有失面子时，你可以借助含蓄的语言来婉转表达，为自己维护尊严，避免尴尬；当你发现上司决策失误，而当面指出又觉得失礼的时候，含蓄的语言可以起到建议和劝阻的作用；当你心中有某种不满情绪，但又不便直抒胸臆的时候，含蓄语言可以帮助你讽刺时弊。含蓄是一种美妙的语言，虽说条条大路通罗马，但含蓄自有一番曲径通幽的美。

那么，如何学会说一些含蓄的话呢？

(1)侧面回答。面对咄咄逼人的问题，你可以避开正面的问题，通过侧面来回答一些对方的问题，达到含蓄的效果。比如，“媒体报道说贵公司即将倒闭？”你可以回答：“媒体有它的言论自由，关于这个问题你可以问它。”

(2)旁敲侧击。有些问题不需要直接点名，只需要指出一个较大的范围或者方向，让对方根据提示去深入思考，寻找出答案，这也可以达到含蓄的效果。

(3)借用修辞方式。有时候，你还可以利用一些修辞方式来达到含蓄的效果。比如，比喻、借代、双关、暗示等。

(4)笼统概括。遭遇某些场面的时候，你可以用外延界不清或内涵上极其笼统概括的语言来表达自己的思想，最终达到含蓄的效果。比如，“你在干什么呢？”你可以回答“我向鱼儿打听一些大海的消息”。

(5)同义词。当你想表达自己的某个想法的时候，可以仔细研究事物之间的内在联系，利用同义词语来表达自己的想法，这也能达到委婉含蓄的效果。

当然，在使用含蓄语言的时候也要注意，含蓄并不等于晦涩难懂，它的表达技巧首先应该建立在让人听得懂的基础上。如果将含蓄理解为闪烁其词、躲躲闪闪，恐怕会适得其反。在同事与朋友之间，说话还是直率一点得好，过多地使用含蓄语言，会使对方感到你太虚伪，人际关系也会出现危机。

第11章

侧耳聆听:只顾说的人会让人心生厌烦

在人际沟通中,很多人总是滔滔不绝地说个没完,对方想要表达却插不上话。尽管你说得不亦乐乎,却不知对方想要迅速地逃离。因为你对说话权的垄断,让对方的情感表达不出来,感觉到难受和痛苦。所以,要学会侧耳倾听,让对方的意见也适当地发表,让对方的情感能适当地宣泄。这样才不至于让别人厌烦。沟通就是互动,如果你一个人霸占了舞台,让对方觉得自己可有可无,试想,谁会愿意这样呢?

❀做好聆听者，你才能成为焦点

每个人都希望自己成为交际场合下的焦点人物，都想滔滔不绝地向别人展示自己的口才。可是时间一长，就会发现这样不仅不会成为焦点人物，还有可能成为一个让别人厌烦的人。其实，在交际场合，我信除了要拥有良好的仪表仪态、优秀的口才之外，还要懂得善于做一个倾听者。因为，每个人都希望被别人重视，希望别人能认真听自己讲话。

小李从小就是一个性格外向的小伙子，活泼开朗，人际交往很广泛。可是，朋友虽多，却没有几个和他真正交心，甚至于还有人表现出了对他的一种厌恶。

原来，小李每次和朋友们在一起的时候，总是喜欢不等对方的话说完，就无端打断对方的讲话，而说“听我说……”“我认为……”之类的话语，于是日子一长，很多人都不愿意和他说话，认为他是一个没有礼貌的人。

在人际交往中，说话者都希望自己被别人重视，为了满足说话者的这种心理，最好的方法就是要做一个聆听者，让说话者感觉到你对他的尊重，这样才能在以后的相处中得到意想不到的收获。那么，如何才能做好一个聆听者呢？

（1）眼神不要四处游走。眼神最能表现一个人的心理，所以，听话者要用眼睛注视着说话者，这样会让对方觉得你在认真地倾听，从而感受到你内心的真诚。当然还要注意，眼神应以不影响说话者的心情为前提。

（2）不要轻易打断说话者。这一点非常重要，一个善于懂得倾听的人，不会轻易打断别人说话，但可以在恰到好处的时候，顺着说话人的意思提问一两句。比如，“您刚结婚的女儿现在住哪里”，“您在这家公司工作多久了”等。

（3）对于对方重要的信息表示肯定。在倾听别人说话的同时，要不时重复对方的话，这样不但能表明你在认真地倾听，而且还可以借着这个机会把自己没有听明白的话弄明白。必要的时候还要频频点头，以示对对方的尊重。

巧妙地接话与插话，不引他人反感

当一个人滔滔不绝谈兴正浓的时候，突然被身边的人接话和插话，打断自己的思路，实在是一件让人扫兴的事。一个谈话高手，不仅懂得如何说话，还懂得如何巧妙地接话和插话，既不会引起说话者的反感，又能给在场的人留下好的印象。

(1)插话插到正题上，不要引起别人的反感。一般来说，在插话之前，首先应该认真倾听，弄清别人谈话的意图，然后有的放矢，顺水推舟，接上谈话者的话茬。不要还没有搞清楚说话人的观点，就抢着插话发表意见，这不仅会引起说话者的反感，还会引起周围人的厌恶。

(2)要掌握适当的插话时机。插话要善于见缝插针，当谈话者停顿或是对方突然卡壳的时候，抓住时机，简单地表述一两句，或者是给说话者一点简单的提示，以便说话者能将自己的谈话进行下去。

(3)适当地给予说话者一两句疏导的话语。当说话者处于情绪极度愤怒或者心烦的情况下，就要适时地说一两句疏导的话语。但是要注意的是，不要一味地陷入安慰的误区，应该说"你似乎有些心烦""你心里很难受吗"，而不应该说"他不应该这样""你这样是对的"等话语来给说话者"火上浇油"。

(4)插话要观点新颖、言之有物。有些人在插话时，所插之话要么是老调重弹、陈词滥调，要么是人云亦云、没有主见。这样的插话自然是很难吸引人、激起别人听的兴趣的。插话可以根据语境选择独特角度，发表独到见解，力求给人留下深刻的影响。

倾听的基本礼貌素养你具备吗

如果一个人在听别人说话时显得不耐烦，甚至是无理打断别人说话，那么这样的人在交往中就不受欢迎。所以，认真倾听别人说话，不仅仅是对说话者的尊重，更是自身良好素养的一种体现。在倾听别人的说话时，该如何

做一个有礼貌、有素养的人呢？

（1）倾听时集中注意力，不三心二意。一个人具有再好的记忆力，如果不集中精力来听对方讲话，那么，也不能准确、完整地把握说话者的意思。集中注意力听别人说话，这样即使你想插话，也有话可说，让说话者觉得你对他是重视的。

（2）不要呆若木鸡，要做一个积极的听众。倾听的时候，不要只是一味地听，而自己一句话都不说。这会让说话者感到无趣，甚至是尴尬。在倾听中，要适时归纳说话人的要点或是不正确的观点，及时发表自己的看法，与说话者互动。

（3）不要表现出不耐烦或是无理打断说话者。这样会被别人认为是没有教养的表现，即使你再不感兴趣的话题，也要耐着性子听下去，更不能随便去打断说话者。

（4）注意自己的肢体语言。不要在别人讲话时，不停地抓耳挠腮，或是抠指甲、掏鼻孔等，这样会让人感到厌烦，甚至是恶心。

（5）要保持谦虚和诚恳的态度。即使你对说话者的话题再不屑一顾，也不应表现出嘲讽的表情，对于和你意见不同的观点，可以先记下来，最后再来和说话者讨论，但不要表现出咄咄逼人的态度。

总之，在人际交往中，要想自己受到别人的尊重，就要学会做一个好的倾听者，而做一个好的倾听者，就要懂倾听时应该注意的礼貌。

把握四部曲，让你成为倾听高手

一个说话者在用言语表达的时候，既希望倾听者对自己尊重，又想使自己的话能被别人理解。一个善于沟通的人首先是一个好的倾听者。而为了做一个好的倾听者，通常要经过以下四个要点。

（1）和说话者融为一体。这是要让对方知道你在认真倾听，并且试图来了解他的意思。即使是面对自己讨厌的人，也不要表现出不耐烦，而是要让他把话说完。你可以用微笑或是点点头来表示同意，同时偶尔用一些表示语气的词或是肢体语言来表示对说话者的肯定，让说话者觉得你想要了解他。

(2)适当复述说话者的要点。在必要的时候,可以向说话者复述他的一些谈话要点,可以是讲话者的话,也可以是自己的总结,向说话者表明自己确实在认真倾听,而且他说的话是十分重要的。在这个阶段,通常是主要以复述说话者的要点为主,自己总结的要点则不要过多复述,因为如果自己复述过多,有可能偏离说话者的意图。

(3)对方说错时,不要马上纠正。当说话者话语中出现明显的错误的时候,不要急于去纠正他,可以在他停顿的时候,委婉地向他提出来,这样不会使得说话者尴尬或是冷场。

(4)学会主动积极地倾听。你可以在倾听的时候对说话者的话语加以整理,如有自己不确定或是有疑问的地方,要向他提出来。如向他提问"你是不是说……""你的意思我可不可以这样理解……"等,以此来与说话者互动。

一个倾听的高手,不是一朝一夕间速成的,但只要抓住这四个要点进行长期的锻炼,那么,不久的将来,你就会成为一个倾听的高手。

❊让客户诉心声,唯有倾听才能促成交易

顾客需要产品,但更需要朋友,更加准确一点的说法应该是像朋友一样的倾听者。许多推销员总是滔滔不绝地向顾客介绍产品的优点,却忽视了顾客也需要你来认真听听他对产品的看法。一个销售员如果懂得倾听客户的心声,推销就会变得更容易、更轻松。

一位顾客来到一家汽车销售点,看中了一款车,在即将付款的时候,顾客却突然变卦。销售员百思不得其解,于是打电话询问原因。顾客告诉他;"就在付款之前,我提到小儿子的学科成绩、运动能力以及他将来的抱负,我以他为荣,但是你却毫无反应,这说明你根本没有用心在听我说话。"

这位销售员失败的原因在于根本没有倾听顾客的谈话,那位顾客除了买车,更需要被人称赞他有个优秀的儿子,而销售员却忽略了这一点,最终导致买卖没有成交。那么,在生活中,一名销售人员该如何去倾听顾客的心声呢?

(1)像对待自己朋友般对待顾客。销售员不仅仅要听顾客对产品的看

法，还要对顾客提到的鸡毛蒜皮的事情能攀谈一两句，不要眼里只有产品。如果你只是毫无表情地缄默，或者心不在焉，那就会令顾客感到非常尴尬。

（2）不要想当然地认为知道顾客在说什么，认为自己真的知道顾客的需求，而不去认真倾听，这样有时候你就会错误地理解顾客所表达的意思。

（3）当然，如果你确实觉得客户讲得淡而无味、浪费时间的话，你可以巧妙地提一些你感兴趣的问题，不露痕迹地将对方的话题转移到产品上来。

一个成功的销售员必定是一个倾听的高手，要通过倾听顾客的心声，来及时把握顾客的心理，从而使交易轻松完成。

❊保持好心态去聆听他人的诉说

俗话说“人生不如意事常八九”，这就需要人们在生活中要具有良好的心态。良好的心态也是一个倾听者应有的素养。那么，倾听别人的谈话时该如何保持好的心态呢？

（1）有良好的精神状态。良好的精神状态是倾听的重要前提，如果听话者精神萎靡不振，说话者自然也就失去了说话的兴致，沟通质量自然大打折扣。所以听话者要努力维持良好的精神状态。

（2）要善于控制情绪。无论对说话者的话题是否感兴趣，甚至是厌烦，也不要表现在脸上，而是要冷静耐心地听对方说完。这需要倾听者具有宽广的胸怀，一定要控制自己，尤其要力戒发怒，不要打断对方的思路。

（3）要学会换位思考。当说话者的话题实在索然无味的时候，要换位思考，保持自己平和的心态；当说话者突然卡壳的时候，也不要幸灾乐祸，保持一颗宽容的心，在必要的时候还要协助说话者将说话进行下去。

（4）把倾听当作是一种享受。大多数的人喜欢去说，不喜欢去听别人说，而一个说话的高手，总是把听别人说话当作是一种享受，从对方的话语中去了解更多的有用的信息。

保持一种良好的心态来倾听他人说话，不仅是一种自己内涵素养的表现，更是一种与人交流沟通的重要方式之一。

❊听话外之音，快速理解对方心意

成功的言语交际，不但要求说话者清晰完整的话语表述，也需要听话者正确快速的理解。中国有句老话，“说话听声，锣鼓听音。”指的就是听话者要能听出说话者话里的意思。

一位顾客来到房屋销售处，当销售员讲出一栋房屋的价格时，顾客说：“哪怕豪宅也没有什么了不起。”可是说话的声音有点犹豫，笑容也有点勉强，销售员就知道顾客心目中想买的房子和他所能负担得起的价位显然有差距。于是销售员推荐他看看一些价格相对低廉的房子，结果当然皆大欢喜。

有些人之所以在与人交流时遇到障碍，并不是不能细心聆听别人讲的话，而是没能听出那些弦外之音。尤其是碰到一个言谈比较含蓄的人，这就更要聆听者细心聆听和揣摩了。那么，在与别人的交往中如何才能听出对方的心声呢？

(1)要是说话者平时讲话并不会轻声细语，那天突然有反常的表现，只要观察对方的动作态度，通常都能找得到原因。比如，有人有时候说话快是为了掩饰内心的不安全感，或是具有自卑的心理。

(2)注意从倾诉者的肢体动作来“读懂一个人”。例如，一个人说话时眼神飘忽不定，转过身去或扭过脸，或者坐立不安，这样的人通常对自己缺乏自信心。

(3)老爱倾诉、满腹牢骚的人，这样的人总是觉得无助且没有控制能力。这就需要聆听者给予其适当的开导。

(4)如果发现对方欲言又止，这就需要聆听者谨慎追问一下后面的话。

当然，要完整听出对方的心声，还要与整个事情相联系，分析事情的前因后果，同时也与个人的知识水平、社会阅历、工作经验等有关。

巧妙批评:让他人心甘情愿接受意见

巧妙批评,给别人表达的权利,便能立刻让对方接受。对方有了一定的表达权会欣然接受你的批评,会按照你的意思来处理眼前的事物。巧妙会给对方一定的空间来阐述自己的观点。让对方有了这个表达的权利就做到了尊重对方,也提高了对方接受的概率,并解除了对方承受批评所带来压力的作用。适当的表达可以令对方更好地朝预期的方向去做。

❊善用批评，被批评者仍会心存感激

批评的目的本是让对方明辨是非，改正缺点。有人可以几句话就轻松让别人接受自己的意见，而有人苦口婆心地说了一大堆，却招来了对方的反感，这是为什么呢？其实说到底，就是因为批评也需要讲究方法，方法对了，对方不但乐意接受你的建议，还会对你心存感激；方法不对，只能适得其反。那么，如何才能做到善用批评呢？

（1）批评要讲究原则性。批评必须遵循一定的原则，绝对不能感情用事，或是借权力泄私愤。人都有犯错误的时候，批评的目的只是为了让对方从中吸取经验和教训，切忌用一棍子打死的语气。批评是一种非常严肃的事情，不能道听途说、捕风捉影，也不能凭主观印象、个人好恶而信口开河地乱训一通。否则，势必挫伤对方的感情，更有甚者会让自己失去威信。

（2）批评要选择时机、场合。要根据不同的环境，不同的人和事，有针对性地进行批评，千万不要脱离具体的实际情况随心所欲地乱指责。不分场合、不分时机的批评不但很难达到预期的目的，而且可能会伤及他人的自尊。最好是在两人独处时，对对方进行批评，但语言依然要小心谨慎。

（3）批评要因人而异。批评要根据不同对象的特点灵活采取不同的批评方式。对性格外向的人可以直言不讳，对性格内向的人则尽量做到和风细雨。要注意批评的用词和语气，不要把本是善意的批评，变成别人眼中的“挑刺”和“责难”。

❊几种批评方式让你的忠言顺耳

常言道：忠言逆耳利于行。批评的语言一般是逆耳的，那么，能不能把忠言说得顺耳，又利于行呢？人是有感情的，因此，批评也是要选择适当的方式，对此，要注意以下几点。

（1）倾注一点关爱，让对方乐意接受批评。如果批评是一剂苦口的良药，那么尊重被批评者，让批评充满真诚的爱，就是对方乐意接受批评的药

引。批评时态度可以平和一点，最好就以一种平常谈话的方式进行，这样对方才能体会到你的良苦用心。批评要点到为止，让对方自觉产生一种改正错误的心理，从而取得好的批评效果。

(2)要做到以理服人、以情动人。批评他人时，要做到以理服人、以情动人，坚持说理与批评相结合，通过说理让对方从心灵深处意识到自己的行为可能产生的不良后果，这样对方改正错误的态度才会坚决。要用爱心、诚心、耐心去化解受批评者的心结，要用尊重和理性让对方感受到你是善意的，这样才会让对方心服口服。

(3)"拐弯抹角"，给对方留足面子。批评不一定非要直接指出对方的错误所在，有时候可以用拐弯抹角的语言给对方以暗示，这样不但让可以对方自己找到错误所在，而且不会因批评不当而伤了对方的颜面。

❊批评他人，还要给他人留面子

在批评他人的同时，还要明白，对方是和你一样的平等独立个体，有着和你同等的受尊重的权利。因此，批评是必要的，但必须要以对他人的尊重为前提。否则你的批评只会成为破坏你人际关系的锐器。

小江早上到公司签到时，把名字签错了地方。负责签到的秘书小朱并没有立马指出他的错误。第二天早上，小江按惯例签到。小朱不动声色地问小江："你的眼镜多少度？"

小江不假思索的说道："800度。"

小朱微微地冲小江一笑，没说什么。

小江见状，连忙改口："骗你的，才500度。"

小朱又一笑，说："那请你签上大名吧！"

小江迫不及待地抓起笔，可是马上就脸红了，原来自己将名字签错了位置：将昨天的签名签到了今天签名的地方。小江这时才明白小朱的用意，并对她报以善意的微笑。

秘书小朱虽然看到了小江的错误所在，但她并没有直截了当地指出来，而是通过转弯抹角的谈话，让小江自己发现了错误。不但起到了"批评"的作用，而且给小江留足了"面子"。让对方在感激之中改正了错误。因此，想

让你的批评既有效,又不伤及他人尊严,就要注意以下几点:

(1)“好面子”也是人的天性,因此,批评时为了不伤及他人的面子,可以先创造一种双方都能接受的氛围,如可以先对其进行表扬,等彼此距离拉近后,再进行适当的批评。

(2)批评他人时,要把严格的态度和尊重对方的人格联系起来,如可以选择一些避人耳目的场合,毕竟谁都不愿意在众人面前被他人批评。

(3)多用一些“拐弯抹角”“旁敲侧击”的语言对他人进行暗示批评,这样,既不会伤及他人尊严,又会让对方自己明白错在那里。

怎样批评孩子才能达到最佳的效果

当孩子犯错误时,适当对其加以批评教育,目的是为了让他认识到自己的错误所在,从而促使其从错误中吸取教训,不再重犯。但并不是所有的批评都是有效的,批评不当不仅不能让孩子认识到错误,反而会引起孩子的抵触与反感,甚至会对孩子的健康成长产生极坏的影响。

刘磊从小学到初中,都是出了名的刺儿头。老师每次把电话打到家里,父亲就要对刘磊来一顿严厉的训斥,甚至是暴打。但父亲一次次的批评不但没有让刘磊改正坏习惯,反而使他对父亲渐渐产生了敌意。上高中开学的那天,父亲用从未有过的态度,语重心长,轻声细语地对他说:“你已经长大了,以后爸爸也不好再管教你了,凡事自己要三思而后行,学习也该抓紧了,这个关系到你的未来。”没想到,就这么几句很平和的话语,刘磊听了居然流泪了,并很诚恳地说:“爸爸,过去我错了,以后你放心吧……”

老师、家长对孩子训斥式的教育,更多的是展示一种长辈的威严,但却没有顾及孩子的自尊心,更没有和孩子处于平等的地位,进行一种心与心的交流。自然,这样的批评是很难让孩子接受的。那么,如何才能使批评收到更好的效果呢?

(1)孩子不是罪犯,自然也就很难接受那种训斥、恐吓式的批评。对孩子进行批评要实事求是,允许孩子为自己的行为辩白,要给孩子讲清楚道理,让他明白为什么会被批评。

(2)孩子也是人,同样需要尊重,如果当着众人的面大声训斥,其结果一

定是适得其反。和声细语的批评更容易让孩子接受。

(3)对孩子批评要对事不对人，批评的是孩子的不良行为，所以最好不要说“你真笨”“你长大后……”等有伤孩子自尊，打击孩子自信心的话。

劝诫老人的话要把握好恰当分寸

是人就会有犯错误的时候，即使是老人也在所难免，但是，对老人的错误进行劝诫，却不是一件容易的事，话说得不好，不但不能让老人认识到自己的错误，还有可能让自己变成“不肖子孙”，那么，对老人的劝诫，到底怎么说才算适当呢?

(1)态度一定要友好，任何时候都要尊敬老人。对老人进行劝诫，前提是必须尊重老人，态度一定要诚恳，即使是再大的错误，也要心平气和地跟他谈，切忌在老人面前指手画脚。老人的心理有时候和孩子差不多，所以，对老人的劝诫，应在尊重的氛围里，有礼有节、有分寸地磨合。切不可得理不饶人。

(2)拿事实说话，让老人心悦诚服地接受你的建议。给老人提建议，对其进行劝诫，不能只用口头的形式，一定要有鲜活的事实作铺垫，这样才会让老人觉得你是真心为他着想，自然就会欣然接受你的批评。

(3)说话要点到为止。对老人劝诫，恰到好处地表达出你的意思就行，注意说话的态度和敬词的运用。不要对其全盘否定，要让他觉得你给他提建议是为了让他做得更好。批评时要看时机，最好是在老人心情比较愉快的时候，这样会更容易让他接受你的建议，还可以避免一些因批评不当而出现的不必要的麻烦。

所以，在生活中给老人提意见一定要讲分寸、讲技巧，这也是一门很深的艺术，学好这门艺术，你和老人的关系才会更加融洽。

妙用批评检修自己的婚姻

有人把婚姻比作一部车，车的动力就是夫妻之间的和谐和相互吸引。同车一样，婚姻也需要定期不定期的检修，许多夫妻就是因为把一两次小痛

或小痒看作是无关紧要的小事,最终让婚姻之车走向了毁灭。因此,要想让你的婚姻美满幸福,夫妻之间适当的批评是必不可少的,因为夫妻之间的批评就是对婚姻之车最好的检修。

丈夫小刚经常喝得醉醺醺地才回家,每次都吐得满地都是,臭气熏天,这让作为妻子的明惠非常不满意。但是她并没有和小刚大吵大闹。这天,小刚又把屋里弄得一塌糊涂。明惠没有收拾,而是坐在丈夫的面前,等着他清醒过来。第二天,小刚醒过来后看到屋里一塌糊涂,妻子并没有收拾,他便生气地质问她。这时候明惠认真地看着他,说:"你已经不是一次两次了,你总是这样,你知道吗,我也很累。"小刚低下了头,明惠扶起小刚的头说:"答应我,以后别这样了,行吗?"小刚认真地点了点头。这时,明惠起身开始收拾。从那之后,小刚果然再也没有这样过。

夫妻之间如果有什么对对方不满的地方,应及时地给予批评和建议,要想婚姻和睦,双方都应给彼此一个指出自己问题的机会。而不是等婚姻破裂了,再痛苦地问为什么。那么,夫妻之间如何妙用批评来促进夫妻之间的感情呢?

(1)夫妻之间的批评,一定要心平气和地讲道理,让对方明白因为自身的问题,给对方带来多大的伤害。从而让他(她)意识到自己的错误。这时候千万不要逼着对方承认错误。很多时候,人都是要面子的。

(2)态度要真诚,要让对方明白你不是想和他(她)吵架,主要目的是为了解决问题。只要能让问题得到妥善的解决,就是万事大吉。

(3)即使是夫妻之间也有隐私,不要揪住对方的小辫子唠叨个没完没了。

(4)有什么问题最好在家里谈,切忌到对方的工作单位大呼小叫。

❊掌握让他人欣然接受批评之道

批评是指对别人的缺点或错误提出意见,因此,批评的最终目的是让被批评者接受意见,然而,并不是所有的人对他人提出的意见都会被接受。就像有人因批评让陌生人成了朋友,有人却因批评让朋友成了仇人。其实说到底还是批评的方法问题,那么,什么样的批评方法才会让对方欣然接

受呢？

(1)动之以情。面带微笑，语言温和真诚的批评方式，常能收到“润物细无声”的效果，就像学生上课迟到一两分钟，或上课时思想开了小差，这时，教师对其微微一笑，他(她)就会意识到自己的不对，并能告诉自己：“老师注意到了，下次千万别重犯。”

(2)用商讨来提醒。发现对方的错误时，不要总是以一种居高临下的态度去训斥对方，而应以平等的姿态，心平气和地与他商讨，让他认识到自己的错误，这样的批评方法绝对比以“势”压人更能让人接受。

(3)用幽默来感召对方。幽默的语言既能活跃气氛，又发人深省。教师在批评学生时，如果运用上幽默的话语，则会胜过干枯的说教。如有位地理教师在上课时发现有同学看课外书，就幽默地说道：“上课不便吟诗句，恐惊学生看‘天书’。”那位学生马上收起了课外书，脸一下涨得通红。这时老师又若无其事地开始了讲课。

❉批评他人时，还请挑选对的时机

心理学认为，良好的心理情绪对工作、生活能起到积极的推动作用，不良的心理情绪则对工作、生活起着消极的阻碍作用。批评者的思想情绪、被批评者的心理素质，以及批评时所处的客观环境等，都能直接影响批评的实施。因此，选准时机进行批评，是一种提高批评效果的有效手段。那么如何把握批评的时机呢？

(1)切忌在大清早批评他人。早晨是人的情绪与思维处于最佳状态的时机。如果在这时给人一顿劈头盖脸的“狠批”，那就如同是当头一棒，会给对方心理上留下很不好的影响，甚至会影响对方一天的工作、学习效率。因此，没有什么非批不可的事，最好不要在早晨批评别人。

(2)彼此心情不好时不要对他人进行批评。心情不好时批评别人，很容易让批评带上主观情绪色彩，这样很可能就会把被批评者当成了自己泄愤的对象。以暴制暴只能让对方变得更残暴。对方情绪不好时也不宜对其进行批评，否则也会招致对方对你的不满。

(3)公众场合不批评他人。中国人都爱面子，你如果在公众场合对某个

人一顿狠批，那会被他认为是伤害了他的尊严，其后果可想而知。对于他人一些思想认识和工作生活上的错误，最好不要在公众场合对其进行批评指正。

❁不要随意批评人，领导批评下属讲方法

对领导而言，批评也是一种必要的强化手段，它与表扬是相辅相成的。不过，作为一个现代社会中的领导者，批评的同时应该尽量减少批评所产生的副作用，减少下属对批评的抵触情绪，这就要求领导也要掌握一些批评的技巧，从而保证批评能尽可能地收到理想效果。

自从公司创建以来，小张就任劳任怨、风雨无阻地开发新客户、巩固老客户，公司现有的三分之一的市场就掌握在他手里。这个月小张被派到刚开发的新市场工作，由于老客户本就不多，所以他的销售业绩落在了后面，但仍以10%的速度增长着。然而，新来的销售部经理却不买账，居然当着很多同事的面批评他说："你这个月的业绩怎么这么差，是不是觉得自己在公司是老人了，不好好干了！"小张刚想解释，经理却转身进了办公室，还关上了门。这让小张很憋屈，于是一气之下离开了公司，并把自己开发的客户资料也带走了。

从这个例子我们可以看出，由于经理没有把握好对员工批评的方法和尺度，最终的后果只能是人才流失，给公司造成了巨大的损失。由此可见，领导对员工的批评方法，对公司的管理和业绩有着很大的影响。所以，作为领导，对下属批评时一定要讲技巧，讲方法。

(1)领导在批评下属的时候，首先应对自己与别人有一个正确的认识。要以理解的态度去看待对方的过失，考虑一下自己在同等条件下是否也会出现过失，不要以自以为正确的口吻去批评别人。

(2)领导者在批评别人时，应设身处地地替别人着想，要考虑对方的具体情况。同时，需要注意的是，对新员工的要求与老员工要有所不同，对年轻员工的工作失误更不应以自己的经验、能力去衡量。

(3)每个人都有自尊心，领导者批评下属同样应在平等的基础上进行，态度上的严厉不等于言语上的恶毒，切记只有无能的领导才去揭人疮疤。

因为这种做法除了让人勾起一些不愉快的回忆之外，丝毫不会起到正面的作用。

※因人而异，别让批评超出对方的承受力

不同的人在心理上有差异，心理承受能力也各不相同。因此，批评他人时，一定要先考虑对方的心理承受能力，尽可能选择和创造一个良好的交流氛围，晓之以理、动之以情，因人而异，区别对待。只有这样，才会让你的批评更有效，才不会因批评不当而造成一些不可弥补的错误。

小玉是个性格很内向的女孩，一般不会犯什么错误，一天早上，由于下雨，路上有车辆发生交通事故，所以迟到了，但班主任却不问任何原因，就让她站在教室门外，等下课了再进来。站在门外的小玉委屈地哭了……放学回家以后，小玉一进门就钻进自己的房间，母亲怎么叫也不搭理。这下可把小玉的父母急坏了，给小玉的班主任打电话才知道是被老师罚站了。

老师教育学生，批评是必不可少的，但批评学生必须要因人而异，因为不同性格、年龄、性别的人，心理承受能力都是有差别的。所以，不顾及对方心理承受能力的批评只能是适得其反，起不到良好的教育效果。那么，批评时如何区别对待呢？

(1)性格外向的人，对批评的承受能力相对比较强。但这种人对自己的尊严一般看得很重，所以批评这种人也不能如同审犯人一样训斥，但比批评性格内向的人可以相对严厉一点。

(2)女性的心理承受能力一般比男性差，所以，对女性的批评一般要心平气和，实事求是，最好是私下单独批评。

(3)处处要强的人，其心理承受能力其实大多都很弱，这种人一般很难接受他人满口训斥、指责式的批评。因此，对这类人最好采用劝说、引导性的批评方式。

第13章

攻心说服:令你的话直达对方心底

想说服一个人有很多种方法,然而有句话说:用兵之道,攻心为上。说服他人也是如此,只有用你的话打动对方的心,才能够产生最好的效果,才能够最快速地说服对方。当然攻心术也分很多种,如婉转的、间接的、旁敲侧击等,想要充分了解这些方法,还是要看看下面的文章。

❀不是任何场合都适合说服对方

孟子说过:天时、地利、人和乃作战取胜之道。而说服他人也要讲究场合。比如,教育学生不是任何时候都会有效的,教师不应随心所欲选择时间、地点,而是要选择有利于感化学生的环境,才可收到预期的说服效果。否则很可能事倍功半,甚至事与愿违。那么,我们在说服对方时如何把握合适的场合呢?

(1)公众场合最不适合说服他人。人都有尊严,都爱面子,所以,你在公众场合说服对方,对方很可能会认为你是在故意让他难堪,不但不会接受你的说服,甚至还会因此而对你产生仇恨心理。所以,在人多的场合最好不要去说服他人,即使有非常的需要,语气也应委婉,让人易于接受。

(2)对方心情不好时不宜说服。说服一个人还要看对方的心情,如果对方正在气头上,那你的说服很可能就会成为对方泄愤的借口,不但起不到预期的效果,还可能因此而给自己惹来麻烦;对方正为某事而伤心时,说服他之前要先安慰他的情绪,这样他才会觉得你的话有道理。

(3)说服领导、上司最讲究场合。当你说服上司改变某个决定时,切忌不要在人多的场合说服,要给上司留足面子,最好就是私下里单独说服,这样他才会很客观地考虑你的建议。其次,说服领导要看对方的时间,切忌在对方正忙的时候去进行说服,否则你很可能被拒之门外。

❀寻求后援团,帮自己说服对方

人际交往当中,很多时候光靠自己一个人的力量是难以说服他人的,因为,毕竟人的能力是有限的,你不可能做到面面俱到。因此,当你说服他人遇到困难时,最好的办法就是寻求后援力量,借他人之口来说服对方。

最近学校要举行歌唱比赛,每班派出三个人参加,2 班已经有了两个人,还差一个人没着落,大家一致想让刘明参加,但是刘明很内向,从来不喜欢参加任何活动,大家说破了嘴皮子他就是不点头,就在大家几乎要放弃的时

候，班长找到了班主任，因为老师亲自请刘明，刘明觉得老师很器重自己，也不好再推脱，便点头答应了。

其实自己说不动的人未必人人说不动，只要找对人，任谁都是可以被说服的。

一个人的话可能会遭到怀疑，但许多人同时说出相同的话，通常是很具备说服力的。因此，要想更容易说服对方，那就要学会在自己说服对方的同时，再借他人之口来增加你话语的分量。

（1）当你有了说服对方的想法时，就要给自己找几个帮手，毕竟人多力量才更大。说服他人时，别人在旁边的“煽风点火”更能让对方动摇。

（2）寻求后援团，一定要找说话有一定分量且有良好口碑的人，假如你找了一个平时就爱信口开河的人帮你，那只能是适得其反。

（3）说服他人时，最好的帮手其实是在说服时碰到的与你素不相识的人，这样他说出来的客观的话才更容易让对方信服。

❉想说服他人，应学会利用种种神态助你成功

说服他人时，除了说话的内容以外，作为说服的辅助手段，说服者的神态举止合适与否，同样也会影响到说服的效果。因为，神态也是语言的一种表现形式。妥帖而又富于变化的语言形式可以增强语言的明晰度，助你更成功地说服他人。

小刘是一家珠宝店的销售员，一天，店里来了一位衣着华丽的青年，让小刘把柜台里的钻戒全都拿出来看看。就在小刘刚把戒指盘拿出来时，电话铃响了，小刘一紧张居然把六枚宝石戒指撒在了地上。她慌忙拾起其中五枚，但第六枚怎么也找不着。此时，她看到那位青年正慌忙地向门口走去。顿时，她意识到那第六枚戒指在哪儿了。她立刻跑过去拦住了那位青年，并说：“对不起，先生！”

那青年转过身来，问道：“什么事？”小刘只是眼睛直视着他，一声不吭。

那青年又补问了一句：“什么事？”

小刘这才神色黯然地说：“先生，这是我的第一份工作，现在找工作很难，是不是？”

青年很紧张地看了小刘一眼，回答说："是的，的确如此。"

小刘接着用诚恳的眼神注视着他，说道："如果换成是你，你也一定很珍惜这份工作！"

终于，那位青年伸出手，把戒指还给了她，并对她说："祝你好运。"然后转身离去了。

现实中，如果我们遇到这样的事情，按照常理，一定会大喊大叫，最后的结果肯定不会让对方主动把东西归还于你。而这位销售员却用诚恳的眼神和尊重的语调，说服了小偷，让他自己主动归还了戒指。由此可见，说服他人时，神态是否合适，对说服力有着举足轻重的影响。为什么这样说呢？

（1）在说服别人的时候，你的种种神态都会暴露出你当时的真实心理。如果你一脸鄙夷之色，对方自然不可能认同你的说服。

（2）在某种情况下，眼神是最佳的辅助说服方法，它能抵得上千言万语。在使用眼神时，视线的方向、注视的频度以及目光接触的时间长短都要适度。通常来说，目光接触的时间长短，能反映出与对方的亲密程度。

（3）当谈到对方遭遇的不幸和灾难时，应当自然地流露出同情、关心和安慰的情态；当谈及对方的思想和工作有进步、有成绩的时候，就应当适时流露出喜悦和欣慰的情态等。

开门见山，摆明好处说服对方

说服不是"解说"，想要让对方信服于你，就必须给予其实质性的东西，即让对方明白这样做的好处。只有这样，他才会真心实意地认同你的观点。因此，说服他人，利益出面比空口说教更有力。与其滔滔不绝地磨嘴皮子，还不如直接讲明利益关系，让对方权衡之后欣然接受你的说服。

（1）开门见山，一开口就让对方对你产生兴趣。说服他人时，完全可以先直言不讳地告诉对方这样做的好处是什么，一开始就用利益吸引住对方，这样你才好牵着对方的鼻子走。要把握住对方的心理，这样你才能说出直达对方心坎的益处，让他不由自主地认同你的观点，并付诸行动。

（2）涉及对方切身利益的说服更有效。人都很看重自己的切身利益，因此，要想让你的话更具说服力，就要在说服对方时，语言中多涉及与对方切

身利益相关的东西。可以通过已有的事例来警示对方，让他明白不照你说的去做，后果是多么严重。

（3）直言不讳时，态度要严肃认真。告诉对方不照你说的去做的后果时，态度一定要严肃认真，让对方觉得你确实是在为他着想。

❀早“下口”为强，不给对方找借口的机会

俗话说“良好的开始是成功的一半”，这句话用到“说服”中也是成立的。说服他人时，要学会从谈话一开始就先声夺人，一开口就断绝对方反对或找借口的机会，让对方从一开始就没有机会产生对立情绪，这样你的说服自然就更容易成功。

妻子的生日快到了，她希望今年丈夫可以给她买个戒指作为生日礼物。于是她就对丈夫说：“今年过生日我不要香水、巧克力或只是请吃顿饭，我只想要你给我买个戒指。”丈夫惊奇地看着说：“送花、吃饭，多有情调！戒指，什么时候买都可以。”妻子却很直接地说：“除了戒指我什么都不要……”说着还伤心地哭了。丈夫不想让妻子伤心，于是在妻子生日那天，为她买了一个很漂亮的白金戒指。

说服别人，要学会从谈话一开始，就要创造一个让对方说“是”的气氛，一开始就不给对方任何找借口的机会。就像这位妻子，一开始就否定了丈夫送其他东西的想法，自然，自己也就如愿以偿地得到了真正想要的东西。因此，学会先声夺人，对你说服他人有很大的帮助。

（1）说服他人时，要率先出动，先说出对自己有利的观点，让自己在谈话中占据有利位置，然后再争取对方认同。

（2）要搞清楚对方可能会提出的反对意见，可能会找的借口，然后提前否定他，让对方没有反驳你的机会。

（3）在说服他人时，可以先把对方看成会接受你的意见或同意这样做。比如，可以说“我知道你一定能把这件事情做好”，“你一定会对这个问题感兴趣的”等，从而提高对方的认同度，让其愉悦地接受你的意见。

❁绕个小弯让对方更容易被说服

说服他人时,我们可以适当地让自己的语言绕个弯,使自己的语言更容易让对方接受。假如你一味地直言不讳,很可能会被认为你就是成心和他过不去,自然,你所说语言的说服力也就会大大减弱。

当我们在说服他人时,可以在步入正题前先为自己的说服作个铺垫,即把话说得"迂回"一些,然后再一步一步引入正题,这样,你的说服就会变得更容易。

(1)说服他人时,要学会正话反说,让自己的语言绕个弯。以免对方生厌,对你做出无礼的举动。

(2)劝说他人时,遇到一些让人不便、不忍或者是语境不允许直说的话题内容,这个时候就要将"词锋"隐遁,或者是把"棱角"磨圆一些,让语境软化一些,好让听者更容易接受。

❁摆明道理,用关怀打动对方

趋利避害,是人的本性。在你说服别人的时候,如果能够顺应人的这一本性,直接向对方摆明道理,好言相劝,让对方自己权衡利害,往往比你强词夺理更具说服力。

玛丽是自行车行里的一位年轻的促销员。一天,有一对夫妇带着孩子来车行看车。玛丽热情地接待了他们。当然,玛丽极少说话,只是请他们自己慢慢地看。

最后,夫妇选中了某种型号的车子,但他们嫌这辆车比其他品质相近的车子贵了50元。细心的玛丽看到这种情况,便作了如下的介绍:"你们的这种感觉我同样也有,只是以后你们就会发现,这50元是你们花得最值的部分。因为这辆车有一个非常好的名字,叫作'请您放心',它有一个很好的刹车器,经久耐用,方便简单,更为重要的是,它安全可靠。"

当看到夫妇俩点头认同,玛丽继续说:"太太,您的小孩骑自行车,您最担心的是什么?应该是安全问题吧?多花50元买一个安全,您难道不觉得

很值得吗？而且这辆车，您的孩子至少可以使用5年，5年才多花了50元，每天多了不到1分钱。你们还有顾虑的吗？”

这对夫妇听后也觉得玛丽说得非常对，便买下了那辆自行车。

当你一再强调，产品能为对方带来什么好处时，对方一般都会感动的。当然，我们首先要做的是，认真观察和了解出，顾客比较关心的是什么。你的80%的精力和说话内容最好都落在对方关注的需求上。

无论是什么情况，要获得对方的认同，就必须首先要为对方着想，关怀对方的利益，关注对方的兴趣。

在很多人眼里，警察一般都是严厉无比的，但蒋光炮却表现冷静，不打不骂，好言相劝，不战而屈人之兵。其实，当我们说服别人时，不一定非要摆出一副严肃的姿态，有时候好言好语地摆明道理，等于是给对方一个台阶，自然，对方也就更容易接受你的说服。

(1)摆明道理，可以让对方很难找到拒绝你的借口，这样再加上你的好言相劝，对方自然会从心底接受你的说服。

(2)正所谓事实胜于雄辩，与其苦口婆心地劝说，还不如直接给对方摆出一些现有的事实，让对方自己权衡利弊，这样他才会觉得你说的话有道理。

步步为营，循序渐进将对方说服

俗话说：“心急吃不了热豆腐。”说服他人要有耐心，要学会步步为营，循序渐进，切忌快刀斩乱麻。毕竟，任何事情都不可能一蹴而就，说服也是如此，因为被说服人的思维惯性和既成偏见是相当顽固的。面对这种情况，如果我们急于求成，那只能让对方对你产生反感情绪，说服自然也就不可能达到良好的效果。

有一个心理学家，很善于帮助人们走出失恋的痛苦，有一次来了一位女性，一进门就哭着说自己被男友抛弃了，并在心理学家面前大发牢骚，好像是心理学家让她失恋了一样。但心理学家却表现得很坦然，他先是与这位女性聊了些大众化的问题，慢慢地解除对方的陌生心理。大约20分钟后，这位女性把自己因何而失恋的详情告诉了心理学家，心理学家对症下药，很快

这位女性解开了心结。

现实生活中,成功地说服别人并不是一件轻而易举的事,任何人一旦坚持了某种看法或观点,那就会形成相当顽固的惯性思维。因此,当我们在进行说服时不可心急,要学会用循序渐进的技巧,来逐步说服对方。对此,要注意以下几点:

(1)说服他人,要先从对方情感的角度出发,采用由小到大,招招紧跟的说服方法。

(2)遇到十分固执的对象,可以采用以迂为直的策略,先聊一些与实质性问题较远的其他话题,再由远及近一步步切入实质性问题。这种方法的好处是能逐渐拉近双方的心理距离,层层铺垫、步步深入地引导对方。

(3)如果说服别人的时候,一开口就触及核心部分,势必会给对方带来不必要的压力,对方自然不会轻易接受你的说服。

消除对方心理障碍,诱导对方接受劝说

很多时候,由于人们心里存在着某种心理障碍,使双方很难一开始就产生共鸣,所以必须先诱发对方与你交谈的兴趣,再经过一番深刻的对谈,才能让彼此更加了解。因此,当你说服他人,或对他人有所请求时,你不妨先从对方感兴趣的话题谈起,诱导对方消除对你的心理障碍,等对方逐步赞同你的想法后,他便不自觉地认同你的观点了。

某学校,有一个班级的学生很难管教,每次给他们安排的新老师,一般不到有一周,就会被学生"炒鱿鱼"。但有一位老师,他在担任差班的班主任的第一天,就亲切地对同学们说:"有人说我们是放牛班、垃圾班,这是没有道理的! 拿体育成绩来说,我们班不但不是垃圾班,而且可以成为优等班!"老师短短的一席话,使同学们迅速从低落的情绪中振奋起来,从自卑感中树立了信心。后来,这位老师一直把这个班带到了毕业,取得了优异的成绩。

同样是老师,为什么后来这位老师会让同学们接受他呢? 原因就在于他一开始就消除了学生的心理障碍,让这些内心充满自卑感的学生,感受到温暖和亲情。从而使得自己与学生在心理和情感上有了共鸣,自然很快

被同学们认同。那么，我们在说服他人时，如何消除对方的心理障碍呢？

（1）劝说他人时，不妨先避开对方的忌讳，从对方感兴趣的话题谈起，并且不要太早暴露自己的意图，等对方一步步赞同你的想法后，自然就消除了对方对你的心理障碍。

（2）每个人都有被尊重和被爱的需要，每个人都希望得到他人的尊重和爱护。因此，当人们受到了尊重，就会产生感恩之情，就容易听得进去意见和建议。

（3）运用迂回战术把对方的注意力从他敏感的问题上引开，绕个弯子，再回到正题上来。这样可以消除对方的戒备心理，避免陷入僵局。

第14章

化解矛盾：智慧地化解尴尬场面

当尴尬的场面出现时，要消除矛盾，除了用“花言巧语”来蒙混过关，还可以应用智慧的自我解嘲方法，也能够化解尴尬的场面；当为自己圆场时，带有幽默滑稽的语言以及装糊涂的方法，也可以让你的尴尬场面烟消云散。

❀“花言巧语”摆脱尴尬处境

在交际过程中，有时是对方有意依仗亲密的关系公开揭你的短，或讲述你过去的傻事；有时是对方无意地，不知不觉中说出了你的隐痛之处。但这些都很可能让你陷入一个尴尬的局面。可见，尴尬是人们在生活中不愿碰到但又不能不碰到的，但怎样才能应付尴尬呢？我们在与人交往时，具备一些化解尴尬的语言技巧就显得尤为重要。

在美国第35任总统候选人的提名过程中，肯尼迪年轻如孩子般的外表成了一个不折不扣的不利条件。众议院发言人萨姆·雷伯恩就攻击肯尼迪是“乳臭未干”的几个民主党领导人之一。面对这样的攻击，肯尼迪却哈哈一笑说：“萨姆·雷伯恩可能认为我年轻。不过对一位已是78岁的人来说，他眼中的大部分人都年轻。”萨姆·雷伯恩顿时一脸灰色，无奈地闭上了嘴。

很多时候，当对方有意为难你时，如果你真的忍不住而动气，那别人会说你没有涵养；而如果你放松心情，用一些“花言巧语”给予对方还击，不但可以轻松摆脱尴尬的处境，还会让大家对你刮目先看。那么，当我们遇到尴尬的情境时，如何用“花言巧语”来化解尴尬呢？

（1）当你已经判明来者不善，是怀有恶意、故意挑衅时，你可以“以眼还眼，以牙还牙”，有理、有利、有节、有礼貌而巧妙地回敬对手，针锋相对，“原物”顶回。

（2）要学会自我解嘲。因为对方可能是习惯，对谁都这样。此时，你可以让自己心情放松，把这种玩笑转移给大家。如有人说你“不愧是属猪的，真能吃”，不妨接上一句“所以咱们才能聚到一起呀”。

（3）如果有人用过于唐突的言辞使你受到伤害，或叫你难堪，你应该含蓄以对，或装聋作哑、拐弯抹角、闪烁其词，或顺水推舟、转移“视线”、答非所问，谈一些完全与其问话“风马牛不相及”的事，用这种委婉曲折的方法反驳对手，也会取得奇特的功效。

❋换位思考带来不可思议的效果

人际交往中，人与人之间出现矛盾、产生误解是在所难免的。遇到这种情况我们要学会换位思考，不要总是抓住别人的"小辫子"不放，与对方斤斤计较。如果一味苛求别人，得理不饶人，这样不但于事无补，还会伤了彼此的感情，得不偿失。

有一位青年人去请教智者："我怎样才能成为自己愉快、也能带给别人快乐的人呢？"智者笑着回答说："你有这样的愿望已经很难得了。我送你两句话，第一句是：把自己当别人。你能说出这句话的含义吗？"青年人回答："是不是说在我感到痛苦的时候，把自己当成别人，这样痛苦自然就减轻了。"智者微微点头，并说："第二句是把别人当成是自己。"青年人沉思一会说道："这样就可以真正同情别人的不幸，理解别人的需要，而且在别人需要帮助的时候给予恰当的帮助。"智者听了很高心，说："这两句话总结起来就是要学会换位思考。"

人和人之间难免会有恩怨和矛盾。这些矛盾可能会造成不愉快的人际关系，该怎么去解决这个问题，上述例子中的智者提出一个很好的办法。其实，很多时候，如果我们换个角度去考虑矛盾，我们会发现，所谓的矛盾原来是这么地不值一提。那么，当我们与他人出现矛盾时，如何做到换位思考呢？

(1)出现矛盾时，不要光顾着仇恨对方，而是多考虑一下矛盾的源头，有时候，矛盾的源头其实就是你对对方的误解。

(2)得饶人处且饶人，没有人用永远处于上风，说不好哪天你也会落到对方手里。因此，要做到宽容大度，摒弃前嫌，化干戈为玉帛，从而减少对心理的刺激，自然有益于身心健康。

(3)任何事情都具有两面性，矛盾也是如此，出现矛盾时不要只顾着气对方，应多角度看待矛盾，说不定你会有意想不到的收获。

换种方式表达你不快的情绪

与他人交往时，难免遇到一些令你不快、不高兴的事，遇到这种情况，如果你忍不住动气或直言地回击让你不高兴的人，虽然，你觉得很解气，但别人会觉得你很没有风度、心胸狭窄，从此不愿和你有过多的交往。而假如遇到不愉快时，换种方式把心中的愤怒不显山露水地表达出来，那会让你交际场中显得更精明、更智慧。那么，人际交往中如何换种方式表达不快情绪呢？

(1)不要硬碰硬，要学会以退为进。当对方惹你不高兴时，不要不顾一切地想着回击对方。退一步海阔天空，可以体现出人的宽容，而宽容的人是很受人尊敬的。假如对方是有意让你难堪，也不要直接攻击对方，要学会绵里藏针，不但很委婉地还击了对方，还会让对方哑口无言。

(2)机智幽默是有效的办法。尴尬、矛盾总是发生得很突然，但很多时候对方都不是有意惹你不高兴，因此，为了避免伤害彼此的感情，遇到这种事情要学会机智对待，要从话题中找话，学会巧妙地使用幽默，从而也给对方一个安慰。

(3)把“不高兴”转移到对方身上。当对方有意为难你，惹你不高兴时，没有必要与其闹得脸红脖子粗，可以学会转移话题，还治彼身，如“对方讽刺你乳臭未干时”，你很温和地回应说：“对于你这样德高望重的老人，当然会觉得我年轻了。”这样不但不会让你有失风度，还会更加体现出你的智慧。

损人之语必然不会利己

语言可以沟通人们之间的想法，但也能伤害对方的自尊心。人际交往中的矛盾、误解是在所难免的，遇到这种情况，很多人选择了用言辞去攻击对方，以解心头之恨。然而，俗话说：“杀敌一千，自损八百。”损人之语必然不利己。虽然你可以将对方损得遍体鳞伤，但你也会因此而失去威信，而你的人际关系也将因此受到严重损坏。那么，人际交往中出现矛盾时，如何应

对才能做到不损人呢？

(1)转移话题，制造轻松气氛。在交际场合，如果某个较为严肃、敏感的问题弄得交谈双方很对立，甚至阻碍交谈正常顺利进行时，我们可以暂时回避它一下，用一些轻松、愉快的话题来活跃气氛，转移双方的注意力，或者通过幽默的话语将严肃的话题淡化，使原来僵持的场面重新活跃起来，从而缓和尴尬的局面。

(2)找个借口，给对方台阶下。有些人之所以在交际活动中陷入窘境，常常是因为他们在特定的场合做出了不合时宜或不合情理的事情。在这种情形下，最行之有效的打圆场的方法，就是找一个借口，以合情合理的解释使对方有台阶下。这样一来，对方的尴尬解除了，正常的人际关系也能得以继续下去了。

(3)善意曲解，化干戈为玉帛。在交际活动中，交际的双方或第三者由于彼此言语之间造成误会，常常会说出一些让别人感到惊讶的话语，做出一些怪异的行为举止，从而导致尴尬或难堪场面的出现。为了缓解这种局面，我们可以采用故意“误会”的办法，装作不明白或故意不理睬他们言语行为的真实含义，而从善意的角度来作出有利于化解尴尬局面的解释，将局面朝有利于缓解的方向引导。

❁方式比内容重要，就看你怎么说

很多人在遇到尴尬时，首先想到的是该说什么，即说话的内容，其实，想要轻松化解尴尬，说话的内容固然很重要，但说话的方式却更重要。同样是一句话，在不同的人口里说出来，却会有不同的效果。究其原因，就是因为说话方式的不同。因此，当我们遇到尴尬场面时，不但要注意说什么，更要考虑说话的方式是否恰当。

一辆拥挤的巴士在高速行驶中突然急刹车，一位男士不慎撞在了一位女士的身上。这位女士认为撞他的男士是在乘机占她的便宜，于是回身骂道：“什么德性！”骂声引来了众多好奇的目光，但这位男士并没有用骂声来反击，而是彬彬有礼地说道：“对不起，小姐，这不是德性，是惯性！”此言一出，全车乘客包括这位女士在内都忍俊不禁，于是人人释然。

俗话说：一句话说得人跳，一句话说得人笑。可见怎样说话大有学问。当我们遭遇尴尬时，千万不要自乱方寸，要学会随机应变，要讲究说话的方式，注意用巧妙得体的说话方式补救。这样一来，就可以将自己从尴尬中巧妙地解脱出来。那么，什么样的说话方式才有助于化解尴尬呢？

（1）自嘲，即自我嘲弄，表面上是嘲弄自己，但实际上却另有所指。在交际中运用得好，就能让尴尬变成笑声，在笑声中展现出你非凡的智慧和人格魅力。

（2）化解尴尬离不开语言的助力，而语言又有不同的使用环境，身处尴尬境地时，如果把甲领域的词语，巧妙地用在乙领域里，有时就会使语言产生幽默、风趣的效果，借用因此而生的幽默，就可以巧妙地打破尴尬的局面。

（3）反问的句式，有时对化解尴尬也很有效。如对方故意提出一些让你难堪的问题时，你可以反问对方，以此转移话题，轻松化解尴尬。

❈别让言谈中的细节破坏和气

常言道："细节决定成败。"说话也是如此，如果说话不注重细节，信口开河，很可能就会在不知不觉中得罪对方，伤害对方，让双方都陷于矛盾、尴尬之中。因此，人际交往中，说话一定要注意细节，要边想边说，以免因自己的口误而伤了彼此的和气，让自己的人际关系遭到重创。

一个从名牌大学毕业的女孩，参加了一次人山人海的财务专业的招聘会，由于专业功底扎实，所以她准确回答了招聘人员提出的问题，招聘人员也对她很满意，于是她自己也觉得自己真的很出色。可就在她即将离开的时候，她的手机铃声响了，当她没有向招聘人员打招呼就当场接完电话后，招聘人员告诉她，她的录用资格被取消了。这让她很惊讶，于是就大声质问招聘人员为什么。招聘人员很礼貌地告诉她："你连最起码的礼貌用语都不会说，可见你不适合我们公司的职位。"

很多时候，我们的失败并不是因为能力不够，而是我们忽视了一些关键的细节。就像这位女大学生，本来一切都很顺利，可就是因为接电话时忘了向招聘人员说一声"对不起""不好意思"之类的礼貌话语，让自己到手的工作不翼而飞。由此可见，说话的细节是多么重要。那么，与人谈话时，我们

应该注意哪些细节呢？

(1)无论与谁谈话，开头、结尾的礼貌用语都不可少，很多时候谈话过程中的礼节问题，往往直接影响着谈话的效果。

(2)谈话时要注意自己的行为举止，尤其要注意自己的肢体语言，如谈话时的坐姿和手势，一定要合乎礼仪，因为这是对听者的一种尊重，同时也体现出你的综合素养。

(3)即使是和关系很好的人谈话，也要注意措辞，切忌口无遮拦，以免因此而伤了彼此的感情。

学会用拒绝的方式及时抽身

人是社会中的人，需要社会交往，可在社交场合中语言和行为却经常导致尴尬场面的出现。面对各种涉及个人隐私的问题，避免尴尬的最好办法就是直接拒绝方。对此，要注意以下几点：

(1)当别人诬蔑你、揭你的短时，切忌大发雷霆，大发脾气，因为这样你不仅中了别人的圈套，而且还会让你在别人面前失态，陷入尴尬。最好的方式应是不卑不亢、镇静从容地拒绝和对方继续谈话，让对方觉得无趣，而你也会赢得宽宏大量的美誉。

(2)对各类尴尬场面都应幽默应对，一笑置之，而不要反唇相讥。对于那些不怀好意者，如果你或生气，或反击，都会让你脸红脖粗，大失风度。假如你可以适时地给他幽默一把，大家自然都会一笑置之，就像没发生过这件事情。

(3)及时抽身。有很多难堪境地，常是因为双方都不肯退步，让对立事态加剧而造成的。常言道："退一步海阔天空，忍一时风平浪静。"很多情况下，徒然行动、徒费口舌不如及时抽身更明智。

为自己打个圆场，扭转不利局势

在现实生活中，过于严肃和枯燥的东西往往不易为人所接受，所以人们会想方设法把它变得灵活些、有趣些。其实在交际场合中也是一样，如果某

个较为严肃、敏感的问题搞得双方都很尴尬时，我们同样可以运用一些适当的语言技巧给自己"打圆场"，从而轻松化解尴尬，使交际活动得以顺利推进。

有个理发师傅带了个徒弟。徒弟学艺3个月后，这天正式上岗。他给第一位顾客理完发，顾客照照镜子说："头发留得太长。"徒弟不语。师傅在一旁笑着解释："头发长使您显得含蓄，这叫藏而不露，很符合您的身份。"顾客听罢，高兴而去。

徒弟给第二位顾客理完发，顾客照照镜子说："头发留得太短。"徒弟不语。师傅笑着解释："头发短使您显得精神、朴实、厚道，让人感到亲切。"顾客听了，欣喜而去。

徒弟给第三位顾客理完发，顾客边交钱边嘟囔："剪个头花这么长的时间。"徒弟无语。师傅马上笑着解释："为'首脑'多花点时间很有必要。您没听说：进门苍头秀士，出门白面书生！"顾客听罢，大笑而去。

徒弟给第四位顾客理完发，顾客边付款边埋怨："用的时间太短了，20分钟就完事了。"徒弟心中慌张，不知所措。师傅马上笑着抢答："如今，时间就是金钱，'顶上功夫'速战速决，为您赢得了时间，您何乐而不为？"顾客听了，欢笑告辞。

生活中发生的一些猝不及防的意外事件，往往会让当事者遭遇不必要的尴尬。这时如果利用突发事件与语言间的关系机智巧妙地给自己圆场，不但可以让自己轻松摆脱尴尬，还会让气氛变得更加热烈。那么，当我们遇到尴尬时，该如何为自己圆场呢？

(1)因某个较为严肃、敏感的问题让自己陷入尴尬境地时，我们可以通过幽默的解说来给自己打圆场，从而把原来很僵的局面搞活，让交谈顺利进行。

(2)人际交往中，当因自己的一个不合理的举动而使自己陷入尴尬局面时，最行之有效的打圆场方法莫过于找一个视角或借口，以合情合理的依据来证明这个举动在此时是正当的、无可厚非的。这样一来，个人的尴尬解除了，正常的局面也得以继续下去了。

(3)在交际活动中，尴尬往往是因交际的双方或局外人由于彼此不甚了解，进而做出一些让对方迷惑不解的举动而引起的。因此，我们可以采用故意曲解的策略，假装不明白尴尬举动的真实含义，而给出有利于局势好转的

理解，将局面朝有利的方向引导过去。

用对“你”“我”“他”自会化解尴尬

人际交谈，难免会出现一些思想争锋，在这种情况下能否正确用对“你”“我”“他”就显得尤为重要。如当别人对你所说的话产生意见，或你说出的某些事情惹怒了他人，这时候你就要学会用“他”来替你洗脱罪名，即可以向对方说，事情是“他”告诉你的，这样不但保住了你和对方的关系，还不会因指名道姓而给他人带来麻烦。因此，人际交往中用对“你”“我”“他”，对你化解矛盾，消除尴尬有着很大的帮助。

那么，人际交往中，我们该如何正确运用“你”“我”“他”呢？

(1)当别人有意让你难堪时，要多用“你”，把矛头反过来指向对方，如对方故意问你一些涉及隐私的问题时，你可以反过来问对方：“你……？”如果对方对你说那是他的隐私，就正好中了你的下怀，你也可以用同样的答案回复他说“这也是‘我’的隐私”，从而让对方不好意思继续追问。

(2)当因你对对方性格不了解而说了一些让对方觉得有伤自尊的话，那就要学会给自己找个“替罪羊”，如可以告诉对方：“我也是听‘他们’说的……”这样既把问题的源头转嫁到他人身上，又不会告诉对方具体的人是谁，从而给自己省去不必要的麻烦。

(3)人际交往，如果是除你以外的双方之间发生了争执，那么你可以以一个第三者的身份去调和他们，如可以说“我认为……”，“我的意见……”。从而以一个旁观者的身份来调解矛盾，化解尴尬。

不要让插嘴扫了大家的兴致

人际交往中，虽说插嘴是交谈中必不可少的，但如果听者不能恰当地把握住插话的时机，那你的插话就可能会成为尴尬的起点。如果明明对方讲得很起劲，而此时你却非要插进你自认为十分必要的话，虽然对方表面上可能不会对你有意见，但内心之中难免会对你产生反感情绪。更有甚者可能

会干脆和你结束谈话，让你陷入一种很尴尬的局面。那么，我们如何把握插嘴的时机呢？

(1)在对方讲话告一段落的时候插嘴。每个人叙述事情、谈论观点和看法时，都会有自然的停顿和间歇，这就是你选择插嘴的时机。当对方谈得正起劲时，切忌插嘴，否则很有可能就因此而彻底堵上了对方的嘴，那你们的谈话也就会成为你的独角戏。

(2)注意对方的提示。其实任何谈话者既希望有人听，更希望对方对他的谈话方式及其内容有所反应，所以说话者一般都会给对方插嘴的提示，如有时对方会问你“你觉得如何”“不知你有什么高见”等让你开口的提示。

(3)注意对方的目光和动作。人在言谈中常伴有一定的调整身势的动作，如谈话者的目光和点头动作，这些都可以告诉你何时保持安静，何时可以插话。如对方突然停顿，并用眼睛直视着你，那表明要听你的意见，这时就是你插话的最佳时机。

❋智慧的自我解嘲可以活跃气氛

谚语说：“自作聪明者笑别人，真正聪明者笑自己。”自嘲其实也是一种人际交往的智慧，在我们面对人生中的尴尬与矛盾时，不妨一笑置之，以一种自我嘲解的智慧，让尴尬化解于无形之中，让你的人际关系更加和谐。

“二战”时期，丘吉尔到美国寻求援助。有一次丘吉尔刚洗完澡什么也没穿走进房间，这时候罗斯福总统却突然摇着轮椅进了屋。看到丘吉尔赤条条的样子，很是尴尬，但丘吉尔却幽默地说：“罗斯福先生，您瞧，我这个大英帝国的首相，可是什么也没对美国总统隐瞒啊！”两人呵呵一阵大笑，一切尴尬都在那坦诚的笑声中解决了。

生活中，谁都难免遇到尴尬。面临人生中的尴尬与困境，我们可以一笑置之，用好“自嘲”这个工具，自我解脱，自我安慰，以求以一种良好的生活态度走过充满风雨的人生道路。

那么，如何巧妙运用自嘲化解尴尬呢？

(1)当你遇到不公正的待遇或受到不合理的评价，自己又不便直接抗争时，不妨运用自嘲，以委婉暗示的方式，表露出心中的郁闷和不满，让周围的

人了解自己的真实感受，起到直抒胸臆所难以达到的作用。

(2)当对方问及一些自己不知道的问题时，为了避免尴尬，可以适当地自嘲，如可以说“我本来文化水平就低，这个问题太高深了”。对方自然就不好意思继续追问。

(3)自嘲往往是夸张地、形象化地揭示自己的缺陷，很能表现自己的真诚和坦率，因而就易于得到他人的好感和信赖，在社交中取得主动。

❁假装糊涂，用幽默化解尴尬

在一些意外的场合，我们常常会碰到一些意想不到的事，如果处理不好着实使人尴尬万分，此时要化解难堪的局面，不妨假装糊涂一些，随之产生的幽默效果将有助于你轻松化解尴尬，让交际双方皆大欢喜。

有一次地家旅馆招聘侍者，前来应聘的人很多。老板想考考他们：“有一天当你走进客人的房间，发现一女子正在裸浴。你应该怎么办?”众人都抢着回答，有的说：“对不起小姐，我不是故意的。”有的说：“小姐，我什么都没有看见。”老板听后不停地摇头，这时一个小伙子走上前说：“对不起，对不起，先生。”结果他被录用了。

这个老板其实就是想考考前来应聘的人处理尴尬问题的口才技巧，而这个小伙子巧妙地使用了糊涂的语言，能使客人得到心理上的安慰，因而得到了老板的赏识。在生活中，经常可能碰到一些不能回答但又不得不回答的尴尬问题，这时候巧妙地使用糊涂语言进行对答将是你化解尴尬的最好手段。

(1)很多时候，有些问题不回答也尴尬，如实地回答可能会更尴尬，最好的办法就是答非所问，让对方知趣地回避。

(2)遇到意外的尴尬情景，最好的应对方法就是故意说错话，就像例子里的那个小伙子，故意把“女士”说成是“先生”。

(3)对别人的话进行歪曲、荒唐的解释，以一种轻松、调侃的态度，将两个表面上毫不沾边的东西联系起来，造成一种出人意料的效果。

学会道歉：消除隔阂并能化敌为友

我们在人际交往中应勇于道歉，就算是彼此最亲近的人，也要少一些辩解，多一些歉意。把道歉当成一种好的习惯，在不同的人面前选择不同的道歉方式，这样你不用拐弯抹角就会有人信赖和尊重你。诚恳的道歉可以把敌人变成自己的朋友，让对方接受你、喜欢你，从而达到很好的润滑人际关系的效果。

❊少一些计较，让道歉成为一种表达习惯

“道歉”一词往往是与“犯错”联系在一起的，好像道歉就意味着犯了错误。事实上，很多时候，道歉能融洽彼此之间的感情。当你让道歉成为一种习惯后，不管有没有错误，时不时地向对方道歉，即使对方对你有什么意见，也会不予计较。为什么这样说呢？

(1)常常想自己的过失。人在意识到自己的失误时，想到对对方造成的伤害，然后，通过道歉来表达自己的歉意，这样能让对方很容易接受你。

(2)人人都可能做错事，做错事就该道歉，道歉更要公开、真诚和深刻。

(3)要让道歉成为一种习惯，一种责任。不管是谁的错，都要及时地道歉，如果是对方的错，你的道歉则会让他更不好意思；如果是你的错，及时地道歉，会让对方觉得你很诚恳，从而原谅认可你。

真诚道歉的人才可能得到真正的原谅。当道歉成为一种生活方式的时候，我们都会得到应有的接纳、支持与鼓励，品尝到道歉的益处。

❊肯道歉的人更能赢得他人的尊敬

人的一生不可能永不犯错，有时候错误只是自己的一时疏忽所造成，但是，既然错了，就要认错，就要主动道歉，如果不认错、不道歉，后果可能会变得不可收拾，于人于己都非幸事。相反，如果能够主动“认错”，不但可以轻松化解矛盾，还会赢得更多的尊重。

人，不怕犯错，就怕没有勇气认错。勇于认错的人，不但不会因此而被他人视为软弱，反而还会赢得他人更多的尊重，反而往往是那些死不认错的人，最后却成了最大的输家而抱憾终身。因此，人际交往中，要想自己的人际关系不因自己的一点小小失误而遭到重挫，及时地道歉、认错是你最好的选择。那么，如何做到有效道歉呢？

(1)某件事做错了，某句话说错了，可以开诚布公地直接向对方道歉。可以用“对不起”“我错了”等话向对方道歉，这种真诚坦白的态度容易得到

对方谅解。

(2)通常，受伤害者要的，无非是你承认错误，因此道歉的话语要简洁、真诚，过多情绪性的字眼，并没有帮助。道歉的重点在于发出清楚、直接、诚恳的道歉信息。

(3)即使是对方错了，如果你先开口道歉，也会让对方的情绪一下子冷静下来，从而认识到自己的错误。

说好道歉的话让领导对你更加信赖

有些人很怕领导，尤其是当工作中出了什么差错后，就更怕向领导主动承认错误，不敢和领导沟通、把事情说清楚，反而想着怎么瞒过领导。其实，工作中犯错是再正常不过的事，只要你主动找领导，诚恳地向领导道歉，和领导把事情沟通清楚，领导反而会对你更加信赖，认为你是一个知错能改、值得培养的人。

小张在一家公司给老板当秘书，平常工作都很卖力，可是有一次，他在给老板发一封邮件的时候，忘记了加附件。她发现后立刻重新发了一封，还在邮件中加了几句给老板道歉的话语。老板也回复了邮件原谅了她。但她本人觉得这是一种严重的失职，于是在第二天，一上班，她就到老板办公室，用很诚恳的语言当面向老板道了歉，并要求老板扣她这个月的工资，以示惩罚。老板对她的道歉感到很欣慰，觉得她是个使得信赖的员工。最后，不但没有扣她的工资，还在一次会议上当众表扬了她勇于承认错误的态度。

俗话说："知错能改，善莫大焉。"在其他人看来，小张的错误可能根本算不了什么，更别说是需要道歉了。然而，千里之堤，溃于蚁穴。很多时候，可能就是你的一点点小过错，而你没及时承认错误，最终让你失去机会。那么，职场中，我们如何做到有效地道歉呢？

(1)给领导道歉，关键不在于语言的多少，主要是要提出改正错误的具体措施，保证今后不会重犯，这样领导才会感觉到你的诚意。

(2)道歉本身虽然重要，但更重要的是怎么通过道歉，展现自己的个人魅力，每一次和领导的沟通都是一次展现的机会，首先要从思想上重视这不是道歉，这是给自己争取发展的机会。

(3)道歉时,态度要不卑不亢,既不要让领导觉得你是在阿谀奉承,也不要让他觉得你是在说空话。

❁选对时机,才能达到道歉的目的

道歉绝不仅仅是说声“对不起”那么简单,心理学家研究表明:道歉在时间上有一个最佳时机。因此,道歉时一定要慎重,过早或过晚的道歉都不能起到预期的效果。因此,人际交往中,向他人道歉,一定要懂得把握时机,只有这样,才能真正达到道歉的目的。

那么,我们该如何把握道歉的时机呢?

(1)如果是双方争执而发生的误会,那道歉就不能操之过急,等对方情绪冷静下来以后再去道歉,这样才能收到良好的效果。假如你刚和对方争吵完,就立马向对方道歉,对方很可能因此而“得理不饶人”,那你的道歉就等于是给自己惹麻烦。

(2)据一些研究表示,道歉时机最好在失言后的10分钟到两天内向生你气的“受害人”承认错误。因为,这段时间,受害人可能正在委屈时期,正是最需要安慰的时段,所以这时你的道歉就等于是给对方一个台阶,效果自然会很好。

(3)可以先试探性地与对方谈话,如先打个电话,如果对方愿意接你电话,那说明道歉的时机到了。如果对方正在气头上,而你又跑去道歉,那只能让你们的关系变得更糟。如果对方主动联系你,或是对你的错误没有在意,那就不要旧事重提,以免勾起对方的不好情绪。

❁用对道歉方法,让对方从心底原谅你

错误人人都会犯,可道歉却不是人人都会。因为道歉也要讲求一定的方式、方法。就像有人把“对不起”三个字说了数千遍也得不到别人的同情和原谅,而有人只是短短几句话,却可以让双方皆大欢喜。因此,要想让对方真正从心底原谅你,就需要掌握正确的道歉技巧。

那么，道歉到底需要掌握哪些方法呢？

(1)了解自己错在哪里。认错前，要先考虑一下自己到底在哪里出了错，如何伤害到了他人。只有清楚地认识到错误的所在，你才可以做到有针对性地道歉。如果对方是从别人嘴里得知你的错误，那你就应该让对方给你一个解释的机会，这样才能实质性地解决问题。

(2)道歉语应当文明而规范。给他人道歉，语言要规范，要让对方感觉到你认识错误的诚意。如有愧对他人之处，宜说"深感歉疚""非常惭愧"等渴望对方见谅的话语；失礼时要说"多多包涵""请您原谅"；麻烦了别人或给他人带来不便时要说"打扰了""麻烦了"；一般场合，则可以讲"对不起""很抱歉""失礼了"。

(3)道歉应当不卑不亢。道歉绝非耻辱，故而应当大大方方，堂堂正正，完全彻底。不要遮遮掩掩，也不要过分贬低自己，不要说像"我真不是个东西"等没有骨气的话语，因为这可能让人看不起你，也有可能使得对方得寸进尺，欺软怕硬。

❀说话的态度决定道歉的效果

常言道，"态度决定一切"，道歉也不例外。恰当得体的道歉能有效地缓解对方的情绪，缓和紧张的气氛。道歉时，如果敷衍了事，只说一句简单的"我错了"就觉得万事大吉了，这样不仅无助于挽救局面，还可能会激起对方的深层不满。

华盛顿在关于选举问题的某一点上说了一些冒犯佩思的话。佩思把华盛顿一拳打倒在地。第二天一早，华盛顿递给佩思一张便条，要求他尽快到当地的一家小酒馆去。佩思如约到来，他是准备来进行一场决斗的，令他感到惊奇的是，他看到的不是手枪而是酒杯。华盛顿说："佩思先生，犯错误乃人之常情，纠正错误是件光荣的事情。我相信昨天我是不对的，你已经在某种程度上得到了满足。如果你认为到此可以解决的话，那么请握我的手，让我们交个朋友吧。"从此以后，佩思便成了一个热烈拥护华盛顿的人。

真诚的道歉将会使人们感受到人与人之间最美好的情感。因此，犯错之后不但要及时道歉，同时，还要注意道歉的态度，要诚恳、认真。带有怨

气，或者是敷衍了事的道歉态度，不仅不会得到对方的原谅，还会进一步激化矛盾。对此要注意以下几点：

(1)语气一定要真诚，否则就起不到道歉的效果。真诚的道歉不但不会失去朋友，反而会使你赢得更多的朋友。

(2)倘若你发现自己错了，就要及时向别人道歉，道歉时不要为自己作任何的辩解，这样对方才会觉得你是很有诚意地向他道歉。

(3)道歉时，最好能做到不卑不亢，不要为了博得他人的原谅而贬低自己、侮辱自己，要做到坦然、坦诚。

真挚地道歉，不用拐弯抹角

如果你错了，除了及时地道歉外，还应真心实意地认错、道歉，不必拐弯抹角，也不必推说客观原因、作过多的辩解。就算是有非解释不可的客观原因，也必须在诚恳的道歉之后再略作解释，而不宜一开口就辩解不休。否则，这种道歉，不但不利于弥合双方思想感情上的裂痕，反而会扩大裂痕、加深隔阂。对此要注意以下几点：

(1)先道歉后解释。有错就应先认错，以诚恳的态度，直截了当地向对方表示出你的歉意，不要对自己的过失泛泛而谈。要承认自己的责任，不要找借口或将责任转嫁给他人。要清楚明白地承认是自己的错误，即使有非解释不可的原因，那也要等对方表示对你原谅以后再说，这样对方才不会对你的解释产生怀疑。

(2)敢于担当责任。有效的道歉不是一种为自己狡辩的伎俩，更不是拐弯抹角、想方设法要去骗取别人的宽恕的技巧。要想让对方真心诚意地原谅你，你必须要有责任感，勇于自责，勇于承认过失，真心地道歉。

(3)少用具有煽动性的文字。其实，很多时候，对方要的无非就是一句简单的“对不起”，因此，道歉时要少一些繁文缛节，完全可以直截了当，以避免争端一发而不可收。

❁看客下菜，选择正确道歉方式

道歉的方式有很多种，譬如：电话道歉、书信道歉、设宴道歉、道歉声明、送礼道歉、公开道歉、负荆请罪式道歉等。至于哪一种方式最有效，那就要因人而异。面对不同的人要选择不同的道歉方式，道歉只有做到“看客下菜”，其效果才会更尽如人意。

那么，我们如何做到因人而异地道歉呢？

(1)看对方是否讲理。很多时候并不是所有的道歉都会被对方认可，如有人故意给你找茬，那你出于礼貌性的道歉只能让对方的气焰更加嚣张。如果对方是个欺善怕恶的主，跟这种人道歉就应该不卑不亢，不要让对方把你的歉意当作是软弱的象征。

(2)对上司道歉要看穿其本意。工作中，如果出现了你必须向上司道歉的情况，首先也是最重要的一点就是看穿他的本意，如果对方很愤怒时，一般先不要急于道歉，要全盘接受他的愤怒，等他发泄完之后，事情平息下来，再对其进行道歉。

(3)对恋人、妻子道歉用点小礼物。向恋人、妻子等比较亲近的人道歉，有时可以送对方一点小礼物，如可以送一束鲜花，把一件小礼物放在餐桌上或枕头边，以表明悔意，表示爱念不渝。

❁对亲近的人也不能忘记道歉

道歉是一种美德，即使是对自己很亲近的人也不能忘记道歉，因为人与人之间的矛盾和冲突总是需要有人来承担的，如果谁都不愿意道歉，即使是再亲近的人，也会关系冷淡、疏远，甚至是破裂。因此，不论你是有意还是无意，只要是错了，就一定要道歉，即使是对你最亲近的人，也不能忘记道歉。

皮特是个很叛逆的孩子，父亲对他的教育好像除了暴打以外，再没比这更好的方法。在皮特刚上高一的第一天，他就对班里一个同学大打出手，最后皮特的父亲被老师叫到了学校，回家后，父亲自然又是对他一顿暴打，但

皮特却没有作任何的反抗,而是用愤怒的眼神看着父亲,此时,父亲才感觉到了自己打孩子是不对的。第二天早上,父亲和皮特一起吃早点,但父亲很温和地对皮特说:“昨天我打你是我的不对,我现在向你道歉。你已经长大了,我想我不应该再像以前一样管你了……”说完之后就独自一人走了,但皮特却流下了眼泪。从这以后,学校的老师再也没给父亲打过电话。

这样的例子在今天的社会中可以说是随处可见。多少家庭夫妻离异,多少亲人反目成仇,多少孩子因教育问题而走上了犯罪的道路?而出现这些问题的原因大多就是因为亲人之间少了一份真诚的歉意。人与人之间的关系的疏密,绝不是道歉的障碍,要想让你的人生充满温情的阳光,那么就不要忘记:亲人之间也要学会道歉。

与亲近的人之间有了摩擦,该如何做到有效道歉呢?

(1)给亲近的人道歉,要先明确自己为什么会犯错,然后在道歉的同时,让亲人明白你的用心良苦。

(2)向亲近的人道歉,最好的方式就是直截了当,因为给亲人道歉不是为了弥补你的错误,而是为了让对方受伤的心有所安慰。

(3)态度要平和,要富有感情,用你的真情去打动对方的心灵,让你们的关系更进一层。

第16章

幽他一默：用风趣的语言表达你的看法

幽默俏皮可以让你成为交际高手。当你没有话可说的时候，一句幽默的话会让沉默的氛围被打破；当你把看法用幽默的方法表达出来后，会与对方很快产生共鸣。这样作就能轻易地把他人的眼球吸引过来，现场的平淡气氛顿时会被欢声笑语所代替，这样大家就能很快地接纳你。

❊幽默的话能让对方降低心理防线

幽默是人际关系的润滑剂。它可以使陌生的心灵变得更亲近，以最敏捷的方式沟通感情，融洽气氛。所以，当你进入一个陌生的场合，在纷繁复杂的面孔前不知如何应付时，不妨来点幽默，用你幽默的话语去降低对方的心理防线，相信对方一定会轻松接受你。

小华是一个在爱情方面有点木讷的年轻人，见到女孩他就紧张。但最近，他一不小心说出的一句幽默的话，终于博得一个女孩的芳心。当他鼓足勇气问女孩："你喜欢什么样的男孩？"女孩想了一下说："我喜欢投缘的男孩。"小华紧张地说："一定要头圆吗？稍微有点方不行吗？"女孩听了哈哈大笑，两人谈话的气氛也一下子轻松多了。

故事中的小华将女孩的"投缘"故意理解成"头圆"，进而问出了一句幽默的问句，让双方之间的谈话气氛顿时轻松了很多，减低了女孩的心理防备，博得了对方的芳心。那么，究竟如何用幽默的话来赢得对方的青睐呢？

(1)用自嘲来丑化自己。当一个人通过嘲笑来丑化自己的时候，就不会让对方因为怕触犯你的雷区而倍感谨慎。对方没有了担忧，自然会轻松得多。

(2)利用谐音来故意曲解。利用谐音能让对方绷紧的神经松弛下来。因为这会将对方的注意力转移到别处。如故事中的女孩说"我喜欢投缘的人"。小华将"投缘"和"头圆"相谐，引申出"头方"来。对方的注意力被转移，心理防御自然降低了很多。

(3)用适当的夸张来形成对比。夸张能将事物之间的关系描绘得形象化，使特征更加凸显，让情感更加真切。同样，也能让彼此之间的心理防御降低很多。

❊幽默俏皮话，助你成为交际达人

生活中，我们时常被一些俏皮话惹得笑声连连。显然在人际交往中，适

当的俏皮语言，不但可以活跃谈话气氛，还可以增加你的魅力，助你成为社交达人。

小惠经朋友介绍，认识了远在东北打工的刘兵。这年春节，刘兵回到了家乡，见到了小惠，刘兵说："怎么样，与你想象的相比？"小惠羞涩地说："挺好。"刘兵俏皮地说："是不是突然发现，原来帅也可以这么具体呀。"小惠哈哈大笑说："行了，你怎么这么喜欢臭美啊。"看起来似乎是在责备，其实表达出来的是一种喜爱。

故事中的刘兵，用一句俏皮话打消了两人之间初次见面的拘谨，融洽了交谈的氛围，从而使得双方之间的距离拉近了。由此可见，幽默俏皮的话能让对方喜欢和你说话，喜欢和你交谈。所以，在与人交谈时不妨用一些俏皮话这样会，让你在人际交往中左右逢源。对此要注意以下几点：

(1)多学习和记忆一些经典的俏皮话，可以在关键的时候脱口而出，活跃气氛。

(2)把名言警句加以恰当的改写，就是一句现成的俏皮话。

(3)无论身居何位，说话时都不要自以为是，或是刻板单调，有时可以把一句如同命令的话语，换用幽默的方式说出来。

❊多学几个小笑话，让幽默信手拈来

幽默不是天生的，当你羡慕别人因说话幽默而左右逢源时，为何不想想为什么他们说话会如此幽默呢？其实，任何口才技巧都是经过刻苦的锻炼和平时的细心积累而得来的。而让自己的语言幽默的最好的素材莫过于笑话，所以，只要平时多注意积累一些小笑话，你也可以在人际交往中，让幽默信手拈来。

一次，作家刘绍棠到某大学讲演时，对于学生提出的各种问题，他都作了坦率的解答。这时，一位女学生递上一张纸条，上面写道："既然文学要真实地反映社会生活，那你为什么总唱赞歌，不唱悲歌呢？难道社会没有阴暗面吗？"读完这一尖锐问题，刘绍棠想了一下，便问那位女生："你喜欢照相吗？"见女生直点头，刘绍棠反问道："你脸上有光滑漂亮的时候，也有长疮疤不干净的时候，你为什么不在脸上生疮疤的时候去照相呢？"这一问，引得周

围的人都情不自禁地笑了。

通常回答有些人的提问时，正面的回答极易落入俗套，难以满足提问者的口味，聪明的回答者会漫不经心地似答非答，引对方入圈套，接着使出巧作类比的招数，占据主动，最后让对方折服。

其实，这个笑话也让我们明白，笑话本就源自生活，所以，在平时的人际交往中，要想让你的话语更具幽默感，你也可以通过一些适当的歪理创造一些笑话，从而让你的语言更诙谐，更有益于沟通。

那么，我们如何做到让幽默信手拈来呢？

（1）平时多积累一些很有哲理感的笑话，在适当的场合将其用自己的语言加工后说出来，同样会收到开怀大笑的效果。

（2）任何笑话都是人创造的，所以，在没有笑话可说时，你不妨根据当时的场合自己创造一个笑话。

（3）人际交往中的笑话要有一定的品位，避免过于低俗的东西，否则，对方会认为你是个很没品位的人。

❊想轻松做事，先幽默说话

生活中不能没有幽默。没有幽默的生活就像没有弹簧的马车，路上的每一块石头都会对它造成颠簸或是阻碍。所以，要想让生活变得不松不紧，让自己在做事时更少阻碍，那就要先学会幽默地说话。

话说，有一对夫妻，妻子非常喜欢唱歌，可是水平特别差，有时候搞得丈夫没法休息，丈夫多次劝说也无济于事。有一次已经深更半夜，妻子还在那里自得其乐地唱着难听的歌，丈夫只好急急忙忙地跑到大门口站着。妻子见此，不解地问道："为什么我每次唱歌时，你总是要跑出去站在门口呢？"丈夫把每个字都吐得非常清楚地说："我这样做是为了让邻居知道，我并没有打你。"

丈夫看似答非所问的回答，恰恰告诉了妻子自己的真实感受，这种"声东击西"式的幽默，在生活中运用效果显著，既能避免与对方产生摩擦，又能够表达出自己真实的感受，学会巧妙使用，好处多多。

幽默是一种乐观心态，幽默能让世人笑口常开，进而从一种乐观向上的

生活态度中获得幸福的感觉。所以，只要有幽默在，我们做任何事都可以放松心情，进而感受到其中的乐趣。

那么，我们如何做到幽默表达呢？

(1)幽默是一种豁达，幽默不是以居高临下的超然态度来讥讽他人的愚蠢可笑，而是在嘲笑他人的同时，还倾注了对包括自己在内的人类可悲本性的哀怜，它是一种内涵复杂的表达。

(2)幽默可以拉近彼此的感情，所以，当你遇到困难时，用幽默的方式向他人求助，更容易获得成功。

(3)对待领导、下属或同事，如果能适当地幽默一下，就可以增加你自身的亲和力，让大家觉得你是个好相处的人，这样他们才会乐于为你做事。

❋说话耐人寻味，让幽默变得有深度

说到幽默，很多人都会认为：幽默就是可以让人笑的话。甚至有人直接把笑话等同于幽默。其实，这些都是一些直白的幽默，而很多时候，人们往往会说一些耐人寻味的话，起初你或许感觉不到幽默在哪里，等你细细琢磨之后，你就会开怀大笑并有所感悟。

那么，我们如何通过一些耐人寻味的话，让幽默变得更具深度呢？

(1)曲解原意。曲解原意就是利用众所周知的古今文章、诗词或名句作背景，然后作出看似歪曲的、荒唐的解释，如谁都知道《西游记》里的孙悟空不好女色，可周星驰却把他改写为一个风流倜傥的多情种，但这种曲解不但没遭到唾弃，反而还成了经典。

(2)故意营造一种让人误解的语境。欲达到耐人寻味的幽默效果，有时需要故意去营造一种让人误解的语境。如在一家高级餐厅，有顾客把餐巾系在了脖子上，服务员为了不得罪顾客，就很温和地问："先生，你是刮胡子，还是理发？"顾客纳闷了半天，才明白过来，于是笑着把餐巾取了下来。

(3)大智若愚更能显示出你的深度。碰到尴尬的气氛，适当地装糊涂，不但化解了尴尬，还可以显示你的幽默感。但是，这种技巧一定要点到为止，如果糊涂装得太过了，别人可就真的认为你脑子有毛病了。用这种方式表现幽默时，要表现得很自然，不要矫揉造作，让对方觉得你是在故意摆谱。

❈说话卖点小关子更具吸引力

“卖关子”，就是先故意提出一个使人容易产生迷惑或误会的结论，然后再作出一个出人意料的分析和解释，从而在听者心中能起到比平铺直叙更起波澜之效。演讲者在演讲时不妨“卖关子”，把握“引”而不发与“隐”而不发的语言特点，常常能使演讲有趣、生动。

某部九连新任指导员发表就职演讲，他说：“世界上有些人对一些数字有偏爱，其实，‘9’也是一个很好的数字，它寓意深刻，含义丰富。‘9’含有圆满之意，‘9’的上半部分是一个圆，好像桌子上的圆杯，‘9’的下半部分是一撇，形似杯中外溢的水，水满才会外溢，正好体现了我们九连岁岁丰收，事事圆满。”话音刚落，战士们就报以热烈的掌声。

他不是郑重其事、慷慨激昂地发表演说，而是借九连“9”字的象形意义说开，引发大家的联想。

其实很多时候，卖关子并不一定就是故弄玄虚，只要在适当的场合，把关子卖得恰到好处，不但不会因此而惹来他人反感，相反，还可以很好地活跃气氛，并让他人觉得你是个很会说话的人。那么，在人际交往中，我们如何才能把关子卖得恰到好处呢？

(1)卖关子要看对象，看场合，一般在比较随意的场合最适合卖关子，因为这时大家都不会有太多的忌讳。

(2)不要把关子卖得不着边际，而应该越简短越好，否则不但不会使人感到幽默，甚至还会让人觉得反感。

(3)要不急不躁，给听众充足的考虑时间，最好就是娓娓而谈，等对方产生错误的预期后，再一语道破。

❈幽默使严肃的话题也变得有趣

生活中，我们常常发现，同样是一句话，有人说出来让人感觉轻松舒服，而有人则一开口就给对方造成一种无形的压力。究其原因，前者说话幽默，

后者说话严肃。由此可见，幽默可以让严肃的话题变得轻松起来，这样就更有利于话题的深度探讨。

传说，古代有个官员叫彭玉泉。一天，他经过一条偏僻的小巷。一个女子正用竹竿晒衣，不小心把竹竿掉在了彭玉泉的头上，彭立时大怒，该女子一看是官员彭玉泉，吓得魂不附体。不过，她很快镇定下来，正色道："你这副凶相，活像是个行伍出身之人，所以蛮横无理。你可知道官员彭玉泉，清廉正直，要是我告诉他老人家，怕要砍了你的脑袋！"彭玉泉听到这位女子在夸奖自己，马上转怒为喜，心平气和地走了。

这位女子不小心冒犯了官员彭玉泉，待其要发火之时，并没有被吓倒，反而极有心计地从容周旋。表面上，她是在赞美心中的官员，其实是在指责彭玉泉度量狭小，绕着弯子达到了目的，还平息了彭玉泉的心头之火，使其转怒为喜，带着微笑满意地离开了。这位晒衣女将"曲线进攻式"这一招数运用得何其娴熟呀。

有时与有权有势的人，如老板或上司等人说话时，需要懂得一点转弯的艺术。要是只会巷里赶猪，直来直去，结果很可能是既得不到赏识，有时候还吃不了兜着走。我们介绍的"曲线进攻式"的对符这种情形的最好招数。

现代人的生活压力很大，我们经常会面对数不清的烦恼和苦恼，而幽默却给我们带来了欢声笑语，是我们有了缓解压力，改变心境的可能。因此，要想我们的工作、生活变得不再那么严肃，那就应选择幽默的方式来说出严肃的话题，让严肃的话题也变得轻松。那么，在这个过程中，要注意哪些方面的问题呢？

(1)有时候看似风马牛不相及的话题，其实是制造幽默的最好素材，话题不一定说得多严肃就有效，诙谐一点的语言更能显示出你的智慧。

(2)巧用旁敲侧击的幽默技巧，比严肃的直言劝谏更能起到说服他人的效果，其实很多人并不喜欢直言不讳的说话方式。

(3)随机应变，不要总按常理出牌，这样才会让你的语言显得更有个性，更能打动他人。

❁说话有意思，才会引来别人与你交谈

人际交往中，时常有人抱怨自己的话语总是没有吸引力，与人交流，对方好像总是有一种不耐烦的感觉。其实，主要原因还是你没能把话说得有意思。换句话说，就是你的语言没有幽默感，自然也就无法引来别人和你交谈的兴趣。

大学中，一位男生看上了一位艺术系的漂亮女孩，但他一直苦恼没有机会与她搭讪、接触。有一次，他看见那位女生走进一家牛肉面馆，他迟疑一会，也跟着进去了。他走到那位女生前，有点紧张地开口说："经常在校园见你，请问你叫什么？"那女孩很纳闷地抬头看着他，说："我叫牛肉面啊！"她显然不想说真名，但那位男生居然说："噢，那么我叫阳春面。"女孩冷漠的脸上立刻露出灿烂的笑容，"牛肉面"和"阳春面"就这样认识了，后来还真走到了一起。

这样的例子在人际交往中不乏其例，与陌生人初次交谈，谁都想自己如何才能一开口就能吸引对方，让对方敞开心扉与自己交谈。那么，如何才能把话说得更有意思呢？

(1)平时多琢磨那些幽默大师的说话技巧，从中学习经验和技巧，然后通过与他人交流，提高自己。

(2)与陌生人初次交谈，多从对方口中找话题，就像上面例子里的这位男生，借女孩的话为自己找到了幽默的素材。

(3)可以通过曲解对方的意思来提高你语言的幽默感，让对方在笑声中与你交谈。

❁当你无话可说时，用幽默填补空白

人际交往中，谁都会遇到无话可说的时候，尤其是在自己身处尴尬境地时，此时如果作过多的辩解，可能会让自己陷入更难堪的局面，而闭口不言，自己又有可能成为他人的笑料。此时，最好的办法就是用幽默来活跃气氛，

从而使谈话双方都能轻松找到话题。

在某俱乐部举行的一次招待会上，服务员倒酒时，不慎将啤酒倒在了一位宾客那光亮的秃顶上。服务员吓得手足无措，全场人目瞪口呆。这位宾客却微笑地说："小姐，你是不是觉得这种方法会有效治疗我的脱发症？"在场的人闻声大笑，尴尬的局面即刻被打破，大家依旧如同没事发生过一样，继续着各自的交谈。

幽默是化解尴尬的最好方法，它不但可以把尴尬化解于无形之中，还会让因此而无话可说的人，因心情愉悦而变得侃侃而谈，让双方陷入的僵局一下子被打破。

(1)说话的环境直接影响着说话者的创造和发挥，因此，当无话可说时，可以试试用幽默的方法打破僵局。

(2)谈话时，不要总局限在一个话题上，尤其是一个引起僵局的话题，要适当地加些幽默的题外话，从而让谈话的气氛轻松起来，让双方都很自然地发挥。

(3)无话可说时，可以抓住别人的话题，对其引申和发挥，引出对方未曾预料到的新思路。

❊幽默的语言让生活更精彩

幽默的谈吐无论在日常生活中，还是在重大的社交场合，都是不可缺少的。它能使严肃紧张的气氛顿时变得轻松、活泼，它能让人感受到说话人的温和和善意，使其观点变得很容易让人接受。一个人的语言幽默，可以让自己在生活中更加轻松自如。

一个人到公园池塘中钓鱼，这时走过来一个管理员说道："这里不许钓鱼。"这个钓鱼的人说道："我不是钓鱼，是把蚯蚓带来练习游泳。"管理员说："那么，把蚯蚓拿给我看看。"管理员看了看对方递过来的蚯蚓，说道："不行！公园有规定，裸体游泳要罚款。"说罢，两人都哈哈大笑起来。

幽默在社会生活中，不仅对人体健康有益，可以缓冲矛盾，消除隔阂，而且还是增进友谊的桥梁和纽带。如果故事中的两个人都不懂得说话幽默的话，那么，吵架就是不可避免的了。那么，如何在生活中运用幽默的语言，让

自己的生活更轻松自如呢？

(1)幽默的谈吐是建立在说话者思想健康、情趣高尚的基础上的。它对人提出善意的批评和规劝，必然要求批评者有较高的思想境界和较高的涵养。一个心胸狭窄、思想颓唐的人是不会幽默的。幽默永远属于那些心宽气朗、对生活充满热情的人。

(2)幽默的谈吐具有反应迅速的特点，这就要求说话者思维敏捷、能言善辩，而这些又来自于对生活的深刻体验和对事物的认真观察。一个人只有具有较高的观察力、想象力，才能通过比拟、引用、比喻、夸张、双关等方式说出幽默的话语。

(3)幽默只是手段，并不是目的。不能为幽默而幽默，一定要根据具体的语境，适当选用幽默话语，不必强求。否则，故作幽默，反而弄巧成拙。

❊想拓展人脉，先学会幽默沟通

幽默是智慧、爱心与灵感的结晶，是一个人良好素质和修养的表现。幽默能表现说话者的风度、素养，使人在忍俊不禁之中，轻松交流。与别人初次见面，幽默的谈话会赢得对方的好感，进而会开拓自己的新人脉。那么，如何与第一次见面的人幽默交谈呢？

(1)要有深刻的洞察力和观察能力。在与初次见面的人谈话时只有迅速地捕捉事物的本质，辅以恰当的比喻，诙谐的语言，才能使对方产生轻松的感觉。当然在幽默的同时，还应注意，重大的原则是不能马虎的，不同问题要不同对待，在处理问题时要灵活，做到幽默而不落俗套，使幽默能够为人类精神生活提供真正的养料。

(2)幽默交谈要有一个度。初次见面的人，不了解底细，所以幽默要有一个尺度，尤其是那些可能让对方尴尬或误会的话不说为妙。调侃自己的时候可以肆无忌惮，但用在别人身上时就一定要注意分寸了。同样的玩笑这个人可以接受，另一个人或许不能承受。幽默的目的在于活跃气氛，千万不要适得其反。

(3)将自己的情绪传递给对方。幽默是一种宽容精神的体现。要学会幽默，就要学会雍容大度，克服斤斤计较，同时还要乐观。乐观与幽默是亲

密的朋友，我们的生活中如果多一点趣味和轻松，多一点笑容和游戏，多一份乐观与幽默，那么就没有克服不了的困难，这样也就会把自己的这种乐观的情绪传递给对方。

总之，懂得一点幽默的技巧，给对方留下一个好的印象，可以让和你初次见面的人能够更好地交往下去。

❋缺少幽默语言的生活是干涸的

幽默是一种最生动的语言表现手法，与幽默的人相处、谈话是一种非常有趣的事，而与人发生争执、各持己见时，幽默常常可以让人立于不败之地，并化争执为会心的一笑。幽默也是一种良好修养的标志。所以，一个人在生活中为人处世，懂得一点幽默的语言艺术，才能更好地与人沟通交流。那么，如何运用幽默的语言艺术呢？

（1）巧用幽默批评。一般说来，在批评时，被批评者的心理常处于紧张的状态，特别是主管批评下属、长辈批评晚辈时更为明显。它们或为焦虑、恐惧，或为对立、抗拒，或为沮丧、泄气等，这些不良的心理状态成为双方建立感情的阻碍，大大降低了批评的本意。如果批评者巧用幽默的语言，含笑讲道理，被批评者在笑声中微微脸红，内心深处接收到的是触动而非刺激，心情愉快地接受指教，不是很好吗？

（2）用幽默为自己化解尴尬。每个人都免不了要犯错误。不小心揭了他人短或被他人揭了短，做了错事被人发现或发现别人做了错事，自己或他人遭遇窘迫而手足无措，自己未能践朋友之约或朋友未践自己之约等，凡此种种都不免尴尬，面红耳赤下不了台。在这种场合之下，若暂且放弃常规思维，能学会运用幽默的语言艺术，也许能事半功倍，瞬间即将尴尬化解得一干二净。

（3）运用幽默的语言艺术拉近与别人的感情。幽默是一种特殊的情绪表现。它是人们适应环境的工具，是人类面临困境时减轻精神和心理压力的方法之一。生活中的每个人都应当学会幽默，多一点幽默感，少一点气急败坏，少一点偏执极端，少一点你死我活。恰当地运用幽默的语言艺术会使人感到和谐愉快，相融友好。

总之,幽默的语言能使局促、尴尬的场面变得轻松、和缓,使人立即消除拘谨或不安,它还能调解小小的矛盾,拉近我们与陌生人之间的距离,是生活中不可缺少的语言艺术。

❊幽默是调节气氛的最佳工具

日常生活中,甚至正式场合下,我们难免会遭遇一些尴尬场面,这往往会给大家带来不快。如果你想从窘境中快速脱身,不妨试试幽默的方式。

有一次,一个人进行演讲,听众都很认真地望着他,都在侧耳倾听着,但就在演讲即将结束时,突然一位听众的椅子腿断了,那个人跌倒在地上。只见演讲者不慌不忙地说:“各位现在一定可以相信,我提出的理由足以压倒别人。”就这样,他立刻恢复了听众的注意力,而那个跌倒的人也在别人善意的笑声中,找到了一个新座位。一个玩笑使双方都从窘迫的境地中脱身而出。

幽默是生活中的清醒剂和润滑剂,因为有了幽默,生活才变得有趣和生动。正是因为这样,幽默也成了人们在会场上调节气氛的重要方式之一。那么,该如何运用幽默让你成为会场上重要的气氛调节者呢?

(1)讲幽默语言时一定要避免人身攻击。生活中,一些不懂得幽默艺术,而且还爱运用幽默的人,如果不注意这点,就会把朋友弄得很尴尬,甚至会导致友情的破裂。

(2)幽默时不应取笑他人的生理缺陷,也不要笑别人考试不过关,做生意倒了霉,或别人衣衫褴褛……对于这些东西,你应该显示你仁厚的同情心,去安慰、鼓励他们,让他们觉得你是个有情有义的人,对你产生信任及尊敬,这样在无形中你便建立了自己的魅力。

(3)幽默的谈吐是人的聪明才智的标志,它要求有较高的文化素养和较强的驾驭语言的能力。一个人语言修养高、知识丰富,对各种各样的事情都有所了解和掌握,再加上语汇丰富,语言表达方式灵活、多样,这样他平时讲起话来就会“得心应口”,语言自然就容易活泼、生动、有趣。

(4)此外,在重要的场合如果实在不知道如何幽默,也可以运用自嘲的手法来调节会场气氛,这也是一种最为保险的手段。

第17章

演讲口才：说精彩的话吸引更多听众

每个人都非常羡慕那些激情澎湃的演讲家，希望自己的演讲能引起观众的兴趣，可有些时候往往是事与愿违的，你在台下面对自己的同事或是下属，可以滔滔不绝地说上一两个小时，但一到台上，很有可能连一句话都说不通顺。造成这种情况的原因是多方面的，比如，平时的训练，上台之前的准备或是台上的灵活应对，等等。这就需要我们好好地来学习一下，如何才能让自己的演讲更精彩。

❋精彩的开始是成功演讲的关键

俗话说得好,“万事开头难”。但不论怎样,要想让演讲成功,拥有一个精彩的开始,就有一多半的成功机会,这是非常重要的。精彩的开始会让演讲者与听众之间迅速产生共鸣,与听众拉近距离,从而在演讲中激发起听众的兴趣来。

记得有一次,陈德云老师在演讲前宣布要和大家做互动,是跳一些模仿小动物的舞蹈,然后前后左右地为对方捶捶胳膊、捶捶背。大家在掌声和欢笑声中不仅熟识了陈德云老师,而且活跃了演讲的气氛。如此精彩的开始起到了推波助澜的作用,博得了在场所有人的掌声。

从陈德云老师的故事中可以看出来:他能够利用一次精彩的互动调动起大家的积极性和注意力,从而达到应有的效果。由此得出,要想让你的演讲有一个精彩的开始,要考虑以下几个方面的因素:

(1)开头新颖。开头非常有新颖感,就可以把听众的兴趣吸引过来,不仅仅活跃了现场气氛,而且博得了听众的喝彩。

(2)在表达上恰到好处。表达上不过于离谱,这样会与听众的心灵相呼应,听众就会用掌声回应,这就起到了画龙点睛的作用。

❋用语言营造好气氛是演讲的必要手段

人与人之间是通过语言来沟通与交流的,演讲更是在展示语言的魅力,那么演讲是否能打动听众,感染听众,取决于现场的氛围。诙谐幽默的语言可以营造快乐的气氛,生动感人的语言可以打动人,而哲理性的语言则可以启发人……

世界顶尖级销售人物乔·吉拉德,在一次演讲中,那些崇拜他的人都全神贯注地坐在台下,特别渴望从他的演讲中获得成功的秘诀,全场安静得都可以听得见针掉到地上的声音。乔·吉拉德走上讲台,先是向台下撒一大把名片,说道:“接到我名片的人请举手。”台下一片哗然,紧接着只见他又向

台下撒去一大把名片……然后才开始他的演讲。

乔·吉拉德运用调动听众情绪的手法，形成演讲者与听众间的互动和共鸣，借此营造出一种演讲所需要的现场气氛来，并结合现场的具体情景，针对听众此时此刻的心态和情绪，灵活地调动语言手段，营造出合适的现场气氛。因此，要想你的演讲取得成功，必须考虑到如下几点：

(1)要时刻关注现场的气氛和听众的反应，不要让自己的演讲显得枯燥、无味、死板。

(2)及时和大家互动，和观众融合在一起。

(3)时不时加点小幽默，最好是临场发挥，有感而发。

用演讲节奏控制演讲气氛

对于一个演讲者来说，能够控制和掌握整个会场是很重要的。因为这样可以使你在演讲中如鱼得水般自然，让所有的听众都在你营造的氛围中呼吸，从而与你心心相印。所以，演讲节奏的快慢可以用来控制会场上的气氛，从而使你的能量倍增，达到你设想中的演讲效果。

某大学举办写作知识讲座，主讲老师在谈到细节描写时，提出了这样一个问题："请问同学们，男生和女生回到宿舍时，摸钥匙开门的动作有什么不一样呢?"然后就闭口不言，停顿下来，让同学们自己去揣摩。

台下的大学生们活跃起来了，有的私下议论，有的举手回答，有的干脆掏掏口袋，模拟一下自己回宿舍时找钥匙的动作。

等同学们讨论过一阵子，老师才说："据我观察，大多数的女生才上楼梯时，手就在书包里摸索，走到宿舍门口，凭感觉捏住一大串钥匙中的某一把钥匙，往锁孔里一塞，正好门开了。而大多数的男生呢？他们匆匆忙忙地跑到宿舍门口，"砰"的一脚或一掌，门打不开，于是想起找钥匙。摸了书包摸裤袋，摸了裤袋又摸衣袋，好不容易摸到了钥匙串，把钥匙往锁孔里一塞，打不开，原来钥匙又摸错了。"

主讲老师的描述引起了会场中一片会心的笑声。等到同学们的笑声过后，老师趁势总结道："把男女生回宿舍摸钥匙开门的动作描述出来，就是细节描写，而细节描写的生动又来源于对生活的细致观察。"

这位写作老师巧妙地利用停顿，让听众探索悬念的答案，然后利用解答悬念抛出讲学要点，取得了很好的教学效果，这就是利用说话节奏的效果。

所以，要想让全场掌握在你演讲的节奏中还必须注意以下几个要点：

(1)要控制大局。控制大局，也就是要掌握演讲中随时出现的突发问题，从而灵活应对，这样，才能随时将全场演讲掌控在自己的演讲节奏中。

(2)适当应用道具辅助，但不可偏离主题。比如，利用音乐辅助有利于你的节奏不间断，引导听众的思绪，或是讲一个小故事，调动听众的情绪，等等。

(3)要营造氛围。让听者和观众缓和情绪，从而在节奏中感知和体会演讲中的深度。演讲是为了表达你内心的一个号召，营造一个氛围令你的思想顺利地“渗透”会场的每个角落，包括听众。这样大家自然而然就跟上你的节奏和步伐了，应用这个氛围你就可以更好地掌握整个会场。

令画面时时浮现在听众的脑海

在演讲中体现画面感就是要让听众在听你的演讲的时候，眼前浮现出一幅完整的场景来。演讲不是一次随心所欲的交谈，无论是命题演讲、即兴演讲不是论辩演讲，都是一种比较正式的社会沟通活动，它要求演讲的内容要言之有物、言之有序、言之有情，在听众心目中产生共鸣。那么，如何才能在你的演讲中体现出画面感呢？

(1)运用描述性的言语，在观众面前呈现具体画面。空谈是言之无物、空洞的表达。现实中那些不结合实际的空头言论太多了。演讲者应该懂得运用描述性的言语，在听众的眼前呈现出鲜活、生动的画面，这样的演讲，才能引起听众的共鸣。

(2)多讲一些生动的例子。有的人准备的演说只是空讲大道理，这样的演讲使听众没有丝毫的兴趣。而举一些生动的例子，既能体现出画面感，还会吸引听众兴趣。

(3)在“静”和“动”中体现画面感。演讲属于有声语言艺术，内容的波澜起伏具有戏剧和小说的特点，语言的幽默机智又有相声和曲艺的特点。

如果把握得当，背景环境的“静”和听众的“动”及演讲者的“演”就会共同构成一种画面。

(4)在通俗易懂的语言中体现出画面感。一位伟人曾经批评说：“一个演说，颠来倒去，总是那几个名词，一套‘学生腔’，没有一点生动活泼的语言，这岂不是语言无味，面目可憎么?”因此，要尽量避免使用书面用语，更不要“文夹白”，要用口语，善于用简单明了、群众易懂的语言演说，才能让画面感在你的演讲中体现。

※配合肢体语言，让演讲形式丰富多彩

你的身边一定有这样的人，虽然他(她)不是很英俊(很美)，但是一举手一投足却有足够的吸引力。如果在演讲中，演讲者懂得一些肢体语言，配合演讲，就能让自己的演讲形式丰富多彩起来。

小王常常被人邀请去作演讲，在演讲中小王常常为了表示喜悦与欢乐，会高举双手，大约成50度，手掌向上，仿佛渴望拥抱他所喜爱的那种精神；如果他想表现出的是厌恶的情绪，比方说，当他在谴责某一种不合理现象时，他会“高举双臂，握紧拳头，在空中挥舞”。这样的肢体语言几乎成了小王的招牌动作，在演讲中听众的情绪也常常被这有力的肢体语言带动起来。

在演讲中最常见的肢体语言就是手势了。手势，是演讲者运用手指、手掌、拳头和手臂的动作变化，表达思想感情的一种态势语言，它是态势语言的重要组成部分。那么，在演讲中，演讲者该如何运用肢体语言呢?

(1)肢体语言要雅观自然。运用体态语言要做到端正、优雅，符合生活美学的要求。人们听演讲，除了获得信息、受到启迪这外，也需要获得美的享受。故演讲的体态动作要做到姿态优美、恰如其分，符合人们的审美习惯。

(2)保持肢体与全身之间的协调。演讲者的手势从来不是单独进行的，它的一举一动，总是和声音、姿态、表情等密切配合进行的。演讲以讲为主，以演为辅，没有动作的演讲只能是枯燥的讲话而已，但动作也要和演讲的主题和内容相协调才能发挥作用。

(3)肢体语言的运用要因人而异。在演讲中态势语的恰当运用可以表现一个人的成熟、自信、涵养、气质和风度。演讲者要根据自身条件,选择符合自己的身份、性别、职业、体貌的,有表现力的、合适的肢体语言。对于在什么情况下该打什么手势,做什么动作,则要靠自己在实践中摸索。

随机应变,灵活掌握演讲时间

演讲往往有一定的时间限制,如果超过规定的时限,应当压缩文字,删减篇幅。倘若不到规定的时限,有必要的话,还要再增加材料、扩充内容。最好是在保持内容完整的前提下,使内容具有一定的伸缩性。这样,临场发挥时,可以根据听众的反应随时作出调整,灵活机动地把握时间。

一位医生被邀请在一次大型集会上做演讲,轮到他演讲时,已是中午12点钟了。他要是为人机智圆滑一点,或是善解人意一点,应该上台说上几分钟,就可以让人们去吃午餐。但他没有这样做,反而展开了一场长达45分钟的长篇演说。他还没讲到一半,听众就已经很不耐烦了。本来饿着肚子就不好受,而他的演讲更是枯燥到极点,如此演讲,效果自然极差了。

这位医生就是不懂得在演讲中灵活应对,本来说,临近中午,听众的身心俱疲,即使非要演讲不可,也应该是长话短说,尽量压缩时间。那么,如何在演讲中随机应变,灵活把握住时间呢?

(1)一般来说,听众是不喜欢听冗长而又枯燥的演讲的,但是,在演讲过程中,当自己的演讲被安排在最后而时间又很长的话,你不妨和观众讨论一些比较感兴趣的话题,既可以和观众互动,又解决了时间问题。

(2)有时候,演讲者还要有识趣的能力。比如像故事中的那位演讲者,不合时宜的演讲,只能是招来听众的愤怒。

(3)要对事物的本质和规律了如指掌,这样才可能摒弃无用信息、剩余信息,压缩次要信息,从而使得自己的语言精练。

❁演讲要让听众感到受益匪浅

演讲是一门综合性的艺术，是语言的一种高级表现形式，是艺术地表达出语言的一种形式，是一种有计划、有目的、有主题、有系统的视听两方面信息的传播。所以，一个成功的演讲者，可以让听众在演讲过程中心悦诚服地接受自己的意见，并可以使听众受益匪浅。那么，作为一个演讲者，该如何做才能让你的听众从中有所收获呢？

(1)把自己的想法、经验明确地表达出来。演讲者把自己的真实想法或是自己的经验明确地表达出来，就会引起听众极大的兴趣，同样也会使得听众在演讲中得到一些启示。

(2)演讲通俗易懂，听众才能有所得。只有演讲通俗易懂，听众才能从你的演讲中得到一些启发。如果你对着一群文学大师讲金融，对只有初中文化水平的农民大讲哲学，你讲得枯燥不说，听众也丝毫不会从你的演讲中得到一丁点受用的东西。

(3)把你的热情融入演讲中，让听众感受你的热情。诚实、热情和真挚会使你的演讲动人心弦、感人肺腑，听众也会在你的演讲中感受到你的热情和真诚，从而在演讲中得到一些启示。

总之，每一个演讲者作演讲的目的，都是为了能传递给听众一些有用的东西，使听众得到一些启示。

❁加入真情实感，用心去打动听众

一个演讲的高手，善于运用自己的热情感动听众，使之随着自己演讲的喜怒爱憎的情感倾泻而心潮起伏。有的演讲者在演讲时运用了许多有声和无声的抒情手段，甚至声泪俱下，不能说他不投入，但听众偏偏不为所动，为什么？因为他只是极力贴上情感的标签，而没有什么真情实感，这样的演讲，遭到冷遇自然不足为怪。

丘吉尔在美国过圣诞节时发表了一次充满温馨、令人愉快的演说，

他说:“我今天虽然远离家庭和祖国,在这里过节,但我一点也没有异乡的感觉。因为这两个文字相同、信仰相同、理想相同的国家,在共同奋斗中所产生出来的同志感觉。总之,我在美国的政治中心——华盛顿过节,完全不感到自己是一个异乡之客。”一番话,顷刻间拉近了自己和听众之间的距离。

在演讲中,感情的刻意雕饰只能弄真成假、弄巧成拙。表达真情固然可以借助言语,但更要情真意切,仿佛是从心里自然流淌出来的,只有这样才能用心打动观众。那么,作为一个演讲者,应该如何在演讲中用自己的真情实感去打动听众呢?

(1)在演讲过程中,自己内心深处首先要奔涌着激情,这样就不会无动于衷、有口无心。只要有真情,那么再打动听众就容易得多了。

(2)凡是自己的真情实感,应当是与别人有所不同的感情,是无法模仿的,谁都模仿不出。有的演讲不能动人,就是因为他所表达的感情是“学”来的而不是他自己的。

(3)要在字里行间不时地流露出真情来,一个词语、一句话、一个句群或几个段落,都可以带有爱憎情绪和褒贬意味,形成一系列情感爆发点。

抓牢听众心理,将演讲赋予生命力

将演讲赋予生命力,也是讲演者需要具备的能力之一。要想让自己的演讲具有生命力,这就需要演讲者牢牢抓住听众的心理,以作出生动的讲演,始终维系听众的注意力。那么,如何在自己的演讲中赋予生命力呢?

(1)选自己和听众共同感兴趣的话题。如果你对你选择的内容有实际接触与经验,对它充满热诚,而且听众对你演讲的话题不反感,那么这样的讲演就已经具有生命力。几乎所有的讲演者都会怀疑,自己选择的题目能否提起听众的兴趣。只要赋予自己的演讲生命力,具有激情,就不怕无法引起人们的兴趣了。

(2)自己先要对演讲表现出热情。在演讲时,你先要对自己的演讲表现出热诚与兴趣。让听众感受到,你对谈论自己的题目有多热诚,在这样的情

况之下，他们的注意力便在你的掌握之下。如果你对自己的演讲提不起精神来，那么，自己的演讲也就毫无生气可言。

(3)善于掌控听众的情绪。当你真正走上讲台演讲时，最重要的是掌控听众的情绪，如果你与观众形成对立情绪，那你就达不到演讲的效果，甚至形成反面效果。因此，要一步一步地掌控听众的情绪，慢慢引导他们进入情感高潮。

总之，要想赋予自己的演讲生命力，作为演讲者自己首先要表现热烈，充满激情，这样才能让观众感到你的热烈。

❀说出让观众表示赞同的论点

在准备演讲稿时，你随时会感到焦虑不安。如果你感到担忧的话，打起精神来！告示自己你的状态很好。那么为什么会有这种担忧呢？这是因为演讲者通常都会害怕听众反对自己的观点，或是自己的观点不足以吸引听众，从而达不到预期的效果。

你可能因为担心你的话题会引起争议，听众可能会有强烈意见，而你所说的话可能会遭到彻底反对。如果这样的话，在最开始时就要把这种矛盾冲突公之于众，力图来说服你的听众。那么，在演讲中如何才能说出让听众赞同的观点呢？

(1)开门见山，迅速将听众带入既定情境和思路中去，以求尽可能快地使演讲者的观点得到听众的认同。

(2)要使听众赞同并接受你的观点。你应当牢记在心的一点是，只有当你的观点能够引起听众感情共鸣时，你的观点才容易为听众所接受。

(3)演讲时，特别是当你的观点处于不利的境地，为了达到说服听众的目的，你不妨先有意识地退一步，肯定听众的观点有其合理性，然后在获得听众信任的基础上再寻找机会，通过摆事实、讲道理等方法巧妙地提出你的观点，“以退为进，化守为攻”，最终有力地说服听众。

如何巧妙过渡不可避免的“卡壳”

演讲“卡壳”是经常发生的事情，有的演讲者一上场，面对台下黑压压的听众，心里就会紧张，心里一紧张就会“卡壳”。一“卡壳”就会更着急，最后只好尴尬下场。那么，如何轻松化解演讲中途“卡壳”的危机，让你避免“语塞的尴尬”，而且不着痕迹地过渡下去呢？

（1）随机应变，临场发挥。在演讲场合中，即使你准备再充分，也不可能预料到中途会发生什么事。这就需要你具有随机应变和临场发挥的能力。在演讲中，如果一旦出现“卡壳”，不要做出一些有损自己形象的一些怪异的动作，比如，抓头发、吐舌头等，而要放慢语速，巧妙转移话题。

（2）用和听众互动来化解“卡壳”。假如确实忘记了你的演讲内容，没关系，先让大家一起互动一下，站起来动一下，或是做个小游戏，或是唱一首歌，大家在轻松的气氛中，早就忘记了你的尴尬。利用互动争取时间，这是一种比较巧妙的方法。

（3）用套话侃侃而谈。很多演讲者都精通此道。当你遇到紧急情况的时候，可以将它作为救命稻草。当你讲不下去的时候，可以用一些空话、套话来填补空白——不断地释放词汇，直到你找回思路为止。不管怎样，这都比冷场要强。

总之，在演讲中“卡壳”总是一件令人不舒心的事情，这就需要演讲者充分发挥自己的智慧，使出浑身解数巧妙化解，而不是尴尬退场。

充分调动听众情绪，让演讲更具感染力

演讲者必须从演讲的主题出发，结合现场的具体情景，针对听众此时此刻的心态和情绪，灵活地调动种种语言手段。只有这样，他才能与听众形成某种情绪上的互动和共鸣，才有可能营造出合适的现场气氛。

一位演讲者到一所贵族学校去演讲，一开场，演讲者并没有给学生们讲“忆苦思甜”的大道理，而是从那张著名的“大眼睛”的照片开始。利用讲述

照片的来历，充分调动起学生们的好奇心来。然后又开始从失学儿童讲起，中间没有任何的说教，但却激发了学生们对失学儿童的关注。

一个成功的演讲者，懂得和自己的听众互动，也懂得在什么时候要充分调动起听众的情绪，让自己的演讲达到满意的效果，否则，演讲只会是干巴巴的，不能引起听众的关注。那么，一个成功的演讲者要怎样做才能充分调动听众的情绪呢？

(1)在演讲中要善于设置兴奋点。所谓兴奋点，是散落在演讲稿中那些富有激情、容易对听众产生较强刺激或引起高度重视、能产生强烈共鸣的词句。不但有利于增强演讲者的自信心，使演讲更加生动感人，而且会让听众时刻跟着演讲者的思维运转。

(2)用现身说法显示真实感，营造出亲切可信的气氛。有时候，如果演讲者能把自己的亲历亲闻运用到演讲中去，就会给听众以亲切、真实、可信之感，这样调动起听众的热情，也就自然增强了演讲的感染力。

(3)所有能够引起听众兴趣和热切关注的事例、名言、佳句和精辟独到的见解都能充分调动起听众的情绪来。

总之，在演讲中，演讲者既要拉近自己和听众的心理距离，充分调动起听众的情绪来，还要讲求顺理成章、水到渠成，千万不能不顾对象，故弄玄虚，刻意求工。

❊讲好一个故事可能就会引起全场的共鸣

在演讲中讲故事可以让演讲者的演讲从优秀走向卓越，从仅仅是“有用”的说辞变成鼓舞人心的话语。一个好的演讲离不开好的故事，一个好的故事能成就一次好的演讲。当我们选择故事的时候，一定要明白：故事是为我们的观点而服务的，是为了让自己的观点更加有说服力和感染力。

一位演讲者在演讲中谈“成功之道”，他说：“我有两个同学，一位个性保守、谨慎，对金钱十分计较，志向倒也不小，他强调不从最低的阶层做起。结果，现在还待在当初最让自己看不起的低职位上。另一位同学则是天生的交际家，他也野心不小，却是从最基层的职位开始做起，他后来到纽约和别人合开公司，开始做承包生意，赚了一大笔钱。”

这位演讲者通过这样的一个故事，就都可以使得一般人从故事中了解，什么是“成功之道”。更重要的是，用这样的方式来诠释主题，还可以吸引听众的兴趣，这就是故事在演讲中所具有的效果。当自己需要向听众阐述自己观点的时候，讲一个适当的故事，有时候会起到事半功倍的效果。那么，作为一个演讲者，在演讲中该如何讲好故事呢？

(1)讲故事时，不要有谦虚的开场白。这会打击听众的信心，认为从你的讲话中学不到什么东西，而且连你自己都没有这个自信，又如何让听众有这个自信。

(2)在讲故事之前，第一句话语音语调语速要铿锵有力。如果第一句话较有力，那么首先会吸引听众的注意力，这样下面的故事陈述就会流畅得多。

(3)用最典型的事例来突出你的思想。事例是别人不可反驳的，是论证性的，而评论是阐述性的，所以真正起到作用的应是你讲话中的例子。

第18章

销售口才：掌握沟通技巧，打开销售大门

销售就是“耍嘴皮子”，这话一点也不假。在销售过程中，销售员是否具有良好的口才，直接决定着销售的成败。当然，口才不是天生的，是有一定的方法和技巧的，只要掌握了这些方法和技巧，即使拙口笨舌的人，也能口吐莲花，赢得客户的欢心，从而打开成功销售的大门。因此，作为一名销售人员，只要多多留意这些方法和技巧，必定会给你的工作带来诸多的收获。

※用开场白引起客户的极大兴趣

推销员与顾客面谈之前,需要适当的开场白,好的开场白是推销成功的一半。因为开场白好,才能激起客户继续交谈的兴趣,然后再说出商品的优势,迅速转入面谈阶段。可以说,客户对销售员的产品产生兴趣,对于销售员来说,才能真正进入销售环节。那么,作为一个高明的推销员,应该要懂得哪些抓住人心的开场白呢?要如何开场,才能抓住客户的心呢?

(1)引起客户的兴趣。客户往往对造型奇特,款式新颖的产品有着浓厚的兴趣,希望能够率先使用,满足求新的欲望。所以,销售员想方设法满足客户的这种求新欲望,一般都能取得良好的效果。客户对这种产品产生了浓厚的兴趣,自然会有需求。所以,不需要说多少废话,只需要把产品的亮点和特点说出来,以此来吸引客户的注意力就足够了。

(2)解决客户的问题。很多客户对销售员很反感,从内心深处抵触和防备。如果销售员不是为客户的钱而来,而是为解决问题而来帮助客户,那么客户的态度自然会明显好转。所以,销售员要明白自己的工作,不仅仅是为了销售产品而销售产品,更是为客户解决问题而提供相应的产品。客户会拒绝推销员的推销,但是绝对不会拒绝推销员提供的解决问题的方案。

(3)打消客户的顾虑。很多客户总是不愿意和销售员合作,是因为内心深处有顾虑,总觉得不放心。所以,销售员应该抓住客户的这个心理。在和客户合作之前,一定要想办法打消客户的顾虑。客户内心对销售员以及他所销售的产品放心了,销售也就完成了。

(4)先对客户表示感恩。古人云:“滴水之恩,当以涌泉相报。”销售员在面见客户的时候,不妨先对客户表示出感谢。客户得知销售员是个感恩图报的人,就等于无形之中把销售员自己“销售”了出去。只要客户认同了销售员,那么认同销售员的产品也是迟早的事情。同时,你的感谢也让客户不好意思再拒绝你。

总之,一个推销员开场白的好坏,将直接决定着推销员这笔生意的成功与否。所以,销售员在对客户推销之前,一定要有个好的开场白来为整个推销过程奠定基础。

❊冰冷的销售语言怎样说出人情味

俗话说："顾客是上帝。"可是实际上，一些销售员往往颠倒了位置，将自己摆在了"上帝"的位置上，对待顾客态度生硬、言语冰冷，导致客户的大量流失。如果你是一个聪明的销售员，就要学会把生硬的销售语说得温暖人心，从而让客户感觉到你的温暖。

小王到一家"4S"店看车，在连续看中几款车之后，总是觉得价格有些贵。这时候，旁边的一位推销员不失时机地向小王说道："老板您看，如果这些车不合您的口味，我们这里还有一些适合你的性价比高的车型。"一句话，说得小王心里暖洋洋的，也化解了小王的尴尬，最终，小王挑到了一款价格相对低廉的车型。

故事中的推销员的一句话，让小王感受到了温暖，感受到了被重视和尊重。最终他也选择了在这家店购买汽车。也许顾客并不需要你的产品，但是如果你找准机会，送上你具有人情味的话语，顾客有时候也是不好意思拒绝的。那么，在销售中，如何将销售语言说出人情味呢？

(1)要有为客户服务的心理。在面见客户的时候，销售员要有为客户服务的心理。要明白客户选择你的产品，不仅是要从你这里得到该商品，而且要得到你的服务。当你有了这种心理的时候，你的热情自然会爆发出来。

(2)要关心客户的需求。很多销售员在介绍产品的时候，一个劲地说产品多么的好，但是却不去征求客户有什么样的需要。这样一来，即使你说得再好，对于客户来说，都没有任何的意义。所以，要多问询客户，让客户感受到你的关怀。

(3)多为客户的使用着想。销售员在出售产品的同时，还要提醒客户一些产品使用中的注意事项，让客户感觉到你不是在卖东西，你是在关心他们，帮助他们。

❀用销售口才的原则指引自己

一个销售员是否有良好的口才,往往决定着销售的成败。因为客户对产品的最初了解,是通过销售员的介绍得来的。如果销售员口才不好,产品介绍不清楚,客户了解不透彻,自然没有办法合作。那么销售人员在面见客户进行推销的时候,需要了解哪几个方面的销售口才原则呢?

(1)察言观色的原则。在和客户的接触中,销售员首先要做的就是察言观色,对客户有一个基本的判断。这样才会说出合适的话,将话说到客户的心坎上,从而吸引客户,进而成功地说服客户,完成销售。

(2)认真倾听的原则。销售员面见客户的时候,要认真地倾听客户的需要,千万不要把销售当作任务一样完成,一个劲地抢话说。如果不能知道客户需要什么,你就无法将产品卖出去。

(3)产生共鸣的原则。销售员在和客户沟通中,要想尽一切办法,引起客户的共鸣。通常情况下,人都会将与自己观点相同或接近的人当作知己。当客户将销售员当作知己的时候,也就是销售走向成功的时候。

(4)诚实守信的原则。对于客户来说,销售员说话时所说的话是否真实,直接关系着销售过程中对其是否信任的问题。因此,销售员在和客户沟通的时候,一定要诚实守信。即使产品有缺陷也要及时地告知客户,以此来赢取客户的信赖。

总之,销售人员的口才对销售来说是十分重要的,这几条原则可以说是每一个销售人员走上销售之路的引路标。

❀几句话激发出客户的好奇心理

人人都有好奇心,客户也不例外,因此,推销员如果能够巧妙地激发客户的好奇心,就迈出了成功推销的第一步。客户有了好奇心,才会对你的产品感兴趣,才会有和你合作的可能性。所以,作为一个成功的推销员,应该懂得用言语激发客户的好奇心理,从而抓住客户的心。那么,如何用言语来

激发客户的好奇心理呢?

(1)适当保留信息,吊足客户的胃口。当客户知道了销售员所说的信息之后,一般再也不会有好奇心了。所以,销售员在向客户介绍产品的时候,要有所保留。如起初介绍的时候说个大概,当客户的好奇心被调动起来了之后,再作详细的介绍。

(2)适当地运用心理暗示。有些时候,当你把话直接说出来之后,对方或许不会感兴趣,但是如果你适当地暗示对方,则能勾起对方的好奇心。同样,销售员和客户接触的时候,也不要把话说透,要用暗示的方法,让客户对你产生兴趣。

(3)显露价值的冰山一角。对于客户来说,最终追逐的是价值。那么销售员在拜访客户的时候就要告诉客户合作价值的冰山一角,让客户觉得如果不和你合作对他来说就会有巨大的损失。这样,客户的好奇心自然就被调动了起来。

总之,用言语激发起客户的好奇心理,是销售中走向成功的一个好的开头,也是一个销售人员必备的素质之一。

初次拜访客户,懂得巧妙询问

在第一次拜访客户的时候,销售员拿到订单的概率往往很低,究其原因是因为销售员不懂得向客户询问,从而不能将客户的潜在消费欲望激发出来,最终被客户拒绝。由此可见,向客户巧妙地询问,从询问中获得客户潜在的消费信息,是一个销售员成功销售的前提。

一位保险公司的销售员敲开了一家陌生人的门,对方一听说是保险的销售员,随即将他拒之门外。过了一会儿,对方又敲开了门,借口要杯水喝而进了家门。在和主人的闲聊中,销售员问道:“你家里父母还好吧?”主人说:“我的父母已经过世很长时间了。”销售员继续问:“那小孩子一定很可爱吧?”主人兴奋地告诉销售员,自己刚添了一个小宝宝。这时候,销售员敏锐地意识到,这个家里需要一份儿童保险。

许多推销员在拜访一个陌生客户的时候,要么一开始就莽撞地谈业务,要么试图了解陌生客户的一些信息时,询问方式不对,导致无法获得需要的

重要信息，因此，失败的概率当然会很高。那么，在销售中如何巧妙询问呢？

（1）掌握主动权。在和客户的沟通中，销售员要掌握发问的主动权。不要害怕问错了，也不要害怕客户不回答你。事实上即使客户不愿意回答你，对于销售员来说也没有多大的损失，但是如果问对了那就意味着增大了合作的概率。

（2）发问要抓住时机。很多销售员在第一次拜访客户的时候，常常错过了发问的时机，导致被客户拒绝。事实上，要随机应变，从客户的话中捕捉信息，进而进行发问。

（3）话题要围绕在对方身上。和客户沟通的时候，销售员要注意，话题要始终围绕在对方的身上。这样才会让客户感觉到你对他很有兴趣。

❊消除客户戒备，用语言拉近距离

一般情况下，因为推销员是陌生人，客户都会对你产生戒备。从而不容易被你说服，即便合作也要让你费一番周折。但是如果你所说的话让客户产生是自己人的感觉，那么客户内心的防御自然会放松很多。那么，一名销售人员应该如何用言语拉近与客户之间的距离呢？

（1）“热情”要适度。心理学研究表明，如果一个人对你表现得过分热情，就会引起对方的恐惧，拒绝你就是必然结果了。同样，在销售当中，销售员表达热情的时候也要适度，否则就会让客户觉得你是在拒绝他。当客户有了这种感觉的时候，接下来的合作就会变得非常困难。

（2）多说“我们”少说“我”。在和客户的交谈中，销售员要多说“我们”少说“我”。这样一来，客户感觉到你和他是连在一起的，是站在一起的，而不是站在对面的。客户有了这种感觉，心理上和你的距离就会拉近很多。

（3）多聊客户的喜好。一般情况下，只有我们身边的亲人、朋友才了解我们的喜好。同样，反过来，了解我们喜好的人将会是我们的朋友。在与客户的交往中，我们聊客户的喜好的时候，就会让客户觉得你是他的朋友，从而在心理上和你拉近了距离。

总之，用言语技巧拉近与客户之间的距离，也是一门很深的学问，需要每一个销售人员认真揣摩和实践。

❁把握“沸腾效应”，快速达成交易

在成功心理学中，人们把关键因素所引起的本质变化现象，称之为沸腾效应。这犹如烧水烧到99℃时，若再添一把火，在99℃的水温基础上再使它升高1℃，水就会沸腾。这里的1℃的升温就是关键的因素。同样在销售领域，“沸腾效应”也是适用的。那么，销售人员怎样把握“沸腾效应”的关键因素呢？

（1）趁热打铁。当销售员和顾客之间的谈话接近尾声的时候，也许你还觉得欠缺点火候。这时候，不妨趁热打铁，“加把火”，让顾客下定决心来购买你的产品。或者是把口头之间的协议尽快以合同的形式确定下来等。

（2）重提客户的利益。在这时候，不妨再恭维一下客户，再重复一下在这次交易中客户的利益，从而让客户满心欢喜，下定交易的决心。

（3）对必要的条款进行确认。作为销售人员，在销售过程中的目的是为了追求双赢。所以，在销售意向初步达成的时候，还要再次对必要的条款进行明确，以防止在以后的合作中出现纠纷等。

（4）处理客户的异议。在销售最后的攻坚阶段，不要对客户出现的异议置之不理，或是强迫客户接受，要知道，巧妙地化解和客户之间的异议，可以为以后的合作省下很多麻烦。

总之，在销售过程中，当销售意向初步达成的时候，销售人员要懂得运用“沸腾效应”中的关键因素来为自己的销售“一锤定音”。

❁言谈间善用示弱满足客户心理

在和客户的接触中，销售员要懂得示弱。很多时候，客户和你争辩只是好面子。如果这时候，销售员一味地和客户在言语上不断纠缠，那么客户的心里不舒服，自然不会对你有好感，更不会和你进行合作。

小王是做皮鞋生意的，当别家的生意越来越惨淡的时候，小王的生意却越做越红火。有人向他请教经商的诀窍，他说：“有些顾客总是东挑西拣，到

处找毛病，把你的皮鞋说得一无是处。事实上，他们并不是真的嫌弃。这时，你要学会示弱，不要和客户发生争执。客户觉得自己把商家说得无话可说了，内心也就满足了。如果这时候，你和他们争吵，那么最终的结果便是气走了客户。”

故事中的小王很会揣摩客户的心理。他通过示弱，从而满足了对方的挑剔心理，一笔生意很快就成交了。示弱并不是承认自己软弱，只不过是顺着顾客的思路，用一种曲折迂回的办法来俘虏对方的心罢了。如何在销售中懂得示弱艺术呢？

（1）面对客户的挑剔，要认可他们。当客户对你的产品有想法的时候，不要和他们进行争辩，要认可客户的意见和建议。事实上，客户这时候就是想通过挑剔来发泄内心的不满。你不和他争吵，客户找不到攻击对方的因素，自然会闭嘴。

（2）在适当的时候自责。在适当的时候，可以用自责安慰客户。当你开始自责的时候，客户便不好意思再对你的产品挑剔了。相反如果你反对客户的说法，则会让他们和你争吵个没完。所以，用自责来示弱，不失为一种好办法。

（3）站在客户的立场考虑问题。在和客户发生言语上的碰撞之后，要多站在客户的立场上来考虑问题。这样一来，客户再有意见也不好意思再和你争吵了。

❉学习交谈技巧，争做销售精美

销售时，所能使用到的技巧很多，如语言技巧、表情技巧、肢体技巧、心理技巧等。优秀的销售员不断学习这些技巧，自觉地把这些技巧运用到自己的销售工作中去，从而成为销售中的精美人物。那么，作为一名销售人员，如何才能成为销售中的精美人物呢？

（1）不要随便打断顾客的话。在一般的人际交往当中，随便打断别人说话是一种极不礼貌的行为。同样在和客户的接触当中，随便打断客户的说话，则会让客户对你产生厌恶的情绪。要等客户表达完自己的意思之后，你再阐述，让客户受到足够的尊重。

(2)面对客户提问时，回答一定要准确。有的销售员在回答客户的提问时，总是答不到点子上去。让客户觉得和你沟通起来很费劲。同时还会让客户觉得你的业务不熟，不愿意跟你再交流。所以，回答客户问题的时候一定要回答准确。

(3)不要用反问的语调和客户谈业务。在和客户沟通的时候，如果客户有说得不对的地方，可以适当地反驳，但是切忌用反问的口气。因为反问的口气表达着挑衅和对抗的意味。客户怎么能和一个充满挑衅和对抗的人谈合作呢？

做一个销售中的精美人物是每一个销售员不懈追求的目标，所以，要想成为一个优秀的销售人员，就必须从点点滴滴的小细节做起。

❊沟通中一步步建立客户对你的信赖感

推销工作成功的前提是与客户建立信赖感。因此，在销售过程中，推销员必须花费至少一半的时间去与客户沟通，练就让客户对你信赖的说话方式，让客户对你产生信赖感。那么，推销员如何与客户建立信赖感呢？

(1)从一开口就要与客户产生共鸣。假如见到客户过早地讲产品，信赖感就很难建立，你说得越多，信赖感就越难建立。反之假如你跟对方的共鸣点越多，信赖感就越轻易达成。设想一下：假如你说的一个话题正好是客户感兴趣的，那么信赖感自然很快就达成了。

(2)注意你说话的节奏。作为优秀的营销人员，其中很重要的一点就是跟着客户的节奏走，对方的节奏快、语速很快，我们说话的语速也要很快。对方是个说话很慢的人，你还很快，他就会感觉极不舒适，信赖感就无法建立起来。

(3)注意一些提问的方式。你必须提出很好的问题，以此打开话题，让客户开始讲话。每一个人都需要被了解，需要被认同，然而最好的被认同方式就是有人很仔细地听他讲话。这样你跟他的信赖感就已经开始建立了。

所以，要想使得自己的推销成功，让客户对你产生信赖，在平时的人际交往中我们就要注意自己的说话方式。

❊不同的说话方式让你挖赢得客户的心

一个高明的销售人员懂得从言谈举止中来了解客户的需求，从而确定自己的说话的方式，最终为成功的销售铺平道路。营销工作中，客户的需求是千差万别的，不了解客户的需求，就无法提供有效的服务，就难以对客户实施有效的推销。

有两家商店，同时装修，同时开业，商店设备也大致一样；但经营了一年之后，甲店比乙店经营得好。为什么两家的情况不一样呢？说来也简单，甲店的老板喜欢和顾客闲聊，他能根据不同客户的性格采取相应的说话方式，所以，客户会觉得他很随和，是一个懂自己的人。这样一来，无疑中赢得了客户的心。

掌握顾客的心理往往就是制胜的法宝。甲店的老板经营得好，主要就是因为他能根据不同客户的心理需求，采用不同的说话方式，来迎合客户。那么，作为一个成功的销售员，该如何掌握挖掘客户需求的说话方式呢？

(1)主动询问客户的需求。销售员要主动地询问客户的消费需求，当然在询问中要充满热情，让客户觉得你是在帮助他。没有人会拒绝别人的帮助，客户也不例外。

(2)在诱导和建议中挖掘。客户需要一个鱼竿，可能会去钓鱼，那么钓鱼要用鱼饵，甚至还有可能需要一艘皮划艇，这就要销售员去诱导。如果诱导得好，买鱼竿的客户可能还会买汽车。

(3)集中精力倾听。在与客户进行沟通时，必须集中精力，认真倾听客户的回答，站在对方的角度尽力去理解对方所说的内容，了解对方在想些什么，对方的需要是什么。

❊妙语连珠，顺利达成交易有技巧

妙语一句财源滚滚，拙言一语前功尽弃。对于推销员来说，“会说话”是说服客户的利器，是把握主动权的保证，是推销成功的前提。销售人员会不

会说话，关键是看说出来的话，是不是客户喜欢听的话和需要听的话，这就需要推销员掌握一定的说话技巧。究竟如何说话，才能迅速地达成交易呢？

（1）说话说到点子上。在销售过程中，销售员把话说到点子上，无疑可以促使双方进一步的合作。把话说到点子上，说到顾客心窝里，才能激发出客户的购买欲望，使其采取购买行动。

（2）随机应变的口才，是每个推销员的必备。销售人员会说话，就能让客户满意，从而促成交易；销售员不会说话，就容易惹客户生气，从而使订单流失掉。推销过程中往往容易出现一些意想不到的情况，是否应对得当，能否随机应变，往往决定了销售的成败。

（3）让客户产生一种“捡便宜”的满足感。绝大多数人都有想占便宜的心理，都希望能少花钱多买东西。一点点地往里加，往往要比一点点地往外拿，要来得让人心里舒服。一点点地往里加，更容易让人产生捡了便宜的感觉。

总之，要想让客户轻而易举地与你达成协议，你就需要懂得一些说话的技巧，这样，才能让你的销售如鱼得水。

❊消除异议，让客户豁然开朗的说话技巧

虽然客户的异议并不让人感到愉快，但如果销售人员理解异议的必然性，心境也许就会平和许多。无论如何，异议毕竟是销售过程中的障碍，必须予以清除。那么，该如何处理客户的异议呢？

（1）态度诚恳，不要否定客户。面对客户的异议时心情急躁、不舒服是正常的，但必须马上调整态度以让客户感觉“你明白并尊重他的异议”。因为客户只有在觉得被尊重，异议被重视，相信你会全力解决问题的时候才会和你交流，说出心里话，并提供更多的信息。

（2）积极询问，判断异议的真正原因。异议背后的原因通常很复杂而难以琢磨。因此，积极地询问就显得尤为重要。切忌对自己的判断过于自信。多问“为什么”，让客户自己说出原因。例如，价格异议是销售人员最容易遇到的，可以多询问“除了价格外，我们还可以在哪些方面进行补偿呢”，“您是如何考虑价格方面因素的”等问题。

(3)针对异议,有的放矢。异议有疑虑、误解、缺点和投诉之分,针对不同的异议须有的放矢。面对怀疑,应询问产生怀疑的原因;面对误解,应询问误解背后的需要。针对不同客户的异议,应运用不同的手段去处理。

(4)选择适当的时机。优秀的销售人员不仅要能对客户的异议给予一个比较圆满的答复,而且要善于选择恰当的时机。懂得在何时回答客户异议的销售人员更容易取得大成绩。

客户有异议并不代表不想买你的产品,而恰恰是想购买的前提,因此,作为销售人员需要正确地对待这些异议,合理地化解这些异议。

第19章

与人谈判：拿捏表达技艺，大胆说出你想要的

处在职场中的人，总是会碰到谈判的场合，这时候，就要懂得一些谈判的语言技巧。谈判语言和一般的语言表达有着明显的区别，谈判是双方意见、观点的交流，谈判者既要清晰明了地表达自己的观点，又要认真倾听对方的观点，然后找出突破口，达到说服对方、协调双方的目标，争取达成一致的目的。所以要想在谈判过程中胜出，就要在谈判过程中能抓住对方的弱点并给予有力的回击。在这个前提下，说话技巧就成为其中的关键因素。小则可能影响谈判者个人之间的人际关系，大则关系到谈判的气氛及谈判的成功与否。

❊烘托出好氛围，赢取谈判第一步

谈判气氛通常是在双方开始谈判之前的短短几分钟内形成的。尽管这段时间很短，它也有一个形成过程，而且这一过程是十分重要的。这个时候也是谈判双方预先接触的一个时段，这一接触对于谈判各方交流、了解彼此的基本情况具有重要意义。所以，谈判时营造一个好的气氛是非常重要的。那么，该如何营造好的谈判气氛的呢？

(1)用轻松的话题、语言来创造轻松的环境。在谈判开始前，不要把自己的谈判对手看成是敌人，而是要像对待朋友一样，运用可以引起双方感情共鸣并轻松交流的话题和语言来开启谈判之门。如，可以畅谈谈判的目的、议事日程安排、进展速度、谈判人员的组成情况等，也可以谈论双方感兴趣的题外话，还可以回忆往日合作成功的欢乐、感受等。在双方通过轻松的交谈、感情已见趋近、气氛比较和谐的情况下，一方才可试探性地选择一些相同或近似的正式话题进行交流。

(2)利用友善的形象来创造友好的谈判气氛。形象可以反映一个人是信心十足还是扭扭捏捏，是谦和友好还是剑拔弩张，是精力充沛还是疲惫不堪，是以诚相待还是满腹狐疑。所以，为了后面的谈判能更加顺利地进行下去，谈判双方保持良好的形象是十分必要的。

(3)以谦和、坦诚的态度来奠定谈判气氛的基础。谦和往往比精明逞强更能获得人们的帮助和信赖。谦和不是谈判各方地位的反映，而是谈判力量的表现。坦诚可以使谈判各方相互信任，创造感情上的相互接近。只有这样，才能真正使整个谈判始终保持和谐的气氛。

❊保存利益且打破僵局的谈判技巧

在谈判过程中，当谈判各方各自利益点不同，或者说是各方因利益发生冲突的时候，很容易产生谈不拢的现象，这时候谈判往往会陷入僵局。接下来，如若一方想继续谈下去，而不是任僵局发展为谈判破裂，就需要去主动

打破僵局。那么，如何才能打破僵局，并尽量保证本方的利益呢？

（1）求同存异，适当妥协。成功的谈判不会总是“针尖对麦芒”的，因此，对成功的谈判来说，必要的妥协与求同存异是不可避免的。现代意义上的谈判要求谈判者以现实利益为重，不让“原则”“立场”之类阻碍利益一致的脚步。谁在谈判中固守僵死的原则寸步不让，毫利必争，谁就无法获得谈判的成功。所以，当谈判陷入僵局的时候，应该适当地说说“软话”，即谈判中的妥协和让步，以便打破僵局。

（2）利用轻松幽默的话题来化解僵局。谁都喜欢听生动、形象、幽默、活泼的话语，因为它们总那么有趣，通俗易懂，听着轻松、愉快，所以在谈判陷入僵局的时候，适当的、无伤大雅的幽默有时候会起到缓解会场内气氛的作用。

（3）显示人格魅力，取得对方尊重。打破交际僵局是双方的事，单靠一方的努力是不能实现的。所以，当谈判陷入僵局的时候，主动积极，发扬风格，自己首先作出主动姿态，是必要的、值得肯定的，而不应总是等着对方开口发言来打破僵局。积极主动的态度，同时也是为了唤起对方的响应，给对方以震动和感召。

❊控制局势，在谈判中提出关键问题

一个谈判高手，应该懂得在谈判过程中巧妙地向对手提出关键性的问题。掌握提出问题的方法，还可以控制谈判的方向，向着有利于自己的一方发展。那么，如何在谈判过程中提出关键性的问题，从而赢得谈判呢？

（1）不妨投石问路。谈判时，为了能够获得对方的信息，可以主动抛出一些带有挑衅性的话题，刺激对方表态，然后，再根据对方的反应，提出关键性的问题。比如，甲方向乙方订购货物，提出了几种不同的交易品种，并询问这些品种的价格。乙如果据实回答，万一对方果真是来摸自己的底，那自己岂不被动？但是自己如果敷衍应付，又可能会错过一笔好的买卖，这时乙就可以对甲说：“我公司一向货真价实，就怕你一味贪图便宜。你我都知道‘一分钱一分货’。”在此基础上，乙就会很容易确定出自己的方案和策略了。

(2)绕圈子搞清对方的情况。有些情况对方不会直接告诉自己。这时就要通过绕圈子,巧妙探得对方的底牌。如在某些谈判中,其中主方对客方极力表现出自己的热情好客,等到客方放松了警惕之后,正感到十分惬意之时,就会有主方提出帮忙订购返程机票或车船票。这时客方往往会随口就将自己的返程日期告诉主方,在不知不觉中就落入了对方的圈套。

(3)合理掌握提问的时机。在谈判中,合理掌握问话的时机也很重要。如果需要以客观的陈述性的讲话作开头,而你则采用提问式的讲话,就不合适。所以在谈判过程中,过早地问话使人摸不着头脑,也使人感到为难;如果过晚地提出问题,机会已失,也就没有任何意义了。

❊细节得当,谈判更能达到最佳效果

一个谈判者成功的过程,是由无数生动的小细节所组成的,这其中包括一个谈判者的举止、谈吐,甚至连着装都深刻地影响着最终的结果。那么,一个优秀的谈判者应该注意哪些谈判的细节呢?

(1)准确、正确地运用语言。谈判就是明确双方各自的责任、义务,因此,一个谈判者不能准确地运用语言,被对方耻笑事小,己方受损可就得不偿失了。例如,卖方介绍产品质量时,要具体说明质量、性能所达到的标准,不要笼统地讲性能很好、质量过硬。在谈判中,运用准确的语言,还可以避免出现误会与不必要的纠纷,掌握谈判主动权。

(2)不要出言不逊打击对方。在谈判中,如果一个人出言不逊,会使对方感到羞辱,那样,即使是最好的交易,也会留下不良后果。当对方的自尊受到威胁时,他就会全力防卫自己,对你充满敌意。这时,要想与他沟通、交往,则会变得十分困难。例如,当对方提出某种观点而你反对时,可以说"根据你的假设,我可以知道你的结论,但是你是否考虑到……"等,而不是具有嘲弄意味的话语。

(3)注意说话的方式。一个成功的谈判者善于运用说话的方式引领别人的思路,做到说话快慢适中,快而不乱,慢而不断,增强语言形象的美感。比如说,可以用细声慢语或是每讲几句就会停顿下来,以方便在场的人加深记忆和理解等。

❁谨记谈判的目标，做到话不离题

一个成熟的谈判专家，在谈判过程中，应该既注重细微之处，又时刻谨记谈判的目标，做到话不离题，最终在谈判中取得胜利。那么，一个成功的谈判高手如何才能做到在谈判过程中话不离题呢？

(1)开场就点明谈判主题。这是任何谈判的第一个步骤，这可让谈判双方围绕这一主题阐明各自的立场。大家对问题的确定看法越一致，就越容易达成共同的解决方案。其实，如果双方都认为问题确定得够清楚的话，谈判就很容易有结果，对方也就不容易岔开话题了，也让之后的谈判更为顺利。

(2)准确无误地判断出对方的意图。只有准确无误地判断出对方的意图，才能让自己不会跟着对方走入设置的“陷阱”，而不会离开自己的谈判主题言其他了。所以，在谈判开始的时候，通过对方简短的开场说明，就要从中判断对方的意图，这样才不至于让自己在谈判中显得被动。

(3)要有良好的心态。这就是说要在谈判中让自己具有平和的心态，不要轻易被对方所激怒，这样才能时刻围绕自己的目标，不离开关键问题进行谈判对话。同样，为减少对方离题，可以暂时同意某些非关键性问题，以表示自己的大度，同意以后对其进行讨论，最终回归到自己的主题上来。

❁如何才能做出有力的回答

谈判过程，就是与竞争对手或谈判对象沟通的过程。如果能更好地事先了解和评估对手，就可以在谈判过程中如鱼得水。只有做到了知己知彼，才能在谈判过程中给予对方有理有据的回答，从而最终赢得谈判的胜利。那么，如何才能在谈判过程中做到给予对方有力的回答呢？

(1)调查和了解对方的情况。对谈判对象的公司进行全面了解，调查其是在盈利还是在发展，是一个问题型的公司，还是一个发展型的公司，同时还要了解他们想通过谈判得到什么。只有掌握了对方的各种情况，才能在

谈判中使得自己说出的话有理有据。

(2)在谈判中适当保留自己的回答。就是指将问话的范围缩小,或只回答问题的某一部分。有时对方问话,你若和盘托出,反而不利于己方。例如,对方问:“你们对这个方案怎么看,同意吗?”这时,如果时机尚未成熟,你可以说:“我们正在考虑、推敲,关于付款方式只讲两点……,我看是否再加上……”这样就避开了对方问话的主题,同时,也能把对方的思路引到你的内容上来。

(3)不要马上回答。对于一些问话,不一定要马上回答。特别是对一些可能会暴露自己意图、目的的话题,更要慎重。例如,对方问:“你们准备开价多少?”如果时机还不成熟,就不要马上回答。可以找一些其他借口谈别的,或是闪烁其词,所答非所问,如产品质量,交货期限等,等时机成熟再摊牌,这样效果会更理想。

4. 分析对手弱点,给予有力回答。对手想通过谈判达到什么目标,对手的优先级是什么,在谈判之前要仔细分析。当然,猜测不一定准确,但最起码要有这样的思想。然后再分析谈判对手的弱点,包括他的需求弱点,谈判人的弱点,谈判队伍的弱点等,要对谈判对手进行全面的分析,才能回答谈判过程中对手提出的问题。此外,还要了解什么事情对对方来说是最重要的,什么事情是不重要的;如果谈判没有成功,会对他个人产生什么样的影响;以及谈判对手的性格等,如此,才能给予对手合情合理的回答。

❁吊足对方胃口,才能抢占先机

在众多的谈判对手中,怎样才能抢占先机,使自己的产品或服务引起对方的兴趣,让对方对己方情有独钟呢?这就要你在谈判过程中需要能够引起别人的注意,也就是吊起对方胃口、吸引对方眼球的策略。

一位大中华区的业务经理和一家很有前途的企业谈判,尽管这位经理不想失去这家客户,但他还是说:“我们今天只是谈谈,其他的客户比较多,究竟在哪里设代理商,公司还是要有所选择的……”这一句话一下子吊起了对方的胃口,对方急忙表态说:“以我们的市场经验,我们做不好的市场,恐怕别人也很难操作。”最终这位业务经理说:“既然你们来了,我尽量向总经

理争取吧。"这家客户对他千恩万谢，而经理也达成了有利的合作方式。

那么，如何在谈判过程中对上对方的胃口呢？

（1）在任何一场谈判中，对对方的谈判人员和谈判目标比较了解会更容易成功。如果事先不了解对方的想法，不作好充分准备就去谈判的话，说不定就会导致失败。

（2）找到对方的需求，并充分利用对方的需求，就能在谈判中避实就虚，顺利达到自己的目的。

（3）谈判刚刚开始，良好的氛围尚未形成，最好先谈一些友好的或中性的话题。如来访者旅途的经历、体育新闻或文娱消息、个人的爱好等，而不要一开场就去谈论一些让对方反感的话题。

抓住对方弱点，达到自身目的

一个善于谈判的高手也是一个高明的心理学家，善于抓住对方的心理弱点来达到自己的目的。在谈判过程中能抓住对方的弱点给予有力的回击，就会使得对方马上感觉到自己矮人一截。那么，在谈判中如何才能抓住对方的弱点，从而达到自己的谈判目标呢？

（1）善用最后通牒。也许在谈判中，对方想抓住你的弱点，但是不表现出来，这时候，不妨反过来对其运用这种手段。最后通牒是一种非常有力的施压方式，那些没有经验的谈判人员在对方使用这种策略时往往很快妥协。比如，一位企业家在和工人的谈判中一直无法和工人达成协议，于是这位企业家说道："如果不能达成共识，我的企业将破产。"最终，工人面对高失业率不得不向这位企业家妥协。

（2）适当的时候懂得唱唱"白脸"。在谈判过程中有必要给对方唱唱"白脸"，给对方施加点颜色，用这些手段来刺激一下对方也能直接影响谈判桌上的形势。例如，在商谈期间，还在继续和另外的商家接洽；在谈判过程中，突然有其他客商找上门来，暂时中断了正在进行的会谈；抱怨商谈时间拖得太久，自己的日程活动安排得很紧；直接和其他客商交换资料等手段，就会给对方留下很多暗示，以促成谈判。

（3）尽可能多地了解自己的谈判对手。这就是说要尽可能地了解自己

对手的弱点，在谈判中用己方的优势去攻击对方的弱点，定能达到意想不到的成功。例如，我方要购买一批产品，谈判的对手是实力雄厚的大公司，产品很有竞争力，生产批量大、周期短、交货迅速，这些都是它的优势。但是，它急于出售产品以加速资金周转，就是它的弱点所在，抓住了这样的弱点，就会达到自己的目的了。

❊巧言“博弈”，提高谈判水准

在谈判时，既要留给对手良好的第一印象，还要懂得在谈判过程中巧言应对自己的对手，不给对方留下不好的印象，以此来提高谈判的水准，达到自己“博弈”成功的目的。那么，在谈判过程中，如何说话，才能不被对手小觑，从而谈判成功呢？

(1)准确而流畅的言语表达。如果一个人在谈判场上结结巴巴，说的话连自己也不明白的话，可想而知，这样的谈判还能进行下去吗？所以，不管对手提出的问题如何苛刻、无礼，想要掌握主动权，反击对方，先要练好自己口头表达能力。

(2)迂回补救。谈判中有时仅靠以理服人、以情动人是不够的，毕竟双方最关心的是切身利益，断然拒绝会激怒对方，甚至交易终止。假使我们在拒绝时，在能力所及的范围内，给予对方适当的优惠条件或补偿，往往会取得曲径通幽的效果。某自动剃须刀生产商对经销商说：“这个价位不能再降了，这样吧，再给你们配上一对电池，如何？”

(3)懂得运用幽默的艺术。幽默、风趣的语言和生动形象的事例通常具有较强的感染力，不仅可以深入浅出地说出自己的观点与理论，而且还可以提高自己的名声，树立良好的形象，并使对方乐于接受。

(4)肯定形式，否定实质的技巧。人人都渴望被了解和认同，可利用这一点从对方意见中找出彼此同意的非实质性内容，予以肯定，产生共鸣，造成“英雄所见略同”之感，借机顺势表达不同的看法。但须注意的是，这样的方式一定要拿捏好，不要落入对方的圈套中。

❋精准反击，化被动为主动

在谈判场合中，通常会遇到胜利的天平倾向对方的可能，这时候，就需要运用己方的一切力量进行反击，以求挽回不利局面。这就要求我们掌握一些谈判过程中的反击的技巧。那么，如何反击，才能使得己方由被动转化为主动呢？

(1)适时反击。谈判中反击能否成功，首先要看进行反击的时机是否掌握得准确。反击只有在对方要挟自己一方时才能使用。反击的最终效果应是“借力使力”，就是要利用对方的力量，加上自己的力量，巧妙发挥自己的言语优势，一举获得成功。

(2)善于将对方引入自己的“陷阱”中。比如对方说你现在的折扣不行，另外一个竞争对手给他们的折扣更多，这时候就会使你陷入被动的局面。在这种情况下，一定要设法诱使对方摊牌，让他拿出证据来，提供准确的内容或信息，证实他所提出的条款，这样就能诱使对方钻进“圈套”。

(3)准备多套谈判方案。在双方你推我拉的过程中常常容易迷失了最初的意愿，或被对方带入误区，此时最好的办法就是多准备几套谈判方案，先拿出最有利的方案，没达成协议就拿出其次的方案，还没有达成协议就拿出再次一等的方案。

(4)以退为进式的反击。在谈判中陷入被动的时候，适当地做出一些无关痛痒的让步，可以让对方有一种成就感，觉得自己占得了便宜，这也是一种反击对方的手段。其实，我们在谈判中可以输掉争论，只要赢得利益即可，也就是表面上做出让步，失掉一些利益，让对手捡一些芝麻，而自己偷偷抱走对手的西瓜。

❋棘手问题的巧化解求得共赢

当谈判陷入僵局的时候，或是谈判中出现棘手的问题的时候，就需要有一个人站出来化解双方的矛盾，从而能让谈判继续进行下去，在化解问题的

同时也推动谈判向利于己方的方向进展。那么,如何巧妙地化解这些棘手的问题呢?

(1)试着找出双方共同的利益。谈判的结果不是你赢就是我赢,在双方都想赢的心理之下,自然就会出现双方互不让步的情况。这时候,不妨试着找找双方的共同利益点,因为谈判也是为了共赢,谁都不想谈崩。应重视并设法找出双方实质利益之所在,在此基础上应用一些双方都认可的方法来寻求最大利益的实现。

(2)借助已有的标准来化解问题。在某些情况下,双方就某一个利益问题争执不下,互不让步,即使强调"双赢"也无济于事。这时候,客观标准的使用在谈判中就起到了非常重要的作用,也就相当于找到第三方的评判标准。比如,谈判一个关于地基问题时,承包商认为地基4米就足够了,而业主认为至少6米。这时候可以借助政府对此类土地的地基安全标准来评判,就能找到谈判的出路。

(3)恰如其分地和对方沟通。谈判中如果自己和对手的方案不一致,出现僵局时,不妨和谈判对手用轻松幽默的语言进行沟通交流,从对方的经历、背景、教育程度或是习俗当中找出症结所在,巧妙化解问题。

(4)用言语行动表现出自己的真诚来。这就是说,当出现棘手的问题的时候,自己不妨拿出一点诚意来,用真诚感动对方,化解双方之间的矛盾,从而达到双方共赢的目标。

❁避开会让谈判失败的陷阱

谈判中困难重重、陷阱多多,自己一不小心,就会被对方一步一步带入陷阱,从而使得谈判失败。所以,一个谈判高手应该懂得如何避开谈判陷阱,赢得胜利。那么,究竟怎样才能顺利避开谈判中的陷阱呢?

(1)破解"声东击西"的陷阱。对手会运用"声东击西"陷阱,把己方的注意力从"核心议题"转移到"次要议题"上,然后再提升"次要议题"的重要性,从而令己方在"核心议题"上作出极大的让步。此时要注意己方的立场,千万不要被对方带跑了。例如,小蒋的客户在谈判中坚持必须在60天内把所有货物运送到他们位于北京的新建厂房,而其实谁都知道,这至少要90天

的时间。就在小蒋准备放弃的时候，客户突然提出，他们可以延长到90天，但条件是运费要小蒋公司全权承担。这样，对方很容易就为自己节省了一大笔运费。

(2)正确看待对方的真诚。一些老练的谈判对手会利用你在真诚面前的脆弱心理承受力，假意逢迎迷惑你，使你防不胜防。据说日本人在一些商务谈判中就经常运用此策，他们派专人到机场恭迎你，然后领你到高级宾馆下榻，又非常热情地宴请款待。每一句话，每一个行动看上去都是极其真诚的，让你盛情难却，直到你疲惫至极，还没充分恢复时，他们又提出进行谈判，往往使你哑巴吃黄连，有苦说不出。

(3)要看透对方设下的"迷魂阵"。在商务谈判中，有时候会面临着一些真真假假、虚虚实实的问题，特别是有一些不太道德的商人，或故意制造一些疑阵迷惑对方，引诱对方"上钩"，或迫使对方糊里糊涂地让步。面对这样的陷阱，自己应该不放弃自己的既定原则，实在不行，可以暂时中断谈判，等待对方回心转意。

❊自问自答，自然地说出想说的话

如果谈判过程中发出了一个不得当的提问，有可能引起对方的不良反应，得到生硬或沉默的回答，甚至对方可能会因为你的问话而感到压力和烦躁不安。而采用自问自答式的说话方式，在某种程度上既可以暗示对方，又能表达出自己想说的话，是一个一举两得的好办法。那么，在谈判过程中如何运用自问自答的方式说出自己想说的话呢？

(1)用自问自答牵制对方。这也有点给自己谈判对手心理暗示的意味。比如，当谈判双方在价格问题上僵持不下的时候，你可以说："哦，这个价格真的是最后的价格吗？好像A公司的价格不是这样的……"这样会让对方产生一种错觉，认为你已经没有兴趣和他谈了，逼迫对方降低价格。

(2)在对方发言前后自问自答。在谈判中，当轮到对方发言时，可以在对方谈自己的观点之前，自言自语，比如，"为什么会是这样呢？我真不希望是这样的结局"等。这样可以争取主动，影响到对方的发言，也有点扰乱对方军心的意思。

电话沟通:不见面也能让你成功交流

电话早已经成为我们日常生活中不可缺少的一个重要工具，为我们提供了很多方便。正因为它是一个常用的工具,已成为展示和树立自我形象的一个窗口,所以我们才不能忽视打电话时与人交流的细节。不要以为电话交流中两个人之间不见面就可以随心所欲,其实,即使不见面,也可以从电话中传递两个人之间的感情,或是从声音中听出对方的形象来。所以,这就要求我们在电话沟通时,要注意自己说话的一些细节,这样才能让自己更好地与别人交流。

❊电话中的称呼必须要得当

打电话时称呼是否礼貌,是对通话对象的一种尊重,也是个人修养的一种表现。

小青应老总的要求给一位客户打电话,电话一接通,小青就说:“是某某吗?”没想到对方来了一句:“你给谁打电话呢?”小青马上意识到自己失礼了,于是说道:“对不起,对不起。请问您是某某先生吗?”对方口气马上缓和了,并答应到:“是我,请问……”

电话交谈,尤其要注意称呼用语的使用,如果事例中的客户正在火头上,而你又没有注意礼貌用语,那这单生意也就别想做了。那么,怎样在电话沟通中合理使用称呼用语呢?

(1)态度要诚恳,不管是否有求于对方,态度一定要真诚,这样才可以在以后的沟通当中继续交往下去。

(2)不要在对方接通电话或是对方打来电话的时候出言不逊,口气不要太生硬,要多使用一些谦称和敬称,不要对对方直呼其名。

(3)此外,如果是熟人,可以说:“您好,最近好吗?”如果是生人,则可以说:“您好,请问哪位?”如果是长辈或上级领导,要以热情的姿态、温和的口气问询:“您好您好,我是某某,请问您有何吩咐(或指示)?”如果是多时没联系的故友,要富有激情地应答,切忌冷漠。

(4)当你给对方打电话时,不知道如何称呼时,可以灵活掌握。比如,对方说:“你好,某某单位。”你就说:“您好,我是某某,我想咨询一下关于……”然后就可以进入正题了。如果对方只是“喂”了一下,你就可以说:“您好,请问是某某单位么?”不用报上自己具体的称呼了。

❊学会用电话传递真挚的感情

电话传递感情,不一定只用在恋人之间,同样也可以运用在平日的沟通中。电话交流时,对方不能够看到自己的表情,但可以通过声音了解到自己

的情绪变化，所以，如果我们不能保持积极乐观的情感状态与对方交流，那么自己所说的话就很难吸引对方。如何在电话中向对方传递积极的情感呢？

(1)让自己的身体和心理放松下来。也就是说首先自己要保持以饱满、热情的态度打电话，才能用自己的情绪感染对方，取得对方的好感。这就要求自己在打电话之前要作充分的准备，必须对自己有信心，还要有专业和得体的语言，注意措辞，以表现自己的专业性和熟练程度。同样在回答对方的提问时应具有逻辑性，简洁清晰，给对方留下一个好印象。

(2)用声音传递自己的情感。在面对面地交流时，身体语言至少可以增强讲话的效果。但在电话交流中，由于不是跟对方面对面地进行交流，彼此都看不到对方，通常无法用身体语言影响到对方。所以在电话交流中很重要的一点就是你的声音，通过增强声音的感染力来对客户产生影响。这就要求打电话者掌握好语速和音量，以及恰到好处地停顿等，从声音中传递出自己的热情。

(3)确定对方是否方便通话。要是对方正忙的时候，就不要没完没了地传达自己的感情了，而应当对他的时间表示尊重，因此在和对方谈话时向对方询问一下："您现在接电话方便吗？"或"我想和您谈谈关于……的事宜，不知您现在方不方便？"如果确实打扰了对方，应该表示歉意，并说明原因，然后和对方确定下一次交流的时间。

(4)发出自己的微笑。心理学研究表明，笑是可以传染的。尽管在电话里，对方看不到自己的笑脸，仍然必须将笑容融入声音中，如果可以，就笑出声来，用笑声来感染对方。

❀条理清晰，电话中也能把事说清楚

在日常生活中，有人由于缺乏必要的语法知识，逻辑思维的训练也不严谨，说话前言不搭后语，尤其是在打电话的时候，在有限的时间里表述一件事情，他自己说了半天，别人仍不知所云。

小王为了向顾客推销公司的一款新产品打电话给顾客，电话接通以后，小王首先向顾客用一两句话介绍了自己公司，然后就切入正题说道："我想

打扰您几分钟，给您介绍一款我们公司新出的产品。它的特点是……”把话题转移到产品上来了，让顾客一下子从小王的介绍中喜欢上了这款新产品。

同样，在打电话之前，要多想一想自己要向对方说明什么，重点是什么等问题，如此才能条理清晰地在有限的时间里把一件事情说清楚。那么，电话中如何才能更清楚地说明一件事情呢？

(1)如果觉得自己思路很混乱的话，不妨把事先要说的事情写在纸上，或者是简单地列出一个提纲来，这样，打电话的时候就不至于东拉西扯了。或者最好先在脑子里打一遍“草稿”，梳理一下思路，这样会大大提高言语的逻辑性。对那些可长可短的话题，力求简短，对那些可说可不说的话，尽量不说。尽可能做到言简意赅，清楚明白。

(2)打电话的时候要吐字清晰，语速适中。我们在打电话的时候往往受到周围客观因素的影响，如果再加上自己吐字不清的话，对方有可能就会听得不耐烦并不断地向你发问，这时候就会打断自己的思路，造成思维的混乱。

(3)如果实在不知道一件事情从何说起，也可以对所讲的内容点题并作概述，然后将主要内容有条理地说出来，最后重复重点，并对通篇内容作一个总结来结束。或者是由浅到深地说明一件事情。

❈建立“电话磁场”，让别人爱接你的电话

有人打十个电话，十个电话都能和对方交流得很好，而有些人打电话只能打通两三个，还和其中的一个吵翻了。可见电话沟通也是一门艺术，有的人能让别人爱接自己的电话，这些人，也是懂得用电话和别人沟通的高手。那么，如何让别人爱接你的电话呢？

(1)选择积极的用词与方式。在保持一个积极的态度时，电话沟通用语也应当尽量选择体现正面意思的词。比如说，要感谢客户在电话中的等候，常用的说法是“很抱歉让你久等了”。这“抱歉久等”实际上在潜意识中强化了对方“久等”这个感觉。比较正面的表达也可以是“非常感谢您的耐心等待”。如果一个客户就产品的一个问题几次求救于你，你想表达你让客户真正解决问题的期望，于是你想说，“我不想再让您重蹈覆辙”。但你不妨这样

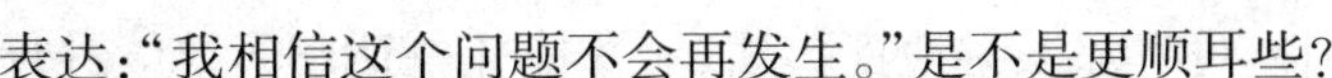

表达："我相信这个问题不会再发生。"是不是更顺耳些？

（2）让对方感受到你对对方的尊重。打电话过程中绝对不能吸烟、喝水、吃零食，即使是懒散的姿势对方也能够"听"得出来。如果你打电话的时候，躺在椅子上，对方听你的声音就是懒散的，无精打采的，那么，对方也就对你没有好感了。一个销售员刚睡下的时候，突然想起一个重要的电话还没打，于是他重新穿戴整齐开始打电话。妻子不解地问："你为什么要这样？"回答是："我要让对方听到我对他的尊重。"

（3）挂电话时注意礼貌。要结束电话交谈时，一般应当由打电话的一方提出，然后彼此客气地道别，说一声"再见"，再挂电话，不可只管自己讲完就挂断电话，这是一种非常不礼貌的表现。如果是自己给对方打电话，还要等对方挂断电话，自己才可以挂断。注意这些细节问题，才能让对方喜欢接听你的电话，而不是厌烦你的电话。

❊掌握沟通要点，煲好美味的电话粥

在社会节奏越来越快的情况之下，电话已成为人们交流沟通的重要工具之一。而许多人也由过去的见面聊天变为了现在的电话聊天。所以，煲电话粥也成了人们日常生活中和对方交流的重要方式之一。那么，在煲电话粥的时候，应该注意哪些问题呢？

（1）善于寻找适当的话题。有人认为既然是煲电话粥，就要和对方天南海北、天马行空地乱聊，想到哪说到哪，其实这种认识是不正确的。即使是和朋友煲电话粥也要注意选择合适的话题，比如说，聊聊对方的孩子，顺带聊到自己的孩子，聊聊对方的工作，再谈谈自己的工作等。否则，就会引起对方的反感，导致聊天不能进行下去。

（2）注意时间的把握。这并不是说煲电话粥的时间长短，而是要在恰当的时间里和对方聊天。因为煲电话粥首先得保证自己和对方都有充足的时间，而不是人家急着要做别的事情，你却不合时宜地抱着电话不撒手。要选择一个对方不忙的时间，如此才能和你煲电话粥。

（3）及时更换话题。也许你一开始的话题能够引起对方很大的兴趣，但是，不要一直抓住这个话题没完没了。因为人们对于一个话题的兴趣只保

留在开始的短短几分钟。所以，及时地更换话题，才能让电话聊天继续进行下去。

(4)要注意对方情绪的变化。当对方的言语中出现“哼、哈”等词语，或是对方仅仅是简单地敷衍你的时候，你就应该聪明一点，这个时候就应该挂电话了。即使你还意犹未尽，也要及时地结束谈话，不要引起别人的反感。

※电话没有距离，表情是能听出来的

在打电话的过程中，很多人会觉得，反正对方看不见自己在干什么，所以随便一点也无所谓。其实不然，这样的想法是错误的。哪怕隔着电话，你这头在干什么，是躺是坐，是什么样的表情，对方都能感受得到。因为从你打电话的声音中，对方就可以感受到你的表情。

王敏想买一台空调，她拨通了某空调公司代理商的电话，电话铃响了五六声，终于有人不紧不慢地接了电话，在整个谈话中，对方显得十分不耐烦，而且时不时对于王敏提出的问题要临时查找，甚至电话的那一方传来吃东西的声音，不能详细地解答王敏的疑问。最终王敏失望地挂了电话。

所以，在电话沟通中人们通过你接电话的声音，在电话中的表现，对你的形象、性格、素质进行了无限的描述、想象。电话中传递的信息如此微妙，你必须要像对方在你面前一样地谈话，而不是心存侥幸。那么，如何让对方听出自己的积极的表情呢？

(1)有些人在打电话的时候容易思绪偏离，让对方感觉到你心不在焉，这是十分忌讳的。在电话交流过程中，不要让自己的思绪偏离，要集中注意力，聚精会神，让自己的思绪集中在自己当前的电话沟通上，要忘记自己，注重电话当中对方所说的每一句话。

(2)只要你用心，能够听出对方的心境，也就是对方心灵的状态，即心情。所以，要仔细聆听对方讲话的语气、语调、语感。

(3)适当的时候还要提出一些问题，除了帮助自己获得更加详细的有关对方的信息，还能让对方感觉到自己对他是十分感兴趣的，而不是敷衍了事。

用声音体现好你的"电话形象"

电话交谈"不见其人,但闻其声"。初次交谈,对方根据你在电话里的声音、态度等表现,可以了解你的意图、性格、情绪、表情,通过这些来给你一个基本的定位,描画出你的形象,这被人们形象地称为"电话形象"。那么,要想通过电话给对方留下一个良好的形象,该怎么做呢?

(1)重要的第一声。就如同和陌生人见面留给对方的第一印象一样,电话交流,也一定要完美地说出自己的第一声。当别人给你打电话时,若一接通,可以说:"您好,我是……"听到你亲切、优美的招呼声,对方心里一定会很愉快,使双方对话能顺利展开,为以后的相处奠定基础。

(2)真诚、热情地回应对方。假如对方在打电话的过程中,没有得到自己的回应,对方就会认为自己对他的话题不感兴趣,或是显得不真诚。所以,在电话沟通过程当中,自己也要真诚、热情地回应对方。可以用"好,非常好,是的,太棒了,是这样的"等语句,将一些很自然的回应话语说出来,得到对方的认同,这样对方就更愿意和你交流。

(3)要用合适的语调和语气说话。有些人在打电话的时候喜欢用"唔……哼……嗯……"的发音,这就是鼻音,发出的声音让听话的一方感到十分难受。所以,和别人电话交流时,要用合适的语调和语气才能让别人感觉到你对对方是十分重视的。比如,当你打电话给对方的时候,对方使用方言时,自己不妨也用方言,让对方听起来能更亲切些。

(4)让自己的声音充满活力。能给别人留下良好印象的声音应该是饱满的、充满活力的,能够调动他人感情的。声音还可以反映出人的心态。细小、单调、乏味的声音,说明说话者可能缺乏自信;而深厚、宽音域的迷人声音能够强化你的良好形象,保持对方对你的注意力。

谦逊的语气助你在电话中沟通成功

一个善于和别人交流沟通的人在电话交谈中,也会非常注意运用谦逊

谨慎的语气来和对方交谈。因为谦逊的语气总是更容易为别人所接受。从一个人谦逊的语气当中也能感受到其态度的诚恳,如此可以帮助其获得成功。那么,在与别人的电话交谈中如何使用谦逊的语气确保谈话成功呢?

(1)注意你的语气,不要自以为是。有些人打通别人电话,或是在和别人的电话交谈中不经意间就会说出"我认为……"这样的话语,其实这是对方最反感的。比如,你给你的客户打电话不要说"我是某某公司"这样让对方一听你的语气就会产生隔阂的话,而是应该说"您好,我是某某公司某某处的工作人员……"等,让对方至少不反感你。交谈双方无论地位高低、年纪大小,或是长辈晚辈,在人格上都是平等的,切不可盛气凌人、自以为是、唯我独尊。

(2)互相尊重的原则。交谈是双方思想、感情的交流,是双向活动。要取得满意的交谈效果,就必须顾及对方的心理需求。电话交谈中,即使不能和对方面对面,但人们仍希望得到对方的尊重。所以,谈话时,要把对方作为平等的交流对象,在心理上、用词上、语调上,体现出对对方的尊重。尽量使用礼貌语,谈到自己时要谦逊,谈到对方时要尊重。

(3)不要打断对方讲话。在对方讲话没有结束之前,没有讲到重点之前,没有讲完完整的意思之前,通常状况下按照说话的礼节,不应当轻易打断对方的说话。要让对方把话说完,毕竟打断别人说话是极不礼貌的行为。

❊给对方电话留言须注意

当我们需要一个人的帮助的时候,首先想到会给他打电话,但是如果对方恰好不在,就要给对方留言了。如何给对方一个好的留言,给对方留下好的印象,帮助自己成功,这也是一门学问。

一个人给对方的留言的语气、语调等会影响人们对这个人工作能力的判断或是对这个人工作态度的认同或否定。所以,留言应该态度友好、平和,这样才能和对方更好地交流沟通。那么,在给别人的电话留言中需要注意什么呢?

(1)要有明确的目标性,不要模棱两可。这是说你的留言要给对方以确切的信息,让对方明白你留言的目的等。

（2）不要留太“职业化”的语言。给客户打电话，要设法争取对方的帮助。因为他们或许很忙，所以，不要说一些过于“职业化”的留言，你可以试着这么说：“哎，刘先生，你好，我是某某。我有个问题，所以打电话来……这个问题只有你才能回答。愿意的话，请给我回电……”这种方法之所以特别有效是因为它既没有冒犯他人，又传达了信息的紧急性。因为“只有你”才能回答的问题总是比较重要的，而你的这种要求会使他们感到自己的重要。

（3）电话留言要事先准备。在给别人的电话留言中，还要注意什么话该说，什么话不该说，注意把握说话的分寸，这就需要在留言之前，认真准备一下，因为短短的几句话，既要表达明确的目标，又要不显得啰唆，这并非易事。

❊如何与领导做好电话沟通有技巧

与领导沟通交流也是每个人工作当中不可避免的，而给领导打电话也需要掌握一定的技巧。有些人一给领导打电话就紧张得不知道说什么，相反有些人一拿起电话就絮絮叨叨说个没完没了。这都会在领导心目中留下不好的印象。

小徐向领导打电话汇报昨天和一家企业的谈判，电话接通以后，小徐滔滔不绝地向领导说起自己是如何如何强硬地向对方施加压力等。不想领导冷冷地打断他道：“我只想知道结果如何？”小徐马上停止了吹嘘，并说道：“我们达成了这样一些共识，一是……”

给领导打电话除了要注意通常的那些应注意的之外，还要注意不能让自己显得很虚伪，有阿谀奉承领导的嫌疑，也不要滔滔不绝和领导聊个没完没了，这些都是不恰当的。那么，与领导通电话要注意哪些问题呢？

（1）在领导休息的时候，一般不要打电话骚扰，除非领导专门叮嘱过或是出现紧急情况需要向领导请示。除此之外，最好不要给领导打电话。

（2）遇到领导急于了解和掌握的情况，要在知晓后尽快打电话与领导沟通；受领导之托外出执行任务，要及时与领导沟通并汇报工作进展情况；获悉重要消息或者发生突发紧急事件，要马上打电话报告。

（3）无论遇到什么事情，需要向领导汇报情况时，都要提前打好腹稿，要

有明确的表达思路；打电话汇报工作时要简明扼要，条理清晰；不要想到什么说什么，颠三倒四，胡子眉毛一把抓，耽误领导时间；更不要把问题留给领导。

(4)尽可能地长话短说，不要滔滔不绝说个不停。要知道领导的时间是非常宝贵的，浪费领导的时间，也就等于给单位造成了损失。同样，电话中长话短说，还能给领导留下干练的印象，何乐而不为呢？

总之，作为一个行走在职场中的人，需要掌握一定的给领导打电话的方法和技巧。该不该打电话，什么时候打，如何打，都要做到心中有数，掌握好分寸。

❀与下属通电话的言谈方法

很多主管在打电话时往往直截了当地问下属："小李，你那边工作进展状况如何？"这时候作为下属，往往恨不得找最好听的语言来汇报自己的工作进展。那么在双方接下来的沟通过程中，主管听到的往往都是好的消息，工作中遇到的困难却丝毫没有被提及。表面上看是下属汇报工作不完整，但实际上却是主管打电话的问话方式所致。那么，上司在与下属通电话的过程中该掌握好哪些技巧呢？

(1)给下属打电话也要注意礼貌用语和态度。作为一名上司，当你打电话的时候一着急，就可能在与下属说话的时候忘记使用一些礼貌用语，如"小张，马上到公司来一下"，"小李，把文件送去复印一下"。这样的通话会让下属有一种被呼来唤去的感觉，觉得你缺少对他们起码的尊重。因此，为了改善和下属的关系，使他们感觉自己更受尊重，你不妨在打电话的时候使用一些礼貌的用语，例如："小张，请你现在到公司来一下"，"小李，麻烦你把文件送去复印一下"。要记住，一位受人尊敬的上司，首先应该是一位懂得尊重别人的上司。

(2)适度褒扬，顺水推舟。每个人都希望得到别人的赞美，身为领导者，应适时地给予鼓励慰勉，褒扬下属的某些能力，引导他们顺水行舟，更加卖力地工作。当领导决定一件事情非要这个下属去做的话，可以这样打电话告诉他说："我知道你很忙，抽不开身，但这种事情非你去解决才行，我对其

他人没有把握,觉得你才是最佳人选。”这样一来就使对方无法拒绝。这一劝说技巧主要在于对对方某些固有的优点给予适度的褒奖,以使对方得到心理上的满足,使其在较为愉快的情绪中接受你的安排。

(3)求同存异,缩短差距。同级之间、上下级之间或多或少都会存在“共同意识”。作为领导,为了有效地说服同事或下属,应该敏锐地把握这种共同意识,以便求同存异,缩短与被劝说对象之间的心理差距,进而达到说服的目的。比如说,在电话中和下属聊一聊家庭、生活或是其他的话题,这样就不会让下属对领导有高高在上的感觉。

❊学会给长辈打贴心的问候电话

在现代社会的重压之下,人们每天都忙于工作而忽视了对父母或是长辈的问候,所以,电话问候,也就成了平日里和长辈沟通交流的主要方式之一。那么,给父母、长辈的问候电话应该怎么打呢?打电话中应该要注意哪些问题呢?

(1)不同时间可以用不同的问候语。问候语除了普遍的“您好”之外,还可以因时、因人、因地而变。早上10点以前,可以问声早安,10点到12点问声上午好,12点到14点问声中午好等。此外还可以说说家乡的问候语,以增加亲切感。你的一切言行必须发自内心,千万不要虚伪,要坦诚、直来直去。问候语不是主要的,根据对方情况的变化可随时采取不同内容和方式的问候。

(2)问候可以因对象不同而不同。如果是跟家里人打电话问候的话,可以不用拘泥于一板一眼的程序式的问候,而可以灵活多变的问候。但对于自己不太熟悉的长辈,问候的话语可就一定要注意了,不要随随便便,让人家感觉你没有教养。

(3)问候要先通报自己的姓名。给长辈打电话说完“您好”之后应该马上通报自己的姓名。因为,如果是对自己不熟悉的长辈,对方会一时反应不过来,或许还会给对方造成困扰,对方可能不好意思问“你是哪位”,这就会让自己很难堪了。

(4)问候要注意语气、声调。电话交流时,双方都看不到对方的表情,唯

一交流的途径是听觉。因此问候时首先要语气适当、声调适度、咬字清晰，是说方言还是普通话，也要视情况而定。过快过慢的语速、大声或者有气无力的问候，都会让长辈产生不良感觉，给长辈留下不好的印象。

(5)问候的话题要灵活。根据长辈的年龄，年纪大一点的，可以问候身体、生活或他们的子女情况，希望他们保重身体，不要太操劳。一般年纪的，可以聊共同的话题，如工作情况，可以请教一些生活中的问题等。

❊甜蜜有道，情侣间打电话也要注意

情侣之间总想每时每刻在一起，但这总是不能如愿的。于是，打电话就成了情侣之间一种主要的交流沟通方式。可是有些情侣在打电话的时候却总是闹得两个人之间很不愉快，这就是两人没有掌握好电话沟通需要注意的方法和技巧。

丹丹一遇到烦心事或者是情绪不好的时候就打电话给男朋友小刚倾诉，而小刚却总是说这么小的事情没必要影响情绪，还经常说丹丹做事没有逻辑，才会让自己不开心。这样几次电话下来之后，丹丹已经觉得两个人不能沟通了，甚至想到要分手。另一方面，小刚也觉得似乎丹丹总是不停地在电话中倾诉，把烦心事说给他听，而自己却根本插不上嘴。

打电话时，双方不能互相看到对方，这就需要另一方通过猜测来判断对方的意图，尤其是在情侣之间，如果一方对另一方的猜测判断稍微有一点失误，后果可能就是不堪设想的。那么，情侣之间打电话的时候需要注意哪些事项呢？

(1)有些人为显示自己有学问，常常说些很难让对方听懂的话，这样不但会让人感到讨厌，也会使人扫兴。与其这样，倒不如用自己的语言，坦率地按自己想的去说，这样的人往往更具有魅力。

(2)如果觉得打电话怎么也找不出话题时，那就找一个好的替代方法，毕竟是自己喜欢的人，多说说对方的优点或是多赞美一下对方，这样，用不加修饰的语言，对方一定会高兴。不要总是在电话中牢骚满腹。

(3) 在自己要好的朋友面前故意暴粗口，可能不会觉得有什么，但是在情侣之间最好就不要这样做了，而是要用谦逊尊敬的语言来和对方交谈。

同时要注意，男性语气不要太自以为是，女性不要总用质疑的语气来交谈等。

与普通异性朋友通话要掌握好尺度

与异性朋友之间打电话的时候，不可能像同性朋友那样可以天南海北地聊，即使有时候想开玩笑也得衡量一下，这样的玩笑会不会过头，或是这样的话会不会引起他（她）的反感等。这就需要我们在与异性朋友打电话的时候，注意掌握好一个说话的尺度。

（1）要懂得主动引出话题。即使关系再好的异性朋友之间，也不能肆无忌惮乱说一气，一个话题在两个人之间翻来覆去地说，总会感觉乏味的。这就要求在与异性朋友交往中懂得引出话题，自然而然地从一个话题过渡到另一个话题。

（2）采用自然而然的交谈方式。和异性打电话交流，有些人说话扭扭捏捏、婆婆妈妈，其实比较受欢迎的做法是自然轻松地与对方交谈，这样才能不令对方反感或尴尬。这种亲切自然的交往方式会使对方对你解除警戒而不设防，为双方的交往开启成功之门。

（3）不要触及敏感区。不管是什么时候打电话，对于异性之间的敏感话题最好不要谈论，也不要提及。如对于女士，不要问她年龄、婚姻及薪水情况，可以先问一问她的父母、家人、学历、工作等情况。切不可初次见面就问“你丈夫在什么单位工作”，“你同丈夫感情还好吗”一类让人反感的话。

（4）赞扬要适当。谁都喜欢听赞扬的话，但赞扬不可太露骨，要含蓄一些，异性之间的交谈，也要注意适当地赞扬对方，但不能太夸张，让对方听着有讥讽的意味。尤其是对那些内向性格的女性，不可直言赞扬，而应委婉地表达。否则你会被认为虚浮、轻佻。

求职巧言:会说话就有竞争力

面对公司的主考官,在众多的求职者当中脱颖而出,这是每个求职者都梦寐以求的。走进面试考场,你应尽量放松自己,表情自然,面带微笑,给人以真诚、亲切的良好印象。面试之前,你要事先把自己想展示的内容整理好,以便用简练的语言,把自己的意图有条理地传达给面试官。同时,你还要考虑好如何回答对方可能向自己提出的问题,也要准备好如何向对方发问。这样,才不会使自己在面试场上陷于被动。

❊想推销自己，先作好自我介绍

在求职面试的时候，一个好的自我介绍可以帮助自己取得事半功倍的效果。在自我介绍时要调适好自己的情绪，介绍自己经历中的成绩与荣誉时，要注意口气，并巧妙地表露出来，不要显示出自我吹嘘的痕迹，给人以自信、谦逊、不卑不亢的印象。这样才能让自己的面试更具有竞争力。

小芳去南方某媒体应聘，面试在一个大的办公室内进行，五人一小组，围绕话题自由讨论。面试官要求每位应聘者先作自我介绍，小芳早作了准备，将大学四年里所干的事写了一段话，还作了一些修饰，注重韵脚，听起来有些押韵。小芳的介绍极流利，但美中不足是给人一种背诵的感觉。

在求职过程中不要一味地按照传统的自我介绍方式，介绍自己如何如何，这会显得十分空洞而不实在。不妨打破常规，从其他角度出发，说不定会有出其不意的效果。那么，在介绍自己的基本情况时，如何才能更有效地把自己推销出去呢？

(1) 自我介绍时，要突出个人的优点和特长，可以使用一些小技巧，如可以介绍自己做过什么项目来证明自己具有某种能力，也可以适当引用别人的话，如老师、朋友等的评论来支持自己的描述。但切记不要自吹自擂。

(2) 面试的时候，如果觉得自己没有特别突出的方面，但可以说说对于应聘的岗位的看法，要不然你为什么应聘这个岗位，而不是其他的岗位呢？这时，你可以说："我非常喜欢这个专业，并且在学校上学期间，对专业学习投入了很大的精力，也希望从事与专业相关的工作。"

(3)有些应聘者试图将自己的全部经历在这短短的几分钟内说清楚，这是很困难的。合理地安排自我介绍的时间，突出重点才是首先要考虑的问题。比如，可用一分钟谈谈学历等个人基本情况，第二分钟可谈谈工作经历，对于应届毕业生而言可谈相关的社会实践，然后再用一分钟谈谈对本职位的理解和对本行业的看法等。

❈面对不同类型的考官该如何应对

在面试场上，常常会碰到各种不同类型的面试官，如果我们不懂得变通，只是机械地用一种方式和这些面试官交流的话，就有可能导致面试失败。所以，你得练就“见什么人，说什么话”的功夫，面试官类型不同，应对的方法也应当因人而异。那么，如何应对不同类型的面试官呢？

(1)面对年轻气盛的面试官，尽量表现出自己真实、精彩的一面。这一类型的面试官大多看上去年轻有为、意气风发，他们最大的特点就是善谈，肢体语言丰富，面试时想法随意。对付这样的人，你最好的“武器”就是尽量表现出自己真实和精彩的一面。

(2)面对老成持重的面试官，见好就收，不要夸夸其谈。这一类型的面试官往往对我们所谈的某一领域不太擅长，这时候，我们适当地围绕某个问题发挥一两句就行了，不要多此一味地夸夸其谈，让对方觉得很没有面子，要是碰上度量小的面试官，直接就把你从名单里划除了。

(3)面对外表和善的面试官，不要得意忘形地自吹自擂。这一类型的面试官大多给我们留下的第一印象很好，如见你时亲切地微笑，还告诉你不要紧张，慢慢说等。这时候，不要天真地认为面试官也对你印象很好，其实他们只是给你一个宽松的氛围，看看你是不是在这种氛围下会说话得意忘形。

(4)面对尖刻挑剔的面试官，要有耐心。这一类型的面试官往往对面试者回答出的每一个问题都持否定的态度，总会和你抬杠，如明明你回答的问题是正确的，可人家就是会说你是错误的。面对这样的面试官，你大可不必拔腿就走，因为对方其实就是想看看你是否有耐心，只要你耐心坐得住，面试很可能会成功的。

(5)面对创业型企业的面试官，学会倾听。在面试官中还会有这样的一种人，他们下意识地在面试者面前推销自己、公司和未来的远景，这一类的人通常是创业型的企业主。面对这样的人，你就要注意倾听，并适当地向对方提出问题，在此基础上根据自己的职业偏好判断是否适合这一类型的企业。

❊坦荡大方，面试时勇敢把话说出口

初次面试的年轻人，可能会因为觉得自己口才不好，总是担心说错话，所以不敢主动地开口说话，让害羞和胆怯的心理时刻压抑着自己，导致自己无形中失去很多好机会。所以，勇敢地说出你心中的想法，也是面试过程中非常重要的一个环节。

小慧去一家大型企业面试，在临近结束的时候，与其他面试者不同的是，她没有像惯例一样说声“谢谢”，然后故作镇静地走开，而是出其不意地问道：“你能给我个工作机会吗？”本来面试官们觉得小慧还欠缺点什么，听小慧这么一问，面试官们倒是不好意思拒绝她了。于是，小慧面试成功。

有的面试者说话顾忌其他，生怕自己说出来的话面试官不乐意听，所以，本来自己心里的想法是十分好的，但就是因为没有勇气说出来，而让面试官觉得自己说话没有水准。那么，在面试过程中如何勇敢地把自己想要表达的意思说出来呢？

(1)不要认为“谦虚”的态度是一种美德，在面试过程中，过度的谦虚就是一种不自信的表现。说话畏首畏尾，很容易让面试官看出你的不自信来。所以，与其吞吞吐吐、拐弯抹角地说话，不如勇敢自信地说出自己心中的真实想法，大不了被对方拒绝。

(2)还有一些人不敢在面试中勇敢说话的原因就是害怕谈起自己的缺点，尤其是女性，被别人提到自身的缺点或是不愿触及的问题时，常会不由自主地打住话头不敢说话。其实与其遮遮掩掩，不如勇敢地将自己的缺点说出来，以便面试官更好地了解自己。

(3)事实证明，一个人对某一件事情越是过分注重，行为上就越是放不开手脚。面试也是这样，害怕自己面试不成功，越是害怕，就会越不敢说话，那么最终也就真的不成功了。其实，不要把它看作什么大不了的事情，顺其自然，该做什么事就去做什么事，该说什么话就放心大胆地说出来，这样反而会提高成功的几率。

❊新鲜的话语让你一下子"亮"起来

在面试过程中，最忌讳的就是说话平淡无奇，没有吸引力，不能够吸引面试官的注意力。而一个成功的面试者则应该懂得如何运用新鲜的话语，一下子牢牢抓住面试官的心理。那么，在面试过程中如何才能让自己的话语出新、出彩，让自己一下子"亮"起来呢？

(1)积极主动发言，给人眼前一亮。面试时，做一个勇敢的"破冰者"，打破鸦雀无声的考场。不要坐等面试官向你发问，否则你就会显得很被动。首先开口说话引导讨论或抢先亮出自己的观点，不仅可以给面试官留下深刻的印象，而且还可能引导其他面试者的思想和见解，让其他面试者顺着自己的思路走，这样就会显得自己与众不同。

(2)有理不在声高，话语说到点子上。面试过程中无论何时发言，都要摆事实，讲道理，和风细雨滋润心田，潜移默化影响他人，而不是得理不饶人，揪住一点小问题去攻击他人。面试过程中不是谁的嗓门大谁就得高分，夸夸其谈，不着边际的胡言乱语，只会在大庭广众中出丑。而是在于我们回答问题的观点要新颖，论证严密，有的放矢，这样可以起到一鸣惊人的效果。

(3)谈现在，不要老谈过去。面试中有人老是喜欢谈自己过去的辉煌业绩，想博得面试官的好感，这样的人往往会得不偿失。如果你半天也谈不到和应聘公司相关的内容，面试官一定会心存疑问：这个人到底是来干什么的？当然，也不要表现得太保守，如果你自己都不愿展示，怎么叫别人发现你的优势呢？

(4)论据要充足，态度要端正。即使与其他考生的观点相同时，也要充分论证自己的论据，补充他人发言的不足，而不是简单地随声附和。当其他考生发言时，应该用目光注视对方，认真倾听，仔细记录，不要有下意识的小动作，更不要显示出不屑一顾的表情，这样会显得你不尊重对方，而被考官认为是涵养不够。对于别人的不同意见，不要感情用事，怒形于色，言语措辞也不要风言风语，保持冷静可以使自己头脑清晰，思维敏捷，更利于你分析对方的观点，阐明自己的见解。

❀巧言回答面试中的难题

人与人交往时总会不时碰到困难或尴尬的情况，即使你很小心防备，也难保不出状况，尤其是在面试这种重要而气氛又紧张的场合，这类情况更容易出现。应聘者若不能镇静自如、沉着应对，往往会影响自己的整个面试表现，甚至因此而前功尽弃，导致面试失败。

面试过程千变万化，这需要面试者除了具有各方面的素质和积极的性格特征之外，还必须具有较强的应变能力。主考官除了就应聘者目前的工作、所应聘的职位等方面提出问题以外，还可能问及一些令人措手不及、意想不到的问题。那么当出现这些令人意想不到的问题的时候，该如何应对呢？

（1）如果自己有缺点，最好的办法就是坦然地承认它。为自己的缺点找足理由也无济于事，重要的是如何使别人在感情上认同你谈及自身缺点的态度。如面试官问："你为什么留级过一年呢？"你该怎么回答呢？可以这样回答："我也觉得留级一年很不应该，当时我担任社团的负责人，全身心投入到社团活动中，反而忽略了自己的成绩，等我察觉到这个错误时，我已经留级了。"

（2）有时候面对面试官的尴尬问题，你可以既不掩饰回避也不直截了当，而是联系大学生的共同弱点（缺乏实践经验、社会阅历较浅等），结合本专业的发展趋势及个性中的缺憾等，讲讲自己正在克服和能够改正的弱点，谈谈理想与现实中的差距。

（3）在任何面试情形下，动怒或失礼都非明智之举，因为即使你只对其中一位面试官无礼，也常会让其他面试官反感，而使你错失获选机会。而且"山不转水转"，你不知道日后还会不会跟这个机构或这些人来往。

❀敏感问题正是在考验你的智慧

通常，面试前期是主试人对应试者的性格、素质等方面进行考察，如果能得到主试人的欣赏的话，会使面试的内容向纵向发展，进入双方都非常关

心的实质性问题阶段，如薪水待遇、异性朋友、跳槽等敏感问题。那么，面对这些敏感问题该如何回答呢？

(1)有理有据，不卑不亢。例如，在谈到薪水的问题的时候，如果你应聘的是公务员，这个问题回答起来相对容易，你可申明薪酬待遇按照国家的有关政策和单位的相关制度规定处理就可以了。但如果你应聘的是一家企事业单位，如果你仓促回答，随便说一个数目，可能就会吃亏：一方面会令主考官觉得你不认真，或者不了解“行情”，太脱离现实；另一方面可能让你失去争取较高薪酬的机会。

(2)巧妙回避自己的私生活问题。当主试人提出“你交过女朋友吗”或“你有男朋友吗”或“大学期间你恋爱过吗”等有关问题时，使你觉得被冒犯且与工作无关时，可以有礼貌地请问为何要提出此问题，或委婉地回答：“很抱歉，我不知道这个问题与我所应聘的工作有何关系，是否能等到我已进入贵公司工作后，再来谈论私人问题”，但千万别说“怎么问这么不礼貌的问题啊”，毕竟对方将来有可能成为你的顶头上司，若因此而触犯了主考官，不但可能丧失掉一个工作机会，而且即使被录取，恐怕日后相处也会有所不便。

(3)明谈缺点，实论优点。这就好像是说“我虽然有点笨，但是我更忠于职守”等，既体现了谦逊好学的美德，也正面回答了这一难题。在面试中更需要理智式的交往，即使面试官提出不适合的问题，也不要幼稚冲动。一个人有缺点并不可怕，可怕的是不敢承认它、改正它，反而强词夺理。从辩证的角度看，缺点与优点是相互转化的，前提是正确地认识缺点，实实在在地改正缺点。“横看成岭侧成峰”，对缺点本身来讲，有些“缺点”对某种工作来说恰恰是优点；对有缺点的人来说，坦然承认，会使消极评价转化为积极评价。

沉着淡定，变通的语言助你成功

面试场上面试者的语言表达艺术标志着面试者的成熟程度和综合素养，一个急躁冒失、不懂得灵活变通的面试者，注定会被淘汰。所以一个面试者为了能在最短的时间内成功地将自己推销出去，最好就是要沉着淡定，运用灵活的语言来帮助自己成功。那么，如何在面试场上灵活运用语言呢？

(1)回答问题应三思。面试场上,考官们经常采用的一个基本策略就是尽量让应试者多讲话,目的在于从侧面来了解面试者的情况。俗话说"言多必失",说的就是这个道理,面试者为打破冷场会一直说下去,这样做是不明智的,其结果吃亏的往往是自己。

(2)稳定自己的情绪,沉着而理智。有时,面试官会冷不防地提出一个应试者意想不到的问题,目的是想试试应试者的应变能力和处事能力。这时,你需要的是稳定情绪,千万不可乱了方寸。某小姐过关斩将,各方面的条件都符合招聘单位的要求,正当单位欲拍板录用她时,一名面试官问道:"小姐,如果你接待的客人要你陪他跳舞,你不想跳,但不跳又不行,你会怎么办?"没想到考官的语音刚落,那小姐当即涨红了脸,对着招聘人员愤怒地说:"你们是什么鬼单位,竟然在这里摆摊招舞女!"说完,连求职材料也未取回就气呼呼地扬长而去。其实那家公司是一个很正派、很有声望的企业。

(3)给自己的话留足进退的余地,随机而应变。面试当中,对那些需要从几个方面来加以阐述,或者"圈套"式的问题,应试者要注意运用灵活的语言表达技巧,不要一开始就把话讲死。否则,很容易将自己置于尴尬境地或陷入"圈套"之中。当考官提出"你认为应抓住几个要点"之类的问题时,你的应答最好这样开头:"我认为这个问题应抓住以下几个要点……"给自己留有后路。

重视最后的提问,避免落入面试"圈套"

在经过谨慎而紧张的面试后,应聘单位有时会在最后快要结束时,以一种看似自然而又礼貌的口气询问面试者还有什么问题,这时你就要千万注意了。其实这也是一个面试的问题,也可能是一个圈套,对这个问题的回答更是大有讲究。

小张去一家大型企业面试,在即将结束面试的时候,面试官向小张说道:"今天的面试就到这里了,不知您还有没有其他问题要问?"在以往的面试中小张都会条件反射性地回答对方自己"没问题"了。这一次小张没有这样说,而是问道:"贵公司对刚才谈到的这项职务的期望目标是什么?"面试

官一听反倒是不好意思拒绝小张了。

作为求职者肯定都会为一场即将到来的面试苦心准备一番，但其中却有不少人在面试结束后却依旧“死得不明不白”。其实这其中的很大一部分人都倒在面试最后5分钟的关键时刻。那么，如何在面试的最后关头向面试官提问呢？

(1)请不要在最后的提问中谈论薪水。尽管很多人都知道“初次面试不要谈薪水”的问题，但有的人还是喜欢在这个时候向面试官提出关于薪水的问题。甚至有人扬言“生活压力太大，不到多少多少月薪我不考虑”。殊不知，在面试中过早提出薪酬要求，反而会坐失良机。

(2)不要高估自己的能力。一个面试者向面试官这样提问：“听说贵公司遭受金融危机的打击较深，这一季度公布的财报不是很好，请问公司有什么对策？”面试官只能用标准的公关辞令回避了这些问题。你应聘的也许只是公司中一个小小的职员，而不是公司的高管，所以，对于这样层面的问题就不要涉及了。

(3)有人在面试结束前会谦虚地请教面试官：“您认为我今天的表现如何？录取的概率有多大？”通常，这个问题会让对方认为，你对这份工作抱有很大的决心和企图心；而你也可以试着从对方的回答中，约略猜测出自己成功的概率有多大，并且作为下次面试时表现的参考。

❀教你将语言陷阱变成语言天梯

在面试交谈过程中，面试考官为了保证最优秀的人被选中，有时会在面试中设置种种语言陷阱，以探测你的智慧、性格、应变能力和心理承受能力。应聘者只有注意这样的语言陷阱，才能小心巧妙地绕开它，不至于轻易落选。那么，怎样才能够跨过面试官的语言陷阱呢？

(1)不要轻易被面试官激怒。有些面试官的提问往往会用怀疑、尖锐、咄咄逼人的方式，先令对方心理防线步步溃退，然后冷不防用一个明显不友好的发问激怒对方。

(2)不要被面试官诱导。面试官往往设定一个特定的背景条件，诱导对方作出错误的回答，当出现这种情况的时候，你就需要用模糊语言来回答

了。例如,面试官会问:“依你现在的水平,恐怕能找到比我们企业更好的公司吧?”对这类问题可以先用“不可一概而论”作为开头,然后回答:“或许我能找到比贵公司更好的企业,但别的企业或许在人才培养方面不如贵公司重视……”从而避开面试官的诱导。

(3)避开挑战式的言语。碰到这样的问题,有的应考者常会不由自主地摆出防御姿态,甚至狠狠反击对方。这样做,只会误入过分自信的陷阱,招致“狂妄自大”的评价。而最好的回答方式应该是,既不掩饰回避,也不要太直截了当,用“明谈缺点实论优点”的方式巧妙地绕过去。例如,面试官会问你:“你的成绩好像不太出众哦,你怎么证明自己的学习能力呢?”你可以回答:“除了学习,我还有其他活动。不是只有成绩才能反映人的学习能力的。其实我的专业课学得都相当不错……”从而避免陷入陷阱。

吸引他人目光,推荐自己有技巧

面试过程中推荐自己必须先从引起别人注意开始,如果别人不在意你的存在,那就谈不上推荐自己。所以,就要懂得一些推荐自己的方法和技巧,展示出你和别的求职者不一样的东西。

小孟去参加某大型国企的校园招聘会,可是每一位应聘者与面试官只有几分钟的交谈时间,如何在这么短的时间里,把自己更好地介绍给面试官,进入下一轮呢?小孟放弃了常规的介绍,而是着重给面试官介绍自己完成的一个项目,他还引用了导师的评价作为佐证。这样立刻在面试官的脑海中留下了很深的印象。

所以在面试过程中,通过借助一些必要的技巧来推荐自己,有时候可以取得事半功倍的良好效果,从而让自己面试成功。那么,在面试过程中如何掌握一些推荐自己的技巧呢?

(1)在推荐自己的时候,注重的应该是对方的需要和感受,并根据他们的需要和感受说服对方,被对方接受。这需要求职者在面试前做好准备工作,对所应聘岗位的需求以及自己的能力有清晰的了解。接下来在推荐自己的过程中,就可以抓住需求,成功吸引面试官的注意。

(2)你可以利用履历表来增强面试官对自己综合能力的评估。但是履

历表应实事求是，简明扼要，切忌言过其实，同时还要注意字迹要端正、清楚，千万不要龙飞凤舞。否则，对方连阅读都困难，更别说对你感兴趣了。

(3)面对面试官推荐自己时，应注意和遵守下面法则：依据面谈的对象、内容做好准备工作；语言表达自如，要大胆说话，克服心理障碍；掌握适当的时机，包括摸清情况、观察表情、分析心理、随机应变等。

补救有道，令你在面试中反败为胜

在面试现场由于紧张，甚至是恐惧心理，每个面试者都难免出错。而错误的出现，又会加剧紧张情绪，导致接下来的面试效果越来越差，最终可能连说话都语无伦次了。那么，面试现场出错时应该如何反败为胜呢？

(1)毫无掩饰地加以纠正。意识到错了，就要诚实地加以纠正，不要为了顾及面子而对错误遮遮掩掩。最好的办法就是按正确的讲法再讲一遍。诸如语句不通、词不达意、口误等，只要很自然地加以纠正，就会得到考官的理解。

(2)自圆其说。面试者察觉自己说错了，如果能够针对自己的失误，进行一番合乎情理的阐释，只要能够自圆其说，也不失为一种补救的办法。例如，当面试官问到对大学生当保姆等现象的认识，在回答时，面试者本来想好要重点谈大学生就业观念的改变，就业环境的变化，就业压力的增大等方面的问题，但回答时一开口就说是人才的浪费，自己发觉说错了，也不必紧张，就把人才浪费作为重点阐述，其他观点作为一般论述，自圆其说，效果也不会太差。

(3)迅速地补救。在问答时，如果说错了话，有时可以采用调整语意，改换语气等方式予以补救。只要反应敏捷，应变及时，就可以收到不露痕迹的纠错效果。如列举了一系列腐败现象后，面试者想好要说的是“我们决不允许这种现象存在下去”，结果说成“我们允许这种现象存在”。此时如果直接承认自己说错了，把正确的再说一遍，效果并不好。这种情况下，续错成正是最好的选择，考生可以接着“我们允许这种现象存在”说下去，“就是对人民的犯罪”。这样续接补救，可谓顺理成章，天衣无缝。

(4)沉着镇定地应变。面试中说错话，明智的应对办法是保持镇静，假

如说错的话无碍大局，也没有得罪人，可以若无其事，专心继续应对。切不可耿耿于怀，因为一个单位不会因为一次小错误而放过合适的人才。

❋揣测面试官心理，给其留下深刻印象

如果面试的过程一直是面试官问你什么你就回答什么，你就很难凸显自己的能力。那么，即使你有滔滔不绝的口才，效果恐怕也会大打折扣。相反，一个真正具有好口才的面试者懂得即使用很少的话，也能让面试官点头称赞。

一位求职者到一家大公司应聘管理人员，主考官问："请问，一加一是多少？"应试者思索片刻，出其不意地反问主考官："请问，您说的是哪种场合下的一加一？如果是团队精神，那么一加一大于二。如果是单枪匹马，那么一加一小于二。所以，一加一是多少，要看您想要多少了。"由于应试者采取了求异思维的非常规应对方式，所以在众多求职者中，他最终脱颖而出。

一个成功的面试者懂得如何牢牢抓住面试官的心理，从而取得面试官的肯定，赢得成功。那么，如何才能在面试过程中具有让面试官对你留下深刻印象呢？

(1)首先要从各个渠道收集该公司的信息。或浏览他们的网页，或阅读有关的各类报道，对其企业文化、经营哲学、财务状况等做到心中有数，并知晓该公司最近有何热点话题。其次还要争取对面试官姓甚名谁、在公司的职位和角色有所了解。如果面试当天你能熟练地称呼考官，并恰当地透露你对公司的了解和看法，想必会给面试官留下深刻的印象。

(2)以下问题在面试中常会遇到，你不妨提前备好答案：你如何进行自我介绍？为什么对这个职位感兴趣？你的职业目标是什么？你的优点和缺点是什么？为什么你觉得自己能胜任这个工作？以前的同事是如何评价你的？为什么要辞去上一份的工作？等等。

(3)另外你可以在面试过程中给面试官呈上一份展现以往业绩的作品集，这能让你的能力显得有根有据。最后，面试结束之后，别忘了给面试官发一封电子邮件，以致谢意。

第22章

领导口才:说话稳当,位子才稳当

纵观古今中外的政治家、军事家、外交家、社会活动家,无一例外都是思维敏捷、口齿伶俐、善于表达的语言大师。领导者肩负着制订执行本公司、本部门的发展决策,率领部属和群众,实现既定的宏伟目标这一重任。领导者的意图、意志、指标体系、工作措施和手段,均离不开高超的语言表达才能。所以笨嘴拙舌的人当不好称职的领导,是情理之中的。因此,在如今的文明社会,一个成功的领导,也是一个能驾驭语言,改变自己,并影响下属的一个人。

❀口才不好难以成为好领导

领导要具有良好的口才才能得心应手地处理各种问题,包括企业与社会之间的关系,企业与员工之间的关系等。具有好的口才,才能成就事业上的成功。那么,作为一个成功的领导要具有哪些好口才呢?

(1)领导说话不要引起听话人的厌烦,如果你在说话中,不管听者的情绪或反应如何,只是一个劲地提到我如何如何,那么必然会引起对方的厌烦与反感。谈话要随时注意听者的态度与反应,总以自我为中心,必然招致别人反感。

(2)身为一名领导,想要练就出色的口才首先就必须具备同样优秀的内在素质。具有良好的品德,做人必须要既有原则性又有灵活性,才能让口才成就自己的成功。

(3)领导的学识越广,他的自身素质就越高,领导的口才和交际能力也就越有扎实可靠的根底。作为一名领导,要想拥有良好的口才,首先要提高自己的文化知识和文化素养。

(4)领导的语言要表达的目标要清晰。即使有时候需要你的表达方式要含蓄隐晦,但一定要给下属一个清楚的目标。不能含糊不清,指令不明,这样会令下属难以判断,无法很好地完成任务。

❀高效沟通,与下属交谈需要技巧

领导与下属交谈,就是领导与下属之间在思想、意见、感情、认识问题等方面交流的过程,通过相互作用,达到共同进步的目的。良好的交谈能够使得领导与下属之间达成决策共识、建立相互信任、促进彼此感情、形成团队合力、提高落实效率。那么,领导在与下属交谈的时候,需要注意哪些技巧呢?

(1)要创造一个融洽的交谈气氛。领导和下属之间相互交流要以“融洽”作为前提。冷酷、缺乏热情而充满敌意的交谈气氛绝不会达到出满意的

效果来。因此，积极创造融洽的交谈气氛，是交谈能否开展和进行的一个重要环节。

(2)对下属要真诚。赞美部下必须真诚。真诚，是人际沟通中最重要的润滑剂。有专家曾说过：“大多数人选择朋友都是以对方是否出于真诚而决定的。”如果你在与下属交往时不真心诚意，那么要与他建立良好的人际关系是不可能的。

(3)话题要从大处着眼，小处入手。和部下交谈，不必从很有深度的话题入手，因为谈及的问题如果太大、太空，容易使人生厌，或者给人以夸夸其谈、装腔作势的感觉。因此，成功的领导在同下属谈话时，总是从身边的小事入手，寓大道理于小事情之中。要做到这一点，应遵循以下两个原则：一是就事论事，不要谈大道理；二是不戴帽子、打棍子。

(4)要善于启发下属讲话。谈话所要交流的是反映真实情况的信息，但是，有的下属出于某种动机，谈话时弄虚作假，见风使舵；有的则有所顾忌，言不由衷，这都使谈话失去意义。为此，领导者一定要克服专制、蛮横的作风，要以坦率、诚恳、求实的态度，并且尽可能在谈话过程中了解到自己想要的真实情况，而并不是奉承、文饰的话。

适时赞美下属，会有意想不到的收获

实践经验和相关研究都已表明，赞扬是领导激励下属的最好的方式之一。如果领导者能够充分地运用赞扬来表达自己对下属的关心和信任，就能有效地提高下属的工作效率。因为，领导的赞美就是对下属的肯定，领导的赞美就意味着下属是出色的，有升职、加薪的可能性。

某大型公司有一位清洁工，但就是这样一个不被人重视的人，却在一天晚上，在公司保险箱被窃时，与小偷进行了殊死搏斗。事后，有人问他动机时，他告诉大家，因为公司的总经理每次从他身旁经过时，总会不时地赞美他：“你扫的地真干净。”就这么一句简简单单的话，使这位员工受到了感动，并在关键时刻挺身而出。

赞美是人际交往中最美的语言，它能让说者增光，听者得意。那么，领导应该怎样适当地赞美下属呢？

(1)赞扬要依据具体的事实评价,除了用广泛的用语如:“你很棒!”“你表现得很好!”“你不错!”最好要加上具体事实的评价。例如:“你的调查报告中关于技术服务人员提升服务品质的建议,是一个能解决目前问题的好方法,谢谢你提出对公司这么有用的办法。”

(2)在众人面前赞扬部下,对被赞扬的员工而言,当然受到的鼓励是很大的,这是一个赞扬部下的好方式。但是采用这种方式时要特别慎重,因为被赞扬者的表现若不能得到大家客观的认同,其他部下难免会有不满的情绪。因此,公开赞扬的人最好是能被大家认同及公正评价的人。

(3)借第三者的话来赞美对方,这样比直接赞美对方的效果往往要好。比如,你见到你下属的业务员,对他说:“前两天我和刘总经理谈起你,他很欣赏你接待客户的方法……”无论事实是否真的如此,反正你的业务员是不会去调查是否属实的,但他对你的感激肯定会超乎你的想象。总之,恰当地赞美下属,会让下属有工作中的激情,同时也会改善领导与下属的人际关系。

与下属亲切交谈,营造工作好氛围

下属对领导总是充满着敬畏之情,这在有些时候,反而不利于团队之间的团结或是工作交流。一个善于驾驭下属的领导懂得如何与下属交谈,不仅仅是赞扬的话,就是批评下属的话也会说得让下属乐于接受,从而营造出一种良好的工作氛围。那么,领导如何交谈,才能营造出良好的工作氛围呢?

(1)充分尊重你的下属。在一个团队中,领导无疑占有绝对的权威地位,这时候,领导就应该注意了,在说话的过程中要充分尊重你的下属。温丝莱特是一家卡车经销商的服务经理。她公司一个工人的工作成绩每况愈下。温丝莱特说:“比尔,你是个很棒的技工。你修的车子也很令顾客满意。可是最近,你完成一件工作所需的时间却增加了,而且你的质量也比不上以前的水准。我想你一定知道,我对这种情况不太满意。也许我们可以一起来想个办法改进这个问题。”比尔回答说,他并不知道他没有尽好他的职责,并向他的上司保证,他以后一定会改进。

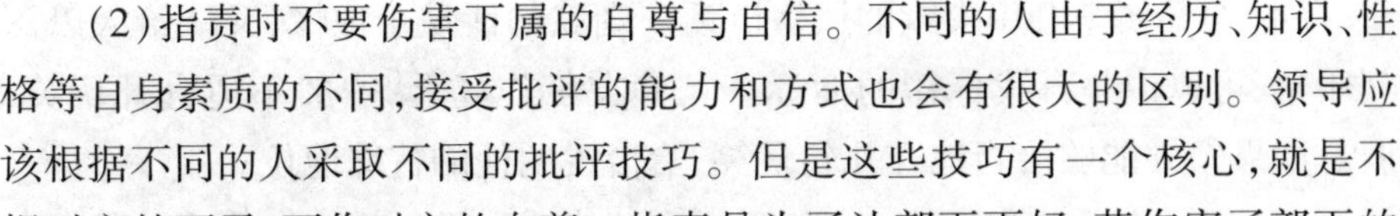

(2)指责时不要伤害下属的自尊与自信。不同的人由于经历、知识、性格等自身素质的不同，接受批评的能力和方式也会有很大的区别。领导应该根据不同的人采取不同的批评技巧。但是这些技巧有一个核心，就是不损对方的面子，不伤对方的自尊。指责是为了让部下更好，若伤害了部下的自尊与自信，就会适得其反。

(3)语言幽默，轻松诙谐。领导想要营造一种好的工作氛围，就要善于抓住并利用一切谈话的机会。领导者与下属谈话时，语言幽默，轻松诙谐，营造一个和谐的交谈气氛和环境很重要。领导和下属谈话时，可以适当点缀些俏皮话、笑话、歇后语，从而取得良好的效果。只要使用得当，就能把抽象的道理讲得清楚明白、诙谐风趣，并会对下属产生一种吸引力，使下属愿意和领导交流。

言谈有风格，维护自己的领导威信

领导者在下属中的威信是由自己的言行树立起来的。一个没有主见、被人左右的领导必定无法得到下属的尊敬与服从。所以领导必须维护自己的威信，好的领导在与下属交谈时，应摆出兼收并蓄、取长补短、互相切磋、求同存异的姿态。那么，领导如何才能有效地维护自己的领导威信呢？

(1)领导者的威信可以在平时的说话中得以体现，对于自己权限范围内可以决定的事，要当机立断，明确“拍板”。比如，员工上班经常迟到早退，不听调配。对于这种违反纪律的行为就应果断教育、处罚。如果下属向领导请示某动员会议的布置及议程，领导认为没有问题，就可以用鼓励的委婉语调表示：“知道了，你看着办就行了。”这种表述既给了下属支持与鼓励，也给了下属行动的权力。

(2)领导说话首先要言简意赅、长话短说，因为作为领导，完全没有必要事事向下属解释清楚，句子说得短一些，不仅说起来轻松，听起来省力，吸引力也强。

(3)领导一定要最后出场讲话，说话时将重点放在后面，这样能显出所说的话的重要性。尤其中国人是最具有“重点置之于后”的心理因素的。所以领导不能抢着说话，越是最后说话越有权威。

(4)领导要学会用幽默的风格讲话。幽默的话易于记忆,又能给人以深刻印象,可以说是自我标榜的商标。尤其在工作场合,一般不适宜开玩笑,但是如果领导能够恰当地开几句玩笑,恰恰说明他的特殊地位。

(5)领导说话一定要有条理,要吐字清晰,语速适当。在说话时要坚定而自信,力度要适中,注视着对方的眼睛,这样才显示自己是充满自信和颇有能力的。如果讲话时眼睛不敢正视,会使下属觉得这个领导意志薄弱,容易支配。

领导做得到位,下属才肯对你说实话

很多人都有这样的经历,下属犯了错误,领导批评他,他还不主动承认,总会找这样或者那样的借口来搪塞。这样,久而久之,就会给工作带来很大的隐患。下属不对领导讲实话,就像一个大楼失去了根基,是很容易倒塌的,所以,领导要积极引导下属说实话,讲真话。

王美芳初中毕业辍学后在一家饭店当服务员,工作中她拾到一部顾客遗失在店内的手机,想悄悄地据为己有,因而对捡到手机的事拒不承认。于是领班张大姐对王美芳说:“美芳,你知道什么叫‘不劳而获’吗?”“不知道!”王美芳撅着嘴说。张大姐说:“你看,‘不劳而获’是不经过劳动而占有劳动果实,说得确切点是占有别人的劳动果实……”最后,通过讲道理、摆事实的方法使王美芳主动把手机上交了。

在社交中,领导经常会遇到需要下属开口说实情的时候,这个时候,领导不仅需要有好的口才,还需要有一个好的态度,耐心地启发、引导下属思考。那么,如何让自己的下属对自己说实话呢?

(1)俗话说,设身处地,将心比心,人同此心,心同此理。作为领导,在处理许多问题时,都要换位思考。如果不能说服下属,许多时候并不是没把道理讲清楚,而是由于领导者不替对方着想。

(2)推心置腹,动之以情,晓之以理。领导者用言谈征服下属,在很大程度上,可以说是情感的征服。只有善于运用情感技巧,以情感人,才能打动人心。感情是沟通的桥梁,要想说服别人,必须架起这座桥梁,才能到达对方的心理堡垒,征服别人。

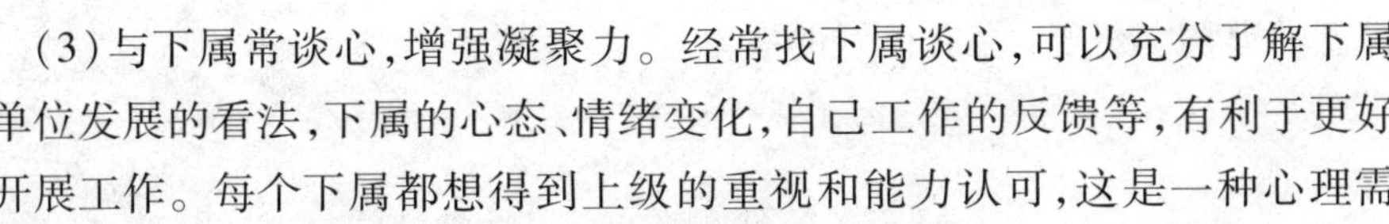

(3)与下属常谈心，增强凝聚力。经常找下属谈心，可以充分了解下属对单位发展的看法，下属的心态、情绪变化，自己工作的反馈等，有利于更好地开展工作。每个下属都想得到上级的重视和能力认可，这是一种心理需要，和下属经常谈谈心，对于形成群体凝聚力，促进公司发展，有着重要的意义。

犯错难免，领导该如何认错

古人云："人非圣贤，孰能无过？"所以，人在一生中都会或多或少、或轻或重地犯错误，无论愿意与否，做错事总是不可避免的。同样，身为领导也是如此，那么，领导犯错时该如何去应对呢？

(1)勇于承担责任。首先要有承担责任的诚心和勇气。勇于承担责任不仅不是一件丢脸的事情，反而更能体现一个人良好的人品与修养。"负荆请罪"的典故中，人们不仅佩服蔺相如的"有容乃大"，更佩服廉颇"有过则改"的勇气和"负荆"的真诚。其实作为领导也要有说"对不起"的勇气。

(2)勇于承认错误。凡是坚信自己一贯正确，发生争端总是武断地指责对方大错特错而自己从不认错、道歉的人，根本不能服众。领导认错不会丢脸，不会丧失威信，反而有利于维护其形象、提高威信。有错就承认并勇于主动承担责任的领导人，比自夸一贯正确，有错就把责任往下级身上推的领导人更有威信，更深得下级的信赖、拥护、爱戴。

(3)道歉语应当文明而规范。在一般场合，领导犯错时可以讲"对不起"，"很抱歉"，"失礼了"等。总之，诚心诚意的道歉，应语气温和、坦诚但不谦卑，目光友好地凝视对方，并多用礼貌词语。道歉的语言，以简洁为佳。只要基本态度已表明，对方也已通情达理地表示谅解，就切忌啰唆、重复。否则，对方不能不怀疑你是在"以小人之心，度君子之腹"，唯恐他人不谅解。

(4)巧于借物传情。领导者也应巧于借助外物表达心意。如果直接致歉不适宜，也不妨在适当时间打个电话或写封言辞诚恳的信，向对方表示歉意。当然，也可以请一位彼此都信任的人代为转达歉意。另外，一束鲜花、一件小礼物也可使前嫌冰释，这就是所谓的"此时无声胜有声"。这类借物

表意的道歉“物语”,会有极好的效果。

❁优秀的领导应掌握最佳的批评技巧

既然谁都有犯错的时候,那么,作为普通的一名下属,犯错误也就不可避免了。批评是一种领导必须掌握的强化手段,它与表扬是相辅相成的。不过,作为一个明智的领导,应该明白批评的同时应该尽量减少批评所产生的负面作用,减少下属对批评的抵触情绪,从而保证批评取得尽可能理想的效果。

李勇是一家建筑公司的安全检查员,每当发现有工人在工作时不戴安全帽,他便会用职位上的权威要求工人改正。其结果是,受指正的工人常显得不悦,而且等他一离开,就又把帽子拿掉。后来,李勇决定改变方式。他看见有工人不戴安全帽时,便问帽子是否戴起来不舒服,或是帽子尺寸是否不合适,并且用愉快的声调提醒工人戴安全帽的重要性,然后要求他们在工作时最好戴上。这样的效果果然比以前好得多,也没有工人显得不高兴了。

批评,是一件令人十分难为情的事情。批评的目的在于纠正对方的错误。所以,作为一个好领导,应该掌握批评下属的技巧。那么,领导应该如何去批评下属呢?

(1)对于今天该指责的事项,引用过去的事例是不恰当的。如果领导不懂这个道理,驾驭不了自己的情绪,喜欢揭旧伤疤,那么员工就会产生对你的逆反心理。

(2)领导批评下属,目的在于指出并纠正员工的过错和失误,或制止和修正下属违反团队规章制度的行为。批评的对象,是下属的行为,而不是下属的人格和品质。所以领导者要记住,作为一名管理者,训诫的是过错的行为,而不是有过错的人。

(3)不能在友好的气氛下结束的批评,不能算是真正的结束,应该在有了结论之后即刻结束批评。你可以莞尔一笑:“我知道你是信得过的人”或“我相信你能够抓住要领,请你好好干下去”,千万不要说“以后不可以再犯错”之类的话。

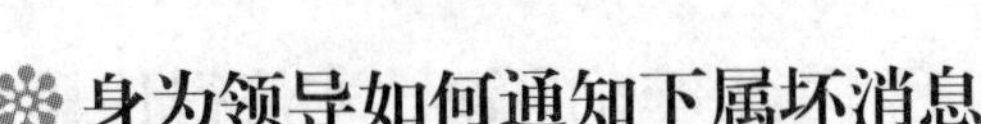

身为领导如何通知下属坏消息

有诸多原因使一些领导不愿让下属知道坏消息，有些领导则希望自己能够赶在公布消息之前，把问题解决掉。而许多领导对坏消息所抱的态度就是一条：避而不谈。其实这都是一些错误的方法，有时候当员工知道你故意隐瞒不好的消息的时候，情绪就会更加愤怒。那么，对于不好的消息该怎么和员工说呢？

(1)尽快通知员工。要尽快让员工知道坏消息，并且一定要让当事人比外人先知道。不要等到一切都明了之后再讲，因为还没等你把所有事情搞清楚，媒体就会把坏消息捅出去，而且小道消息也会不胫而走。不管有多坏的消息，你都应该懂得，作为领导要尽快把真实的消息通报给手下的人。

(2)毫无隐瞒地告知员工所有情况。首先向员工说明发生了什么以及如何发生的，但这还不够。你一定要提供以下方面的信息：公司为解决问题还想了其他哪些办法，最终作出的决定是什么，是通过什么流程作出决定的，是谁作出的决定，等。如果这一决定对员工有任何不利的影响，就一定要表示同情。

(3)切勿东躲西藏。很多时候，当员工正在消化坏消息时，公司领导却成了缩头乌龟，躲得无影无踪。其实在公司应对坏消息时，领导者绝对不能做隐身人。之所以要面对这些事情，只是因为你是领导。

(4)通过正常的途径向员工说明坏消息。即便公司不向员工透露坏消息，他们还是可以知道的。没有哪个员工会相信，公司传达的所有消息总是歌舞升平。一旦有什么坏消息，他们是可以通过各种渠道得知的，而在没有可靠信息来源的情况下，小道消息的传播功效将会大得多。所以这时候，领导就要站出来说话，确保员工听到的是真实可靠的消息，并借此机会增进你和员工之间已有的信任关系。

❈懂得倾听的领导才值得信赖

在单位中，领导为了能更好地与下属交流，做下属的贴心人，首先要懂得去倾听下属的心声。要想做一个永远让人信赖的领导人，倾听下属的想法是个最简单的方法。众所周知，最成功的领导，通常也是最佳的倾听者。那么，领导该如何去倾听下属心声呢？

（1）要避免先入为主的思想。领导先入为主地倾听，往往会扭曲说话者的本意，忽视或拒绝与自己不合的意见。因为这时领导不是从谈话者的立场出发来分析对方的讲话，而是按照自己的主观框框来听取对方的谈话。其结果往往是听到的信息变形地反映到自己的脑中，导致领导接受的信息不准确、判断失误，从而造成行为选择上的失误。所以必须克服先入为主的倾听做法，将讲话者的意思听全、听透。

（2）不轻视下属。这就是说领导在与下属谈话的时候，不能对下属的存在不屑一顾，或对下属的谈话充耳不闻，等等。在谈话中，这种轻视的做法有百害而无一益。因为这不仅表现了领导的心胸狭隘，更重要的是难以从别人的话中获得你所需要的信息，同时，轻视对方还会招致别人的敌意，甚至导致关系恶化。

（3）鉴别取舍。通常情况下，人们说话时是边说边想、想到哪儿说到哪儿，有时表达一个意思要绕着弯讲许多内容，根本谈不上什么重点突出。因此，领导就需要在用心倾听的基础上，鉴别传递过来的信息的真伪，去粗取精，去伪存真，这样即可抓住重点，收到良好的倾听效果。

（4）集中精力认真倾听。身为领导，必须注意时刻集中精力地倾听下属的讲话。用积极的态度去听，而不是消极地去听。在倾听时注视讲话者，主动地与讲话者进行目光接触，并做出相应的表情，以鼓励讲话者。比如，可扬一下头，或是微微一笑，或是赞同地点点头，抑或否定地摇摇头，也可不解地皱皱眉头等。

❁领导如何树立威信

没有威信的领导者，不可能在组织中起到领军作用。有些人，虽然担当了主管职务，但没有威信，员工对他的指令及要求视而不见。威信，可以说是领导身上的光环。失去了它，再有能力的领导在众人眼中也显得一无是处、暗淡无光。

小苏因为业绩突出，被总公司调往另一家分公司担任负责人。到达分公司的时候，一位副总告诉小苏说："小苏啊，你还年轻，在这里少说一点话，万一说错了，我怕大家不服你啊！有什么事尽管吩咐我，让我来应付。"所以，在公司，大小的事情都是由副总出面，小苏在公司说话反而不好使了。

一个领导要想树立起能让大家心悦诚服的威信，除了工作业绩突出之外，重要的一点就是要在平时的说话中能处处树立起自己的威信来。那么，作为一个领导该如何树立起自己的威信呢？

（1）"重承诺，轻兑现"这是造成许多领导威信下降的罪魁祸首。承诺是一把"双刃剑"，它既能激励人们的信心，也能打击人们的决心与勇气。因此把握好承诺与兑现的尺度，更好地树立自己的威信是每个领导的必修课。

（2）一个负责任的领导，一个守信用的领导，一个实事求是的领导，一个关爱下属的领导是必然能受到下属的爱戴和尊重的。所以领导必须注意自己的一言一行，谨言慎行，为自己树立良好的个人形象。

（3）作为领导，不能高高在上以致给人拒人千里之外的感觉；也不能与下属毫无保留，毫无位阶感。

（4）领导能力的强弱决定威信的高低，能力强的领导能维护好众人的团结，发挥出集体的战斗力，调动起众人积极性，处理好周围的关系，能使集体中的每个人佩服他、信任他，从而服从他。

（5）领导要以德立威，即要注重修心立德，注意非权力影响，力求品德高尚，言行平民化。良好的品德是职场的通行证，它能散发出一种自然的魅力，是一种让人在不知不觉中被影响的力量。

领导用话语让员工保持忠诚

员工的忠诚是企业发展的基石，对于企业来说弥足珍贵。忠诚的员工必然能在工作中释放他们的最大潜能，为企业创造更大的价值。那么，领导如何才能让员工保持对自己的忠诚呢？

（1）向自己的下属阐明企业的前景。领导要有一个明确的愿景，要让员工知道企业的明天是美好的，员工知道企业未来的目标就会信心十足地努力工作，就会对企业有认同感，就会把自己的前途和企业的未来联系起来。否则，要求员工对没有前途的企业忠诚也是不道德的。

（2）不要在言语上糊弄自己的下属。企业领导要想员工忠诚于企业，首先要自己忠诚于员工，这样才能赢得员工的信任。领导千万不要自作聪明，认为下属是可以糊弄和欺骗的，尤其是对企业的优秀员工，领导在言语上含糊其辞，就永远不会得到他们对企业的忠诚。

（3）让员工感受到自身的价值。领导要给员工展示才华的机会，这是令员工感受自身价值的途径之一，但更重要的是在他们做出成绩的时候给予充分的肯定与奖励。员工有了成功的经验，有助于他们树立积极工作的信心，同时产生对企业的忠诚。

（4）充分尊重员工的意见和建议。现代企业都有严密的内部分工、严明的组织纪律以及严格的规章制度，这些约束性的内容如果没有采纳员工的意见，那么领导就要通过公开场合作出相应的解释。这样才能体现出企业员工的主人翁地位。

员工忠诚度与企业的发展相当于基石和大厦的关系，一个有远见卓识的领导必须认识到这一点，并采取各种措施对其进行强化。

领导说话也应得体

所谓讲话得体，就是说话适时、适情、适势、适机，一切以适度、恰当为原则。言语在某种程度上可以反映出一个领导者的秉性、学识、修养。有些领

导认为自己说话粗野，是一种不拘小节的表现，岂不知这在无形之中失去了人心。那么，领导如何说话才算得体呢？

（1）讲话要分对象。不同的对象对同一句话会产生不同的反应，甚至会导致截然相反的结果。这就要求一个领导在接触不同年龄段、不同文化水平的下属时，要区别对待，不能千篇一律。否则，就有可能会适得其反。

（2）说话要有分寸。领导说话分寸拿捏得好，给周围的人感觉就是这是领导深思熟虑后的结果。

（3）说话要有策略。作为领导，在注意说话得体的同时，更要注意语言表达的策略性。同样一件事，此时此地对张三说，效果好；而彼时彼地对张三说，就不一定好。因此，领导说话要从实际情况出发，讲究策略性。

（4）说话要简短，不要拖泥带水。简洁精练的语言能增强语言的魅力，它是知识能力和思维能力高超的表现。语言简洁是一个人果断性格的表现，一位自信心很强的领导说话不会拖泥带水。但领导者说话简洁不等于简单，在许多情况下，要言不烦，一语中的，比起长篇大论要难上许多倍。

（5）直言与含蓄。有些人性格外露，这种人在与人相处时能以诚相待，不会心怀鬼胎。有些人有涵养，说话委婉、含蓄且留有余地，比较注意说话艺术，与人相处时能讨人喜欢。这两种人说话的格调各有所长，也各有所短。

总之，一个说话得体的领导必然是受到下属爱戴的领导，因而也就能通过这些点点滴滴的话语树立起自己的良好威信。

同事密语：沟通互助让工作顺风顺水

有人说，同事之间没有真正的朋友。这句话有一定的道理，但是，在生活中和我们朝夕相处最多的还是同事。而要想在同事之间建立良好融洽的人际关系，必须经常相互沟通。要做到相互沟通，得体恰当的语言也是非常重要的。同事之间总会发生许多争吵，有的甚至发生在平素关系非常密切的同事之间，很大一部分原因就是说话不讲究，使对方产生误解，以致造成彼此间的隔阂。这就使得我们需要懂得一些同事之间说话的技巧。

❁学会和同事说话

在职场中和我们打交道最多的就是共事的同事，要想和同事相处好，得到同事的信赖和好感，仅仅靠向同事投以友善和热情是不够的，还要懂得运用语言的艺术拉近和同事之间的距离，让同事对你产生好感，这样你才能在职场中更加如鱼得水。

小金和小李同在一个办公室，一天，经理安排小金去完成一件比较棘手的工作。于是，小李就开始风言风语说小金能力比自己差之类的话。小金听到后主动找到小李说："正是因为我不如你，所以这是领导对我的一次考验，而且我也需要你的帮助……"小李看到小金真诚的态度，顿时觉得自己误解了小金了。

在同事之间要想建立良好融洽的人际关系，必须经常相互沟通。而要做到相互沟通，除了相互帮助、相互谅解之外，得体恰当的语言也是非常重要的。那么，同事之间相处，该如何说话才能不招致同事的反感，并让对方感到温暖呢？

(1)当你需要得到在某方面工作最拿手的同事的帮助时，可以"送高帽""灌迷汤"，并保证他日必定回报，这些都是必要的。而且还要记得，将来有功劳的时候别忘了给人家记上一笔。

(2)和同事沟通，以自然、平实的态度表现自己，是最好的方式。以一颗谦逊的心去热诚待人，更能使别人对你产生好感。

(3)与同事相处，当他征求你的意见时，你不要给他发出毫无意义的称赞；当他在无意中冒犯了你，又没有跟你说声对不起时，你要以宽容的心态，真心真意地原谅他；如果今后他还有求于你时，你依然要毫不犹豫地帮助他。

(4)对于年纪比你小的同事，也要注意一定的分寸。应该保持慎重的态度。年纪较小的同事，有些人思想可能太冒进，或者知识经验不及你，所以与他们谈话时，注意不要对其随声附和，降低自己的身份。但也不要同他们进行辩论，不要执意坚持自己的意见。

❁和同事打好招呼也能赢得好感

如果你是职场新人，就要留心观察其他同事如何称呼，特别是那些和自己资历、职位差不多的同事的称呼，尤其值得参考。职场中打招呼，运用得恰如其分，可以拉近上下级、同事之间的关系，运用得不恰当，则有可能带来不必要的烦恼。

小张刚到单位报到的时候，听到有人向一位同事打招呼："徐姐，早上好！"于是，小张也向那位同事打招呼道："徐姐，早上好。我是……"可是小张发现，那位被称为"徐姐"的同事根本不答理他。后来在跟其他同事的交流中，小张才明白是怎么回事。原来，前面那位同事和"徐姐"资历相当老，都是"元老"级人物，而小张是新人，这样打招呼，人家当然不乐意了。

职场中和同事打招呼也是一门很讲究的学问，招呼打得合情合理，你可以在工作中如鱼得水；如果打招呼不合理的话，你连得罪了同事都不知道，那工作自然就很难开展了。那么，如何和同事打招呼呢？

(1)在私下里，同事之间的称呼可以随便一些。女孩子可叫她的小名；对男性年长者可称"老兄"，年幼者为"老弟"等。不过，使用昵称也要注意把握分寸，不能不看对象、不分场合地乱叫一气。

(2)新人刚到单位，要先问问同事或留心听别人怎么称呼，不要冒冒失失想当然地称呼对方。如果实在不清楚该怎么称呼，可以客气地问对方："你好，我是新来的，不知道该怎么称呼您？"一般对方会把同事的习惯称呼告诉你。

(3)有人打招呼开口就叫"老师"，这个称呼适用于文化气氛浓厚的单位，如出版社、电视台、文艺团体、文化馆等，但在企业中就最好不要用了，有人会认为这是对他的讽刺。

(4)实在不知道怎么打招呼的时候，就可以用微笑去代替。当你面对一个不熟悉的同事，又不知道如何去打招呼的时候，用笑脸和他打招呼也具有很好的效果，但切记不可装作没看见而快速走开。

同事关系要用人情话来维系

我们经常会看到这样一种现象:两个在办公室里面嘻嘻哈哈的人,看上去似乎很熟络、亲密,但是有时候仅仅是一句毫不起眼的话,两个人第二天可能就会互相批评,甚至是反目成仇。所以,同事关系是一个十分微妙、敏感的。那么,如何用人情话来维系同事之间的关系呢?

(1)满足对方的优越感。在职场中,人们都喜欢表现自己的思想和见解,若能充分地展示自己的优越之处,心理上便可获得一种满足感。如果表示自己"不知",便给同事创造了一个跻身于能者之列的机会,这是使你拉近同事关系最好的手段。

(2)注意对方的语言习惯。各地的风俗不同,说话上的忌讳各异,在与同事交往的过程中,必须留意对方的忌讳语,一不留心,脱口而出,最易伤害同事间的感情。即使对方知道你不懂得他的忌讳,虽情有可原,但你终究还是冒犯了他,因此,我们应该对此特别留心。

(3)不要频繁展示自己的优越。有些人动不动就提到自己或家人的辉煌业绩和显赫地位,向同事们炫耀,这将造成对同事们自尊心的伤害,引起大家的不快,导致大家对你的厌恶和反感。

(4)关心他人,有良好的协作精神。要想维系和同事的关系,还要在"情"字上下工夫,无论是在工作中,还是在生活上,要学会和同事沟通感情。同事在工作中遇到了难题向你请教时,要耐心地解答,做到知无不言,言无不尽;同事在生活中遇到了难处时,要在精神上或者物质上及时给予帮助,使他感受到温暖等。

总之,当同事之间关系出现微妙变化的时候,你要懂得用言语去感化同事,用人情话来维系,而不是对同事恶语相加。

职场中的是非只能听,不能说

职场经常会成为是非的"集中营",有人懊恼,有人愤怒,有人苦闷,有人

哀怨，因为这些是非关乎一个人的心情、工作，甚至名誉。一个职场老手，懂得对这样的是非一笑了之，而有些新手，有时候就会陷入是非中，还有可能成为是非的传播者。

小芬是一个特单纯的女孩子，没有任何工作和社会经验的她，很希望尽快和大家打成一片。小芬很快发现，同事们喜欢聊些蜚短流长。很多时候，同事们在不断地说，她只是听却从来不拿这些话对别人说。前不久，同事们在讨论老总是个吃软饭的家伙，这些话不知道怎么被老总知道了，不久那些爱传闲话的同事都走人了，公司只留下了小芬一个人。

办公室是工作的地方，不是谈论是非的场所。总有这样一些人，他们喜欢向别人倾吐小道消息。虽然这样的交谈能够很快拉近人与人之间的距离，但这样的是非一旦流传开来，就会对他人造成很大的伤害。那么，该如何面对职场中的一些流言蜚语呢？

(1)当别人向你传播是非的时候，可以适当地听听，但是切记不要去四处传播。最聪明的做法，应当是安静地走开，这样才能让自己离是非更远。

(2)有时候还要注意，也许你在无意之中就会被别人利用成为传播流言蜚语的帮手，所以，面对办公室中的流言蜚语，自己最好不要去传播。要尽量让自己成为最后一个知道这种流言的人。

(3)在办公室里会有意无意听到很多是非，怎么应对，则全看自己。这是对外界信息的管理，也是对自身专注力的管理。如果有人大声喧哗，导致你被迫聆听，那么，能提出抗议制止对方的，尽管去提；实在不便说的，可以当成耳边风。

和同事说话的注意事项

同事之间交往，语言交流很讲究技巧。同样的交流目的，如果表达方式不同，造成的结果就会大不一样。一个会和同事说话的人，是深受大家欢迎的人，也能为自己的工作开创良好的局面。那么，与同事说话要注意哪些事项呢？

(1)要学会和善于表达自己的意见和见解。如果你经常只是附和别人的话，那么你在同事心目中就很容易被忽视。要有自己的头脑，不管你在单

位中的职位如何,你都应该发出自己的声音,应该敢于说出自己的想法。

(2)和同事说话,不要言辞过激。在办公室里与人相处要友善,说话态度要和气,即使是有了一定的级别,也不能用命令的口吻与同事说话。虽然有时候,大家的意见不能够统一,有意见可以保留,但是对于那些原则性并不很强的问题,没有必要争得你死我活。如果一味好辩逞强,就会让同事们对你敬而远之。

(3)不要在同事面前炫耀自己。再有能耐,在职场生涯中也应该小心谨慎,强中自有强中手,倘若哪天来了个更加能干的员工,那你一定马上成为别人的笑料。要知道你的成功也离不开周围同事们的帮助。

(4)不要在办公室互诉心事。当你的生活出现危机,如失恋、婚变之类,最好不要在办公室里随便找人倾诉;当你的工作出现危机,如工作上不顺利,对老板、同事有意见有看法,更不应该在办公室里向人袒露,任何一个成熟的职场高手都不会这样"直率"的。

所以,和同事之间说话,必须要懂得这些语言的艺术,它们可以帮你获得更大的帮助,你的职场生涯会更成功。

❊挖掘职场贵人,助你前途似锦

所谓职场贵人,说的是那些能够在职场上给予你帮助的人,顺时助你锦上添花,逆时帮你雪中送炭。这样的人就是所谓的养"贵"千日,用在一时的人,职场贵人正是你平日里建立养护的人脉关系在关键时刻的验证。

前任经理由于没有实现加薪预期而跳槽。由于是突发状况,公司一时也找不到合适的经理人选,于是公司总部调派了另一个公司的经理暂时身兼两职。由于新经理对这边的业务不熟,而小王总能在他的遥控指挥下圆满完成任务,所以对这个总能为自己分忧解愁的下属,新经理心存感激,也就有意无意地加大了她的工作量,培养她的管理才能。在职场贵人的帮助下,小王仅用半年时间就完成了由主任到经理的角色转变。

谁是我们的"职场贵人"?我们的贵人其实就在我们的周围,在我们身旁守候着我们,希望我们的努力及付出变得更有价值。这就需要你善于去发现,善于在和对方的交流过程中发现"贵人"。那么,如何在职场中发现自

己的“贵人”呢？

(1)对于那些看中你的为人，认可你的工作能力，并能采纳你的意见的人，这样的人你千万不要错过，因为他们就是你的“贵人”。

(2)可以陪同你分担一切的苦，分享一切的乐，这是贵人。愿意陪同他人经过这些过程的人，也可能是你的贵人。

(3)因为他关心你，所以他才会唠叨！因为他在意你，所以他才会唠叨！他的唠叨是提醒，在事情发生前，他希望你可以少走冤枉路。这样的人看似讨厌你，其实最器重你。

(4)有一些人了解你的业务水平，清楚你每个阶段的职业规划，可以预见你在新领域的爆发力，在机缘出现时他会找上门来，助你实现职场的阶梯式跨越。

克制住情绪，冲动时也不乱说话

在职场中碰到事情和问题要多想个为什么，不要只凭着感觉和情绪办事。职场中太情绪化是职场生存的大忌，所以，要学会管理和疏导自己的情绪。

小白是一家大型企业的职员，她的能力是有目共睹的。平时，小白的热情大方，率真自然，是比较受人欢迎的。可不久前单位提拔了一个无论是资历，还是能力和业绩都不如她的同事。小白义愤填膺地跑到上司的办公室去“质问”，并义正词严地与上司“理论”起来。在这以后，小白发现自己在公司备受冷落，同事也不敢轻易同她说话了。

不管是什么原因而产生的情绪波动，都会给我们的工作或生活带来一定的负面影响。因此，在职场中需要一颗平和的心才能游刃有余地应对各种突如其来的变化。那么，在职场中该如何控制好自己的情绪呢？

(1)先处理心情再处理事情，不要带着怒气去工作和生活。再聪明的人也会因为情绪不良而失败，做一个情商高的人不是什么难事，只要你每天注意那么一点点就行。

(2)遇到事情和问题先别急，要冷静思考，无论是什么事情，一定要控制好自己的情绪，千万不可冲动乱说话，否则就无法控制局面了。

(3)不要苛求什么,学会缓解和释放压力,调整好心态,心平气和地做人做事。

(4)多学习多读书,沟通和相处也是需要技巧的,只有掌握更多的知识,才能运用不同方式方法与不同的人进行沟通交流。

(5)学会调节自己的情绪,并为自己制订明确的目标,不断提醒自己要实现这样的目标,从而不断加强自己的抗压能力。

管好自己的嘴巴,不该说的绝不说

在职场中生存,要做一个有心人,懂得什么话该说,什么话是坚决不能说出口的。如何管好自己的嘴巴,也是职场生涯的重要部分,那么,你知道哪些话在办公室是不能说的吗?

(1)不要轻易讨论薪水问题。很多公司不喜欢职员互相打听薪水,因为同事之间工资往往有不小差别,所以发薪时老板有意单线联系,不公开数额,并叮嘱不要让他人知道。有的人打探别人薪酬时喜欢先亮出自己的,如先说“我这月工资……奖金……你呢?”如果他语速很快,没等你拦住就把话都说了,也不要紧,用外交辞令冷处理:“对不起！我不想谈这个问题。”

(2)不要在公司说雄心壮志的话。在办公室里大谈人生理想显得滑稽。在办公室就安心工作,雄心壮志可以回去和家人、朋友说。在公司里,要是你没事整天念叨“我要当老板,我要办公司”,很容易被上司当成敌人,或被同事看作异己。如果你说“在公司我的水平至少够副总”或者“35 岁时我一定能干到部门经理”,那你很容易把自己放在同事的对立面上。

(3)不要谈论私人生活问题。无论你是失恋还是热恋,别把情绪带到工作中来,更别把故事带进来。千万不要只图一时痛快,在办公室里就把自己的私事都抖出来。要知道说出口的话如同泼出去的水,再也收不回来了。

(4)不要对别人的八卦新闻感兴趣。不管是上司还是同事的八卦事件都不要去触碰,因为这有可能给对方带来致命的伤害,而且不要误以为议论别人没关系,也许用不了几个来回就能“烧”到你自己头上,引火烧身。

总之,在职场中要懂得说话的艺术,不乱说话不等于不说话,但是一定要分场合、时间和对什么人说,做一个聪明人,不该说的绝对不说。

❊面对同事的诋毁如何坦然应对

在一个单位共事，同事之间难免会有磕磕碰碰的事情发生，但可惜的是，很多人遭受同事诋毁却不能以正确方法处理，以致工作时很尴尬。在职场中，同事每天与你一起朝九晚五，引出各种各样的瓜葛和冲突，时间一长便会引发各种矛盾，直接影响自己的工作效率，最终得不偿失。那么，在职场中，面对同事的诋毁自己该如何应对呢？

(1)不要发生正面的争吵。当你发现昔日与你交往甚密的同事竟在你背后诋毁你时，你可能很想和他大吵一通，揭露他的谎言，让其他同事认清他的真面目。但你有没有想过，因为大家都是同事，如果你摆出绝交的态度，以后可能就很难在同一个办公室工作了，你这样做只会将整个办公室的气氛弄僵。对这样的同事，你只要暗中与他疏远就行了。

(2)面对诋毁不予理会。有时候当你的同事诋毁你的时候，比如，“你以为你是谁”，“你们那所重点大学难道就没教你点儿有用的东西吗”等，对这些问题及由此衍生出来的多种责难形式，你大可根本不予理会，只管专心于自己的工作就行。

(3)主动积极地化解怨恨。你与同事间的矛盾绝大多数都是因一些琐事引起的，其实说开了也没什么。如果总是在一些小事上斤斤计较，不仅让你与对方在工作合作上显得尴尬，还可能会落下一个气量小的坏名声。所以，你不妨尝试着抛开过去彼此的成见，大事化小，小事化了，友善地对待他们。

总之，在与同事相处时，不要用苛刻的标准去要求别人，而要尊重别人。当同事诋毁你的时候，要从双方身上找原因，做一个能理解、能包容他人的人，这样才会受到他人的欢迎。

❊别做“职场大嘴巴”，防止祸从口出

对于一个刚刚踏入职场的新人，一不注意，就可能会成为“职场大嘴”。在办公室里与同事交往离不开语言，但是俗话说得好“一句话说得让人跳，

一句话说得让人笑”,同样的目的,如果表达方式不同,造成的后果就会大不一样。

初涉职场,小雪因为个性活泼,一度成为办公室的“开心果”。不过久而久之,她不加修饰的讲话方式,逐渐令人生厌。有一次,她看到王女士穿了一条漂亮的裙子进门,立即“啧啧”赞叹:“王姐,你的裙子好漂亮哟!”听说这条裙子是从北京买来的,她追加了一句:“这条裙子至少要一千多元吧?你还真有钱!”本来笑容满面的王女士,表情顿时添了一份尴尬。

在职场中,“说话”也是一种艺术。说什么、不说什么、怎么说,都有讲究。很多时候,一句恰当的话可以为你赢得良好的人际关系,而一句不恰当的话也能给你带来祸患。那么,如何才能避免祸从口出呢?

(1)导致同事间关系不够融洽的原因,除了重大问题上的矛盾和直接的利害冲突外,日常不注意自己的语言细节也是一个主要原因。

(2)交谈之中难免要与同事争辩,如果你真的喜欢争论,最好不要在办公室发挥你的“才华”,否则,虽然你在口头上胜过对方,但也会损害了他的尊严。

(3)办公室是闲话的滋生地,工作间歇,大家很愿意找些话题来放松一下。为了不让闲聊人的闲话滋生,最好有意围绕新闻、娱乐、影视作品等聊天,尽量避开个人问题。

(4)有些人喜欢与人共享快乐,但涉及你工作上的信息,譬如,即将争取到一位重要的客户,老板暗地里给你发了奖金等,最好就不要拿出来向别人炫耀。

❈说话要留意,关系再好也是同事

在职场中,有些人把同事当作朋友,在同事面前唠叨别人,甚至是肆无忌惮地和同事开玩笑等,这都是职场说话的大忌。虽然有时候自己是为了缓和气氛,拉近和同事的关系,但这种方法实在不可取,即使关系再好,也不要很随意地和同事开玩笑。那么,在职场中如何和同事说话呢?

(1)要注意对方的语言习惯。不同的地方,语言习惯不同,自己认为很合适的语言,在其他不与你同乡的同事听来,可能很刺耳,甚至会认为你是

在侮辱他。所以，即使和自己关系再好的同事，说话时也应该注意这一点。

(2)不要揭他人短处。朋友之间叫外号或是开开玩笑，是工作之余的逗乐，大家都会一笑了之，但是如果将同事的生理缺陷、生活污点等鲜为人知的短处当作笑料一一抖出，会严重伤害同事的自尊心。所以，和关系好的同事之间开玩笑时，一定要多考虑一下。

(3)不要带着秽语说话。有些人一张口便是脏话秽语，自以为豪爽。其实这样不仅自降人格，还惹得周围同事心中不快，也会使周围同事对你避而远之。

(4)要注意对方的性格特征。同事之间说话，首先要明白他的个性。对方喜欢委婉的话，你说话应该讲求一点方式方法；对方喜欢直来直去，你大可不必与之绕来绕去，摆迷魂阵；对方喜欢钻研学问，你应该说比较有水平的话；而对方文化层次较低，你就应该用最简单的言语与对方沟通。

总之，要明白同事不同于你的朋友，即使是关系再好的同事，说话也要注意分寸，不可和盘托出。说得恰当，可以拉近同事之间的关系，否则就会适得其反。

切忌在同事面前说别人坏话

喜欢在同事面前说别人坏话、散布谣言的人，就像是一只嗡嗡乱叫的苍蝇，让人生厌。在职场中作为一名员工，和同事搞好关系当然是至关重要的，而要与同事搞好关系，不在同事面前散布谣言便是你首先应该做到的。如果你对你的同事还没有很深入的了解，那么还是少说为妙。

某公司李某升为科长，有不服气的同事便把李某数落得一无是处。王新是新到公司不久的大学生，见大家说得激动，也摆出了一些李某事实上存在的缺点，如办事拖拉、疑心太重等。可不久，李某就知道了这些闲话，李某认为，别人对我不满说我的坏话我可以理解，你王新刚来公司不久有什么资格说我。从此对王新很冷淡，王新一身本事得不到重用，还经常受到李某的指责和刁难。

不在同事面前说别人的坏话，既是一种胸怀大度的表现，也是一个人品德高尚的表现。那么，当遇到同事在你面前说别人坏话的时候，自己应该怎

么做呢？

（1）当别人在你面前说别人的坏话的时候，你千万要端正自己的态度，不要被他人的话左右你的思想，更不要跟着别人去说坏话。

（2）有人在你面前说别人的坏话，别人爱怎么说就怎么说，你能不听就不听，能溜最好。实在不便溜开，你就答非所问，另起话题或者是岔开话题。

（3）当别人在你面前说别人坏话时，千万不能插话，可以微微一笑，它既可以表示领略，也可以表示欢迎，还可以表示听不清别人的话。如果你不插话，就两边都没有得罪，这是比较好的做法。

（4）不管是关系好的还是和自己有隔阂的同事，在单位你应该坚持不管在什么场合都说别人的好话，而不应去对别人说三道四。

第24章

对话上司：智言妙语博得好印象

职场中，许多人不懂得如何与上司交流。汇报工作，乱说越位话；受了委屈，一味发牢骚；看到上司出丑，还会幸灾乐祸；爱开玩笑，没轻又没重——这些都是因为他们管不住自己的嘴巴，惹得上司反感。一个职场高手，知道怎样用言语来化解与上司之间的矛盾，知道利用领导的话语来为自己争得主动权，懂得什么时候可以和领导开玩笑，什么时候不该乱说话等，这样的人也往往是职场中很受上司欢迎，并能给上司留下好印象的人。只要你能做到这一点，你的职场升迁就不远了。

与上司有冲突,学会用言语来化解

在职场中时常会出现上司的安排与自己的想法出现冲突的情况,如果是初入职场、不善交际的人,那么,与上司的冲突就会不可避免地发生。而当这些冲突出现的时候,如何去化解,尤其是如何用言语化解和上司的冲突,是我们应当掌握的重要技巧之一。

(1)掌握一些有效的句式与上司交流。如果你是一个平日里不会说话的人,或是一个直来直往的人,不妨在平时多掌握一些对上司说话的句式,必要时适当地用一用。当然,在事后说这样的话的时候,态度一定要诚恳。

(2)直接给上司"戴高帽子"。现代心理学研究表明,人的心境和情绪决定人的情商,并最终决定着人的思维模式。找准时机给上司"戴戴高帽子",想想谁不喜欢听赞美自己的话呢?这样就会让上司对事而不对人,你和上司之间的"过节"自然就会化解了。

当然,一个交际高手善于综合运用周围的事物来"言此而意彼",巧妙地让上司感觉到你对他的尊重和真诚,从而化解矛盾。

观点不一致,如何合理跟上司提出反对意见

当上司陈述自己观点的时候,当上司觉得自己的观点非常好的时候,当上司正为自己的观点沾沾自喜的时候,而其实你是反对这个观点的,或是你有一个比上司还要好的想法。这时,怎样合理地说出自己的不同观点呢?

一位服装厂的老总提出了一个新想法,要统一服装的价格。这时候,一位女股东站起来说道:"在我们家,我姐姐穿衣讲究非贵的衣服不买,而我穿衣服很实际,同类型的衣服,买相对便宜一点的。"一句话点醒了老总,"鸡蛋不能放在同一个篮子里卖。"

如果这位女股东直言不讳,直接反对上司的意见,上司也许就会很尴尬。此时,即使你的想法很好,也不会被上司看好。如何将自己的反对意见

表达出来，并最终被采纳，这也是一门学问，值得我们好好学习。

(1)和上司之间的意见不统一很正常，此时谦虚的态度很容易使上司对你产生好感。如果你的意见切实可行，含蓄地向上司提出来，上司还是非常愿意接受的。

(2)有的时候，比如，人多的时候，或上司被别人吹捧的时候等，这个时候，你完全可以把自己的意见暂时放在心里，等有机会私下与上司沟通时，再提也不迟。

(3)要学会引导上司听听自己的不同意见。这样做的结果是，你的想法有可能被采纳，你的上司也会感觉很有面子，何乐而不为呢？

❊恭维有度，"马屁"不要拍错地儿

如何在职场成为"红人"？如何能够加薪和得到上司的器重？为了实现这一目标，"巴结上司""讨好上司""绝对服从"、"领导永远是对的"几乎成为职场哲学的核心理念。一个懂得职场规则的人，也是一个善于用言语"讨好"上司，善于"拍马屁"人。那么，如何在职场中和上司对话，才不会将"马屁"拍在"马蹄子"上呢？

(1)正大光明地赞美上司。当然这样的赞美一定要方法得当，让人不要有阿谀奉承的嫌疑。比如，小赵在一次和领导吃饭当中说："我听说公司刚成立时，除一室、一桌、一速记员外，一无所有，这是真的吗？"于是，领导自豪地谈了许多关于他如何创业的经历。自那以后，领导记住了小赵。

(2)注意自己的言行内容。恭维上司时，最要紧的是说上司真正在乎的事情。上司不在乎的事情，你喋喋不休地赞扬，难免让上司心生厌烦。比如，新任职的领导的第一次公开讲话；领导作出的被实践证明完全正确的决策；领导近期所取得的某项工作的成功等，这些事情常常是领导者很"在乎"的事情，可以恰当赞扬。

(3)恭维要适度，言多必失。上司同其他人一样，也有七情六欲。因此，适度地赞扬一下上司，能够不同程度地增强上司的进取心和自信心，但不可无原则地对上司大加吹捧，"马屁"拍到"马蹄子"上就得不偿失了。你还可能会受到上司的怀疑，被上司视为"小人"。

❀如何通过交流，拉近与上司的关系

在职场中，我们与上司的交流极为重要。正是因为这样，所以有许多人乐于迎合奉承上司，并想借着谄媚爬上去。但是现代人的观念与从前有很大的不同，并不是迎合、奉承的人都能爬上高位，还要看你会不会和上司交流。

小张大学毕业刚到公司一个月，为体现自己的价值，这一天，他闯进了经理办公室，并说道："经理，我到公司已经快一个月了，我有一些想法想和您谈谈，您有时间吗？"不料，经理冷冷地说道："以后有时间再说吧，我现在没空。"

小张的初衷是好的，但是，却没有处理好与经理的沟通关系。小张找到经理，想与其作一番交流时，经理甚至还不认识小张。所以，两个人之间就更不可能有什么共同的沟通目标了。那么该如何更好地与上司交流以拉近关系呢？

(1)要和领导说知己话。那些"拍马屁"拍到马蹄子上的人都是对上司阿谀奉承、欺上瞒下的人。而真正和上司关系密切的人是懂得和领导做朋友的。比如，小马和上司总是因为工作中的分歧吵得不可开交，可是每次吵完以后，他们就会坐下来就事论事，以心换心，彼此感情完全没有因为工作争吵而受到伤害，所以小马总是得到上司的青睐。

(2)不要当面顶撞上司。当上司对自己的批评或是他的某一观点不正确的时候，千万记住不要当面顶撞上司，在众人面前让上司难堪，这一点很重要，你可以就自己的不同意见在私底下与上司交流。

(3)认清说话双方的角色。不要以为你的上司很随和，也不要以为你的上司几乎和你一个年龄，就开始在和上司说话的时候不分职位高低了。即使再随和、年龄再小的上司，你都要表现出对他的尊重。

❀利用领导的话帮你一锤定音

在职场中，当你一个人发出声音的时候，就显得很单薄，如果再加上周围一些同事的反对的话，你也许就会摇摆不定。这时候，你就需要利用上司

的话来为自己的决定定一个基调，以便更好地开展自己的工作。

孙立在一家装潢公司任部门经理，一次，他在购买材料的时候选定了两家公司。甲公司价格高，而乙公司价格低。孙立的同事们都倾向于买乙公司的，但孙立知道那家公司的质量很差。于是，孙立找到了老总并说："您曾经说过我们要以质量赢得客户，现在……"老总笑着说："事情已经很明白了，你决定吧！"

利用领导的话，并不是狐假虎威，仗势欺人，而是用领导的话来为自己的正确观点作后盾，为自己前进的道路扫除荆棘。那么，如何利用领导的话来帮助自己呢？

(1)当自己觉得"孤军奋战"，或是"孤立无援"的时候，不妨用领导说过的话来支撑自己，但前提是自己坚持的必须是正确的。

(2)学会利用领导的话帮自己，要先将人情送给领导，让领导的心里美滋滋的，千万不能抢了领导的风头。

(3)必要时还要动之以情、晓之以理，善用解决方案向领导表述自己关于工作现状和存在问题的看法，以求用领导认同和支持自己观点的话来帮自己一锤定音。

❀与领导巧妙交流加薪问题

中国人历来保持着含蓄的性格特点，于是在职场中觉得和老板谈薪水问题十分不好意思。其实，获取较高的薪酬，是每一个人的努力方向；优厚的薪资待遇，不仅意味着个人生活的改善，也是个人价值的一种体现。那么，当感觉自己的辛勤劳动与薪酬不相符的时候，我们该如何与领导谈论加薪问题呢？

(1)找准时机谈加薪。谈加薪问题的时机相当重要，可选择公司大赚了一笔、老板心情好的时候去谈，只要明确说出自己出色的业绩、勤勉的工作态度等，成功的可能性是很大的。但是切记，不要以威胁离开公司的方式要求领导加薪。

(2)旁敲侧击的方式。就是说用暗示的方法，而不是直接说出来，这样做的目的是为了把要求加薪的信息透露给上司知道。比如，有一个人找到

上司说:“我的妻子希望我为家里多赚点钱,但我不知道怎样做才能多赚一点。您能告诉我该怎么做吗?”上司一听就明白他是在要求加薪了。

(3)必要的时候还要讨价还价。这就要求自己将含蓄束之高阁,尽可能用具体数字证明自己的工作绩效或贡献。例如,自己谈成了那些项目、这些项目给公司带来的利润是多少、为公司缩减了多少成本、生产力提升了多少、商品周转率增加多少等。

(4)保持平和心态。你肯定希望老板能心平气和地听取你要加薪的理由,那么反过来,当他陈述他的理由时,你也要心平气和地倾听,然后再寻找突破口,协调一致。切记不要一时心急,就采用下通牒、威胁或别的强迫方式令上司就范,这样只会适得其反。

❊想要向领导抱怨,你得动脑筋

在职场中没有任何一个领导喜欢自己的下属满腹牢骚,而下属弄不好还会为此丢掉工作,所以在向领导抱怨之前,我们也应该多动动脑筋,想一想这个问题该不该向领导说出来,说出来之后会有什么后果等。这就需要一个人掌握向领导抱怨的说话技巧。

小于觉得公司的刷卡制度不合理,因为有很多员工找别人代替刷卡。一天,小于到上司家玩,给上司的孩子讲故事说:“有一个人每天都起得特别晚,上班总爱迟到。于是,他的上司想了个办法……但是,后来这个人仍然迟到,但是却很少被上司知道,你知道这是为什么吗?”上司的孩子摇头,小于说:“这是因为他让别人替他刷卡,自己睡大觉!”

小于的聪明之处在于将对上司的不满隐约地告诉给他,暗示他这种制度中存在的漏洞,而不是直接向上司发牢骚,最终皆大欢喜。那么,在职场中该如何巧妙地“抱怨领导”呢?

(1)先要想一下,考虑一下,如果你是上司,你能否接受这样的牢骚。倘若你自己都觉得这样的牢骚不能接受的话,那最好不要向你的上司提出,否则会给上司留下不好的印象。

(2)如果你和上司混得很熟,使用幽默、生动,甚至是夸张的话语,不仅可以使上司愉快地接受你的不同意见,同时还能增进你们的关系。

(3)在向领导抱怨之前,还要多想一想,什么话该说,什么话不该说,不要让周围同事觉得你是一个在老板面前搬弄是非的人。

(4)当着众人的面就不要向领导发牢骚了,那样会让领导很难堪,而私底下和领导在一起,偶尔发发牢骚也无伤大雅。

❉职场高手,与领导说话也能很风趣

"幽默风趣"一直被人们认为是只有交际场上的高手才能驾驭的语言艺术,如若能在和领导交流的过程中恰当地运用风趣幽默的语言艺术,一定是职场中的智者,职场中的高手。

约翰是一个广告公司的职员,没什么大能耐,就是会说话,还很具备幽默细胞,说出来的话总是让周围的人觉得很动听。因此,他的人缘很好,就连领导都喜欢他。

有一次,公司出了点状况,主任召开紧急会议,大家手忙脚乱来到会议室,谁也不敢说话,而领导也是夹着个公文匆匆忙忙赶进来,大家觉得肯定少不了一顿批。前几天,约翰还和领导以及同事们在一起讨论存在方式的问题,有人开玩笑说,我们的存在方式就是为公司努力,为自己加油！领导当时听了很高兴,可没想到几天工夫,可能有人就要为公司这次出的问题负责,甚至要走人了。

领导进来了,突然,他一不小心撞到了门口架子上的花瓶,哐当一声,花瓶碎了,大家更害怕了,领导这次要大发脾气了。

正当大家都低头盘算的时候,约翰来了一句:"你们看,这就是这只花瓶的存在方式!"领导一听,当场笑了,说了一句:"约翰啦,还是你脑子快,那你看,这次的事情怎么解决？看你能不能救大家,证明你的存在方式?"大家一看领导已经笑了,也都轻松了很多。接下来,约翰把自己的解决方案诙谐地说了一遍,领导听了,果真很受用。公司没有一个人为此事受牵连。

适时适度的幽默风趣,既是一种良好的修养,也是一种充满魅力的交际技巧,有时候可以使领导感到你的可爱和风趣,还能更有效地维护面子,建立起和领导的良好沟通。那么,如何和领导风趣幽默地说话呢?

(1)和领导说话打趣，一定要掌握好时机。比如，领导高兴的时候，心情舒畅的时候。不要在领导烦躁的时候开玩笑，那样就会像火上浇油一样。

(2)风趣幽默的语言一定要显得真诚，才能在领导面前展示自己的人格魅力。如果生搬硬套，只能让领导觉得你这个人很虚伪。

(3)和领导说话风趣一定要把握好度，注意顾足领导的面子，即使是和自己关系好的领导，也一定要体现出对领导的尊重。

领导的话不一定要照单全收

在职场中，领导也是一个平凡的人，而不是神。所以，领导说的话也就不是百分之百地正确，这时候，就需要下属对领导的话区别对待，掌握说话的技巧，恰当地向老板指出其中的不足之处而不是照单全收。

经理下达了这个月要实现业绩增长30%的命令，可是身处市场一线的主管小刘认为目标太高了，根本不可能实现。于是小刘散会后找到经理并说道："经理，我这里有一份申请报告，麻烦您批示一下。"经理拿过去一看，是想要增派人手的申请。于是经理想到刚才在会上的话，觉得这个月给小刘的部门制订的目标似乎很难实现。

小刘的聪明在于，不说领导的错误，而是让领导实实在在地看到自身的困难，从而让领导自己发觉他说的话不正确。在职场上，如果领导在冲动的情况下作出决定，作为下属就应该婉言提出来。那么，对领导错误的话，应该怎样去对待呢？

(1)换个角度和领导探讨探讨刚才说的话，好让他自己察觉到哪里出了问题，或许不用你指出来，他就能体察到自己话中的错误之处。

(2)如果领导是一个固执的人，认为你不听他的话，是对他的权威挑战的话，那么，你不妨试着恭维领导几句，然后再指出他话里的不足。

(3)要让老板知道你的出发点是好的，如可以说一些"我是为了公司运营着想"或"我非常尊敬你"之类的话，接着再以轻描淡写的方式暗指领导说过的话中的错误。

❀谨慎要幽默，跟领导开不起的玩笑不要开

和领导之间开玩笑是为了更好地活跃气氛，拉近与领导之间的距离，与领导开玩笑要符合双方的身份，要让领导觉得，虽然是玩笑，但也中听。如果开玩笑不懂得把握分寸，就很容易招致领导的反感，后果可能会不堪设想。那么，跟领导开玩笑如何把握好度呢？

(1)不要拿领导的软肋与缺点来开玩笑。有的人其实也知道这一点，但是有时候一得意忘形就忽略了。例如，领导穿了一身新衣服，一个职员开玩笑说道："哇，今天领导像个新郎官，可就是头像陈佩斯的。"领导本来就忌讳别人说他秃顶，这虽是一句玩笑话，可领导心里肯定会不好受。

(2)不要和异性领导开暧昧的玩笑。在与自己年龄相仿的异性领导说话时，一定要注意玩笑的内容，不宜乱开玩笑，一般要选择内容健康、风趣幽默、情调高雅的玩笑，切忌开庸俗的、暧昧的玩笑，以免引起一些不必要的猜疑。

(3)和领导开玩笑要注意场合和时间。我们在和领导开玩笑时一定要注意场合，要清楚自己到底该不该说，该怎么说，如果拿不准，最好还是别说。例如，领导签字以后，客户称赞领导的字写得好，一个自恃平时和领导关系不错的职员听到称赞声后，一阵坏笑："他就那几个字驰骋天下。"此话一出，领导和客户的表情立马都变得很尴尬。

(4)和领导开玩笑不要牵强附会。这就是说，和领导开玩笑不要话中带话，有人本来开玩笑赞美领导，可是却让领导听着是对自己的讽刺，那就反而不妙了。

❀与领导说话要抓好时机场合

俗话说得好，"做得好不如说得好，说得好不如说得巧"。在职场中，无论你如何卖力工作，但如果你是一个不会说话的人，尤其是一个不会把握时机与领导沟通的人，那么，你的薪酬、升迁等一系列的问题就可能会原地

踏步。

小王是一家公司的职员，有一次，他在整理一个展览板的文案时，经理进来了，并且在片刻空闲时偶然看了看小王电脑上的文档，于是小王立即抓住机会问道："经理，您看看我写的这个行吗？我是这么想的……"就这样，小王和经理开始就这个问题展开讨论，使得经理了解了他的想法和思路，也看到了他的工作能力。

与领导讲话的确需要把握合适的场合和时间，否则，不仅不会起到和领导沟通并拉近距离的效果，还会起反作用。那么，该如何把握住机会与领导沟通呢？

(1)当其他人下班之后，上司独自一个人在办公室发呆的时候，这是上司需要心灵抚慰的时候，适当地和上司说说话、聊聊天，最容易和上司拉近关系。

(2)充分利用各种公开场合，如每周例会、领导调查等，提出自己新的见解，引起大家的注意，这时候也是和上司直接对话的最好的时机。

(3)与上司沟通前，先了解一下，上司今天的心情如何，这很重要。也就是说，选择上司心情愉快的时候与他交流谈话，这一点是很重要的。

❊汇报工作要言简意赅、轻重有序

作为一个领导，时间是十分宝贵的。因为领导每天的工作很多，所以你应当为他节省时间。如果要是碰到一个汇报工作时说话啰里啰唆的下属，那么，领导发脾气也就是不可避免的事情了。所以，作为一个聪明的下属，汇报工作时要懂得言简意赅、有轻有重。那么，如何言简意赅地向领导汇报工作呢？

(1)有头绪、有条理地说。向上司汇报工作，首先要理清思路，明白自己要说什么，所说事项的先后、轻重顺序；不要天马行空、云遮雾罩、不知所云地乱说一气，这样既浪费了你和上司的时间，还会给上司留下不好的印象。

(2)概括性地向老板汇报。老板都相当忙碌，所以总希望快点知道事情的概要。如果你的老板是一位性格急躁的人，那么你就要少讲无关紧要的话，只要把重点扼要地说出来就可以了。因为这项工作对你来说可能是全

部,但这只是老板的工作的一部分。因此,千万不要因为自己冗长的汇报而影响老板的其他工作。

(3)分清主次来汇报。在汇报过程中要注意把握主次轻重。对于领导感兴趣的内容,可以重点介绍,加深领导的印象。回答领导提问前,注意倾听,如实回答,不能瞎编乱造,先讲重点,并注意随时根据情况调整汇报内容。对于不重要的内容可以一句带过,而对于老板不明白的地方则要重点补充。必要时你应把事情的每一部分都按顺序排列起来,然后把每一部分归纳成一两句话,这样就能很快让人清楚明白。或是你可以用图表的形式来汇报你的工作,让老板一目了然。

一句话,员工应为老板节省时间,简单扼要地汇报工作,如果老板有兴趣听你的报告,你可以就他感兴趣之处再加以详细的说明。

应酬口才：人际交往中做个能说会道的人

一个能说会道的人在任何场合都会受人欢迎，甚至可以说是左右逢源。想在各种场合都做到这一点，就要善用语言技巧与人套近乎。能说会道可以化解人际交往的尴尬。能说会道的应酬口才，可以顺利打开对方的话匣子。一个能说会道的热络气氛能令在场的人与人之间没有隔阂。

❊小妙语化解应酬中产生的尴尬

人际交往，职场应酬，尽管大家都抱着很谨慎的态度处理各种人际关系，但尴尬仍旧在所难免。有时你无意之中的一个动作、一句话，都有可能让对方给你加上一个不友好、不尊重别人的罪名。因此，可以说尴尬是避免不了的，此时你能做的就是怎么想办法去化解尴尬，避免因此而产生的误会。

张平准备借助于朋友赵某的路子做生意，可就在他把一笔巨款交到赵某手里的第二天，赵某突然暴病身亡了，这可急坏了张平。若在此时向赵某家人开口要钱，别人会说他不仗义，若不要吧，自己的损失可就大了。于是在料理完赵某的后事以后，张平这样对赵某的妻子说："我和赵哥的合作才刚刚开始，他就丢下我一人走了，真叫人伤心。这样吧，嫂子，赵哥以前的关系户你也认识，你就替赵哥把生意继续做下去吧，也算是我对赵哥的一个交代。"赵妻刚刚死了丈夫，哪还有心思做生意啊，于是反过来安慰张平说："这次出事让你受损失了，我也帮不了你什么，你还是把钱拿回去吧。"

张平本意是要钱，但话中丝毫未提一个钱字，而且还把话说得义气感人，所以，不但没有让自己陷入尴尬的处境，还让对方心甘情愿地把钱还给了他。其实，现实中，人与人相处，只要多花点心思，尴尬完全是可以轻松化解的。下面就介绍几种化解尴尬的妙招：

（1）遇到尴尬的处境，实在不行就"装糊涂"，用一些"歪理"堵住对方的嘴，否则，此种情形下，把话说明白，自然会给双方带来不必要的误会。一旦承认错误，想再翻身可就难了。

（2）应酬当中，如果因说错话而让自己处于尴尬的境地，最好的化解尴尬办法就是把说错的话赖到"别人"身上，如可以说"我也是听人说的"这样的话语，把错都归功于"说不清楚"的第三者。

（3）幽默是人际关系的润滑剂，有时利用幽默的话语来化解尴尬，也不失为一种好办法。

❊话锋一转，灵活躲过他人质问

人们交流中，谁都免不了被他人提问一些尴尬的问题，而你此时并不想说出你的真实想法，甚至压根就没法直接回答对方的问题，但又不想因此而破坏了你的人际关系。那么，你就需要学会一些躲过他人质问的口才技巧。

(1)含糊其辞，让对方不好意思继续提问。遇到一些涉及自己隐私的问题，最好的回答方式就是含糊其辞。如你不想向他人透露你的薪水，那在有人问你薪水多少时，你可以选择“可能和你差不多”，“少得不好意思告诉你”等含糊的回答，以此来堵住对方的嘴。

(2)改变话题，或是将矛盾转向对方。人际交往中，当有人问及一些你不愿回答的问题时，要么想办法转移话题，要么以同样的问题反过来问对方。如可以幽默地问对方：“你能替我保密吗?”如果对方回答“能”，那你自然回答他说：“那么，我也能。”这样不但轻松躲开了质问，还不会把关系闹僵。

❊巧言拒绝他人应酬场上的过分要求

拒绝也是一门学问。应酬场合，当我们遭到别人无理要求时，都想拒绝，但往往会因种种原因而很不情愿地点了头，然而却给自己留下了长久的不快，甚至给自己带来了很大的困扰和沟通上的困难。因此，关键时刻学会拒绝，更有利于你的生活和工作。那么，如何巧言拒绝他人过分的要求呢?

(1)态度友好式的拒绝更有效。虽然对方的要求很过分，但你要想不破坏气氛，最好在拒绝对方时，态度尽可能友好一些，如在拒绝时多说“对不起”“不好意思”“非常抱歉”等谦敬词，让对方不好意思再去为难你，切记不要直言不讳，以免伤了对方的自尊，给自己带来不必要的麻烦。

(2)可先装作倾听，再说“不”。在你决定拒绝对方之前，应首先耐心注

意倾听他的诉说，这样能让对方先有被尊重的感觉，在你婉转地表明自己拒绝的立场时，他也会不好意思再纠缠你。认为自己应该拒绝的时候，态度可以是温和的，但口气一定要是坚定的。

(3)说明拒绝的理由。不要只用一个“不”字就想使对方“打道回府”，而应给“不”加上合情合理的注解，以使对方明白，自己的拒绝是合情合理的，自己确有某种难以说出的苦衷。最好具体地说出理由及原委，让对方明白他的要求已经过分了。

当自己遇到拒绝，该如何从容应答

在社交场合中，我们遭到他人的拒绝是在所难免的，没有人一开始就会被别人接受，特别是陌生人。因此，要想交流的顺利，就要学会从容面对他人的拒绝。自然，懂得一些应付拒绝的口才技巧就显得尤为重要。那么，面对他人的拒绝，我们该如何从容应答呢?

(1)首先表示对他人拒绝的理解。当面对他人拒绝时，不要马上开始阐明自己的观点，应先表示出对对方拒绝的理解。这样对方才会感觉到你能真正站在他的角度来考虑问题，而不是出于什么不良企图；不要把拒绝看作是一次失败，而要将其视为一个学习经验的机会。很多时候我们所谓的“拒绝”，只是他们还没有看到需要，因而“暂时不接受”而已。

(2)用自信来应答拒绝。面对对方的拒绝，心情要愉快，面带微笑，让对方从你的言辞中听出自信，让对方觉得你提出的要求是有理有据的。面对拒绝，神态举止都要显得从容大方，完全可以表现出一种无所谓的态度，避免因遭到拒绝而让双方陷入尴尬的境地。

(3)自嘲也是一种好办法。应酬场合遭到他人的拒绝，要想不让自己处于尴尬的局面，自嘲是最好的办法，如当你邀请他人时遭到了拒绝，可以笑着自嘲说：“看来我真的没吸引力，不好意思啊。”然后若无其事地离开。这样既活跃了气氛，又不失自己的风度。

应酬场合学会把谈话气氛搞热络

应酬交际，谈话的气氛尤为重要，一个热络的气氛，可以使人思想放松、没有顾虑、想到什么就说什么，那样，谈话就能进行得相当热烈。如果气氛过于冷淡，就会让人觉得说什么都不合适，话题也自然过于平淡、无聊，谈话的效果也就可想而知。

一位曾经在教育战线干过几年的老教师，后来转行到了宣传部工作。有一次，他被几个以前教过的学生请去吃饭。因为他毕竟给人家当过老师，所以在场的人说话都很小心，甚至大多就一直沉默，因此，整个气氛让大家觉得很冷场。这位老师想把气氛搞活跃一点，于是就开口说道："我现在终于明白了什么叫作忠诚于教育事业：答案是不要半道转行到宣传部工作。都说爱就要始终不渝，而我却半道弃之而去，你们说我是不是属于叶公好龙啊？"果然，大家听了都忍不住笑了出来，谈话的气氛也活跃了许多。

一句恰到好处的调侃，不但可以活跃谈话的气氛，还会显示出你的机智和有趣。谈话气氛的冷热，关键还是要靠谈话的人自己营造，因此，掌握一些可以搞热络谈话气氛的口才技巧，是相当重要的。对此，下面就列出几点技巧。

(1)谈话的内容没必要多高深，与其急于想把话说得精彩一点、动人一点，倒不如把心放宽，抱着"说得不好也不要紧"的态度，按照自己的实际水平去说，你反而能说出有趣、机智的话语来。

(2)闲聊是应酬场合必不可少的，因为这并不需要才智，只要聊得愉快就行了。一个人绝非每天都在出席学术研讨会或新闻发布会，所以闲聊就成了与人交谈的重要组成部分。

(3)谈话时，多谈些大家都感兴趣的话题，这样可以让更多的人参与到谈话中，谈话的气氛自然也就热络了。

与人套近乎也要掌握语言技巧

套近乎是交际中与他人沟通情感的有效方式。套近乎可以让谈话双方

寻找到一些经历、追求、爱好等方面的共同点，从而诱发共同语言，为交际创造一个良好的氛围，进而赢得对方的支持与合作。

一位卖皮鞋的销售员，她对从自己的柜台前漫不经心走过的顾客说了一句："先生，当心摔跤。"顾客不由得停下来，看看自己的脚面，然后很友好地对销售员说了声谢谢，还主动和她搭讪了半天，就在顾客即将离开时，销售员乘机说："我看你的鞋子旧了，要不挑一双新的吧！"顾客会心一笑，还真买了一双鞋。

事实上，销售与交际有很多相同之处，他们都有一个很重要的特点，那就是：首先要让对方接受自己，然后在彼此之间建立一种友好的关系。因此，在应酬场合，懂得一些套近乎的语言技巧，对你的人际交往有很大的益处。对此，要掌握以下几点技巧：

（1）套近乎时，要在开场白上多动些脑筋，开始几句话必须是十分重要而非讲不可的，表述时必须生动有力，句子简练，声调略高，语速适中。

（2）学会用旁证引起对方的兴趣，一般情况下，只有涉及自己利益的事情，才会最令人感兴趣。因此，套近乎时，可以通过别人的例子，让对方对你产生兴趣。

（3）适当地给对方设置悬念，引起对方的好奇心理，从而促使其主动和你继续谈下去。

这些容易导致冷场的话千万不要说

人际交往，谈话最讲究的就是一个气氛，好的气氛可以让谈话变得更加轻松，谈话的效果也会更好。然而，现实中总会有那么一些人，在大家正谈得起劲的时候，说那么一两句容易造成冷场的话，让本来很热烈的气氛，顿时陷入僵局。因此，人际交往中，切忌说一些这样的话，否则，不但会使谈话不欢而散，连你自己也可能因此而陷入孤立的境地。

（1）无话可说时，不要退缩。很多人在应酬场合，看到别人侃侃而谈，自己却无话可说，于是就爱带着情绪说："你们谈，我有事先走了。"其实，这样的场合，说这样的话是最能冷场的，也许人家谈的事情本来就很重要，所以忽略了你也很正常，但你却来这么一句，只能让大家都觉得不自在，自然以

后都不愿意和你交往了。

(2)大家一致赞同的,就不要轻易否定。在交际场合,有人为了表现自己的个性,就针对大家都很赞同,而且谈得正热烈的事情,给予一些否定的说法。比如,大家都说某某餐馆的菜好吃,有人却来一句:“我听说那里出现过吃出人命的事情。”自然,这样的话语就等于是给大家泼冷水。

(3)前后态度要一致。和人交谈,你所表现出来的态度最好是前后一致的,不要刚开始很温和,后来突然变成了发怒的狮子,这样只能让对方陷入尴尬的局面,谈话自然就会陷入僵局。

善用祝酒词打开对方的话匣子

现代社会的交际,少不了宴会,很多人都想通过请客吃饭来拉近彼此的关系,但很多人却绞尽脑汁也想不出一句合适的开场白。其实,交际场合的宴会,肯定少不了酒,那么,我们何不以幽默风趣的祝酒词来打开对方的话匣子,用美酒良言来促进彼此间的感情呢?

当代人把设酒宴、办招待当成一种有效的沟通手段,所以,宴会当中幽默风趣的祝酒词自然就是你打开对方话匣子的最有效手段。对此要注意以下几点:

(1)祝酒词不可随意夸张,不要随意渲染,必须简要,两三句便可。不要独自和某一个人展开忘我的长谈,必须注意处理好与众人的关系,不要对这个冷,对那个热。

(2)祝酒词要有文采,可以适当引用成语、名言、典故、诗词以及幽默话语,这样才能更有感染力。

(3)如果你对对方不甚了解,那祝词最好就说些纯粹祝福的话语,以免弄巧成拙,但要力求脱离俗套、与众不同。

酒中见素养,劝酒要守“言语礼”

我们在酒桌上往往会遇到劝酒的现象,有的人总喜欢想方设法让别人

多喝几杯，认为不喝到醉就是不实在。其实，“以酒论英雄”的时代已经过去了，即使是对酒量大的人，劝酒也应注意语言上的技巧，以免因语言上的失误而伤害朋友间的感情。那么，如何才能做到劝酒不失礼呢？

（1）话语得当，诙谐幽默。酒桌上也可以显示出一个人的才华、学识修养和交际风度。有时一句诙谐幽默的话语，会给别人留下很深的印象，使人无形中对你产生好感。所以，劝酒的时候一定要语言得当，并巧妙地运用你的诙谐幽默。切莫因酒后无度，而说出一些伤及他人自尊的话语。

（2）凡事都要有“度”。做什么事情都要有度，劝酒也是如此，人的酒量大小本来就有差异，即使是酒量再大的人，也不能硬逼着人家喝，以免伤了彼此的感情。对于酒量小的人，一味地劝酒可能会让对方陷入尴尬的境地，更有甚者可能会让对方身体上受到伤害。

（3）切忌言语伤人。酒精很容易让人兴奋，所以在劝酒时，一定要把握住自己的语言，不要因喝了酒就口无遮拦，说出一些有损他人人格的粗话。要明白喝酒只是形式，不要把能喝当作是你的资本。否则，只会让对方对你产生反感。

保留清醒头脑，酒后慎“吐”真言

俗话说：“酒后吐真言。”一个人醉酒后的言行举止往往可以展现出他最真实的一面，有些人一旦多喝几杯，就变得说话没有分寸，因此也给他人留下很坏的印象，使人无形中对其产生厌恶。所以，酒后说话一定要慎重，知道什么话该说，什么话不该说，避免他人对你的人品产生误解。

高杨平时是个沉默寡言的人，大家也都认为他是个实在人，可是在一次聚会上，高杨没把握住度，一下子喝了很多酒。醉酒后的他突然变得滔滔不绝，而且还对在座的一位女同事说自己喜欢她，把女同事闹得尴尬不已。可他仍旧死追人家不放，最后还用一些不堪入耳的话侮辱那位女同事。这下大家都觉得高杨平时的温文尔雅就是装出来的，自然都对他有了不同的看法，觉得以后还是跟他少交往的好。

酒过三巡，由于酒精的刺激，人的胆子也变得大了起来，然而，越是在这种时候，说话越要小心。你要知道，话多了，难免就会把不该说的也说出来，

其后果可想而知。因此，醉酒后一定要把握住自己的语言，一定要做到酒后慎“吐”真言。

（1）学会巧妙拒绝他人的劝酒，多向劝酒者说好话，甚至可以恭维他，因为你的目的是不让自己喝酒。

（2）酒后说话也要看对象，对于关系一般的朋友，说话一定要小心，最好只说些客套话，切忌对其透露自己的隐私。

（3）酒后和长辈说话一定要有礼貌，千万别以为喝了点酒，就可以对长辈也随随便便。因为，长辈很可能就是想在酒桌上了解你真实的一面。

第26章

交际用语:纯熟言谈令你成为交际红人

想要成为一个人人都很羡慕的交际红人不仅要能说,并且得不是大话王,还要是一个言语礼仪都不会忽视的人。诚恳的交际,平等的相待,把要说的话说出来,简单易懂,让对方信任你。一个名副其实的交际红人能用语音语调来吸引他人的注意,讲话抑扬顿挫很有节奏感和新鲜感。如此有魅力的语言能够助你交际愉快,如鱼得水一般地成为交际红人。

与人交际，言语礼仪不能忽视

俗话说："有'礼'走遍天下。"在人际交往中，我们一定要注意自己的言语礼仪，因为一个人的语言是否有礼貌、是否恰当，不但可以展示一个人的学识、修养，而且直接影响着沟通交流的效果。因此，人际交往中，我们要学会用语言的"礼"吸引人，以语言的美说服人。对此要注意以下几点。

（1）在任何场合，诚实和热情都是交谈的基础。我们与任何人进行面对面的交谈，都是一种对等关系，以礼待人，才能显示出自身的人格，并且满足对方的自尊需要；与人交谈，要多用"请"字，因为这个字最能体现出你对对方的敬意。接受他人的任何帮助不要忘记说声"谢谢"，让对方感觉出你是个很有素养的人。

（2）问候和寒暄语的作用不可忽视。人们见面时互致问候和寒暄，如"你好""好久不见""认识你真高兴"等。虽然这些语句没有什么深层的意义，但它既可以传递出你对对方的尊重，又可以显示出你是一个有礼貌、有教养的人，从而形成一种和谐、友善的谈话氛围。

（3）谈话时的姿态也很重要。与人交谈，不但要注意语言美，还要注意姿态美，所谓姿态美就是谈话时的神色、动作、表情等都要专心致志，聚精会神，合乎礼仪，让对方感受到你是在很真诚地和他谈话。所以，谈话时要做到相互倾听，相互正视，切忌做一些委琐的小动作，以免失礼。

平等相待，言语诚恳更获信赖

是人就免不了与人交往、与人接触。然而，这看似平常的人际交往，却也是一门大学问。不然，怎么会出现有的人人缘交际广，宾朋满座，而有的人则时常形单影只的对比？很明显，这两种人处理人际关系的方法上有很大差异。但是，无论如何，一个人如果在人际交往中做到了平等待人，与人言语真诚，那他的人际交往必定绚烂多彩。因此，待人平等、言语诚恳才是人际交往中最重要的准则。

王某、李某、赵某合伙做农副产品收购的买卖。这一天三人商量给外地送一批货，这批货分别储存在三个人家里，于是王某去找乡亲们帮忙装车。王某家装完后乡亲们又去了李某家帮忙，这时赵某也赶了过去，他自己提把椅子坐在树荫下，悠闲地抽着烟，喝着茶。装货的乡亲们个个热得汗流浃背。这其中也有年龄比他大的，也有辈分比他大的，赵某见了这么多乡亲们连个招呼都不打，还一副高高在上的样子。赵某满心以为装完李家的货乡亲们自然会去装他家的，没想到装完李家的货，装货的乡亲们头也不回地走了。

人际交往的好坏，与你有多少钱，多大权力并无多大关系，人与人的交往其实是心的交流，你只有用你的真心诚意才能换来别人的真情。因此，与人交往，一定要以平等、真诚为原则。

(1)权势可以让别人惧怕你，但是不能让你得到别人的敬重和真心的爱戴，因此，无论身居何位，我们在与人交往时都要学会平等待人。

(2)人与人交往，都会有一种防范心理，只有诚恳的语言，才更容易打破对方的这种心理，让对方对你产生信任。

(3)面对任何人，说话的态度都要诚恳，因为它可以直接折射出你人品的优劣。

语言有魅力，交际才更愉悦

人际交往当中，我们经常被一些人出众的口才所打动、所吸引、所折服。他们在语言表达上展现出的无穷魅力令我们久久难忘：他们或慷慨陈词，激情洋溢；或娓娓叙来，倍感亲切；或幽默风趣，亦庄亦谐；或巧设比喻，妙不可言。因此，如何让自己的语言更有魅力，就成了无数人追求的必修之术。对此，这里就介绍几点技巧。

(1)富有情感的语言最有魅力。语言的情感来自对生活的热爱，对社会、群体和他人的关注和关怀，对真善美的向往，对不幸和苦难的同情，对假恶丑的憎恶。当我们善于对社会生活感怀时，就能不时地将这种发自内心的感怀直接或间接地表达出来，我们的语言就能具有一定的情感，并且因具备一定的感染力和较好的表达效果而富有魅力。

(2)调整语言表达形式,让语言美好起来。在说话时,适当地押韵,调节音节和句式,造成音韵美、节奏美等,那么我们语言所承载的观点、愿望、要求等就会更突出,更具吸引力。

(3)从说话的姿态上下功夫。在人际交往中我们要注意说话的姿态,切忌那种傲慢的腔调,趾高气扬的神情,刻板僵硬的语气。只有谦逊的态度,委婉动听的语调才会产生让对方心悦诚服的力量。

❀注意说话节奏,用语调吸引人

与人交往时,要想让你的语言更具说服力和吸引力,那就要注意控制好自己说话的节奏,该快的时候快,该慢的时候慢,要起伏有致、高低错落,这样才会让你的语言显得生动有力,悦耳动听。

在中午吃饭的时候,一位老师在食堂听到几个同学正在谈论刚刚从电视上看完的球赛。这位老师也是个球迷,于是就问这几个同学:“哪个队赢了?”其中有个同学兴奋地说:“中国队大败日本队获得冠军。”这位老师迷惑了,到底是中国队打败了日本队获得了冠军,还是中国队大败了,日本队获得了冠军。他又问另一个同学才知道是中国队赢了。

汉语本来就是一门博大精深的语言,就像这位同学说话没有掌握好节奏感,就让听者对他的话有了两种截然相反的理解。因此,人际交往中,与人说话一定要有节奏,以免对方误解你所表达的意思。对此要注意以下几点:

(1)与人交谈,要把握好说话的速度,既不要一口气说完一大堆话,让对方听得模棱两可,也不要慢条斯理,半天挤不出一句话来,让对方听得昏昏欲睡。

(2)说话时要懂得停顿,如说到极为严肃的事情,或是一些数据、地名、人名等时,一定要注意停顿,以免对方听不清楚。

(3)说话的声调也要有轻重之分,这就如同唱歌,老是一个调子,谁听了都会觉得不耐烦。

长话短说，复杂话简单说

话语是否精彩，重点不在于话语的长短，而在于是否说出了事情的关键，是否把话说到了点子上，是否打动了听众。其实，很多时候，人们都不愿意听那些空话、套话，甚至可以说那些没有实际意义的空话、套话就是对听众的一种精神折磨。因此，想让你的语言更具魅力，更能让听者接受，那就要学会长话短说，学会复杂话简单说。

从前有个酒店老板想给自己店面写块招牌，于是备下厚礼请了好几个秀才来为他写招牌。其中有个秀才先大笔一挥写下了“此处有美酒”五个大字。老板看了觉得好，但其他秀才却纷纷议论，说他写得太啰唆……总之是各有各的说法，这下可把老板搞糊涂了，不知道到底听谁的好。这时，一位店小二过来，随口说了一句，反正都和酒有关，我看不如直接写一个“酒”字最省事。众人一听，都觉得这个提议不错，纷纷向店小二投去了赞许的目光。

古语说：“言不在多，达意就行。”店小二虽然不像秀才那样学识渊博，但他的提议却抓住了事情的关键，让本来很繁琐的事情一下子变得简单明了，自然，也就很容易被众人所接受。因此，人际交往中，我们一定要学会言简意赅的表达方式，这样才会让你的语言更具吸引力。

(1)累赘连篇的话语，很容易使听者茫然，并产生厌烦情绪，自然你也就达不到预期的沟通目的。

(2)说话简洁也要从实际情况出发，切忌为了简洁而硬是掐头去尾，要明白，你的目的是为了更好地表达意思，而不是为了图方便。

(3)要学会透过现象看本质，并加以综合概括，这才是做到言简意赅的基础。否则，胡乱的简短很有可能弄巧成拙。

口才重要，语气更重要

人际交往中人们往往只强调说话内容的好坏，即口才的好坏，却忽视了语气在交流沟通中的重要性。其实，很多时候，说话的语气比内容更重要。

如果语气强硬,即使内容再好,再简单的道理,对方也听不进去,更不会接受。

王老师很善于用适当的语气帮助学生。在他的班上有一个孩子,性格比较孤僻、不善言谈,被别的同学称为“弱智”。在一次课外活动时,他发现这个同学独自一人坐在教室里,于是便走过去,用最温柔、最耐心的声音同他说话:“我发现你上课听讲挺认真的,而且反应并不比别人慢,老师相信只要你努力学习,一定会成为一名优秀的学生。”这个同学听了王老师的话,若有所思地点点头。然后,王老师又把他带到孩子们中间,并且陪他一起参与到学生活动中去,同学们受到王老师的影响,都争着和他做游戏。慢慢地,他和同学们的关系变得融洽了,学习成绩也提高了,再也没有人说他“弱智”了。

虽然说“理直”就“气壮”,但有理不在声高。“有理”再加上得体的语气,才会取得“情通理达”的效果。所以,把握好说话语气的分寸,对任何人来说都是非常重要、非常必要的。那么,如何才能把握好说话的语气呢?

(1)驾驭语气最重要的一条是语气因人而异。就像喜悦的语气就会引起对方的喜悦之情,愤怒的语气就会引发对方的愤怒之意,生硬的语气则会引发对方的不悦之感,埋怨的语气会引发出对方的满腹牢骚等。

(2)把握语气要注意说话的场合。一般来说,场面越大,越要注意适当提高声音,放慢语流速度,把握语调上扬的幅度,以突出重点。相反,场面越小,越要注意适当降低声音,适当紧凑词语密度,并把握语调的下降趋向,追求自然。

(3)要因时而异,同样的一句话,在不同时候说,效果往往会大相径庭。抓住时机,恰到好处,运用适当的语气才能够产生正面的效果。

❊常说“新鲜话”,让人更易记住你

口才技巧里有一点很重要,就是要学会说“新鲜话”。社会在进步,说话自然也要与时俱进,这样说出的话才更具吸引力,如果你整天把过时已久的话题挂在嘴边,那只能被人们称为“土老帽”,自然也就没人愿意听你说话了,更别说是记住你了。因此,人际交往中,要想让对方很快记住你,那就要

学会说“新鲜话”。

(1)紧跟时尚，让你的话题充满时代感。要想让你的话题更新鲜，就要多注意一些时代的新鲜产物，紧跟时代的步伐，让自己的语言也定期地更新换代。

(2)关注生活中的点点滴滴。其实，生活中的很多新鲜事就是最好的新鲜话题，如轰动一时的社会新闻等。如果你有一些对新闻的特殊意见和看法，那足可以把一批听众吸引在你的周围。还有就是现代人最关注的健康问题，如遇到朋友或其家人健康有问题的时候，你能向他提供有价值的意见，那他更是会对你非常感激的。

(3)内涵深厚才能妙语连珠。要想口才好，首先就要丰富自己的内涵，提高自己的学识修养，只有平时多学习多积累，到关键时刻你才不会“黔驴技穷”。

与人交谈，多说让人回味的话

人际交往中，要想让你的语言更具吸引力，那就要学会说一些能让对方回味的话语。尤其是与初次见面的人交谈时，如果你的语言没有什么地方值得他去回味，那证明你的话没有让对方产生兴趣，自然，沟通的成效也就很一般。因此，与人交谈时，说些适当的能让对方回味的话，会让你的语言显得生动有力，更容易让对方产生和你交谈的兴趣。

乔治是个软件销售员，一次他到一家银行去推销自己的软件，可公司的人员告诉他老板不在，就在他刚要离开的时候，却看到这家公司的老板从办公室出来了，乔治恍然大悟，知道是老板不愿意见他。于是他迅速跑到这位老板跟前，快速地说：“我前几天在网上看到，有人扬言你们银行的数据库存在着很大的漏洞，我想我可以帮你解决这个问题。”老板一听，先是一惊，然后很客气地把他请到了办公室。

其实，所谓能让人回味的话，大多是涉及对方利益的但又模棱两可的话语。自然，对方要想搞懂其中的真意，就必须和你继续谈下去。这其实就是回味的话语的魅力所在。因此，与人交谈时，要想让对方对你产生兴趣，就要多说一些可以让对方回味的话。

(1)与初次见面的人谈话,可以在一开始就给对方设置些悬念,从而引起对方的好奇心理,促使他继续和你交谈。

(2)谈话前多思考一下,尽可能一开口就直中对方的心坎,因为只有对方感兴趣的事情,才值得他去回味。

(3)可以在谈话结束时,给对方来几句能让其回味的话语,这能让你给对方留下很深的印象。

言必行,行必果,别做"大话王"

与人交往,要做到"言必行,行必果"。答应别人的事一定要努力办到,绝不可以把它仅仅当作应酬之辞一说了之。如果你没有把握,就不要轻易给人以绝对的答复,否则,即使你不是存心骗他,也会引起误会,伤害到他人感情,并最终影响到你们之间的关系。

一次朋友聚会,王雷和朋友刘某聊得很热乎,刘某还拍着胸脯说:"哥们以后要是有什么难处只管对我说,我一定助你一臂之力。"后来,王雷在做生意时,资金周转上出现了难处,就向刘某求助,刘某一开始也是满口答应,说让王雷一周以后来拿钱。可等一周以后,王雷去找刘某时,他老婆却说刘某出差了,得一个月以后才能回来,这下可急坏了王雷,给刘某打电话,电话那头传来的却是电话已关机。

答应了别人的事,就要认真履行,若因为不得已的原因而无法做到时,也要及时通知对方。即使在极不得已的情况下失信了,也应该及时坦白地承认自己的过失,诚恳地向他道歉。否则,最后的下场只能是将自己陷入孤立的境地。

(1)人际交往中,当你对对方说出"这件事交给我办好了"时,绝不可以把它仅仅当作应酬之辞一说了之。既然你说了这样的话,就要努力将事情办好,而且还要将事情的结果及时告知对方,让他感觉到你是守信的。

(2)与他人交往,不要轻易给对方以绝对的承诺,即使是很有把握的事,也可以用"我尽力而为"这样有回旋余地的话语,给自己留一条后路。

(3)即使是给他人帮了很大的忙,也不要到处炫耀。因为谁都有求于人的时候,谦虚的人才会被人尊重。

第27章

同性私聊：跟对方谈成兄弟姐妹

有些人总是抱怨："为什么我和同性之间聊天，怎么也聊不成好朋友呢？"也许你是一个说话滔滔不绝的人，是一个善于在陌生人面前说话的人，但是你和同性之间聊不到一起的主要原因就在于你的方法不对。和同性之间聊天，也许不像异性之间有很多顾忌，但是，即使和同性之间聊天，也要根据对方的喜好、性格，或是聊天的地点、时间等采取不同的方式方法。这就需要你具有灵活应变的能力，懂得把握时机，善于引出别人感兴趣的话题等，这样才能与同性之间的人聊成兄弟姐妹。

❀攀谈有道，多句话多个朋友

在生活中一个交际高手巧妙的一句话，就会使得初次见面的人有相见恨晚的感觉，很快成为朋友；而不善于说话的人，即使话说得再多，也毫无功效，反而会使别人厌烦。所以，要想使自己广交朋友，就应该懂得一点说话的技巧。那么，该如何巧妙地与初次见面的朋友攀谈呢？

（1）真诚的恭维加适当的提问。即使是觉得自己实在没有话题可说，也可以把对方的才能、成就、天赋、地位、特长等作一种夸张式的炫耀与渲染，赞扬的话谁也不会不爱听，即使是这些话有些夸大，但谁也不会去计较真实性，但你已经恭维得对方心花怒放，以后还怕不好交流吗？但要注意的是恭维不要有虚伪、奉承之感，否则就会适得其反。

（2）直截了当主动提问。对于初次见面的朋友，如果你主动和他说话，自然人家也就愿意和你说话了。如果你实在不知道该说什么，不妨主动一点，向人家提一些问题，比如，对方在哪工作，工作累不累等，从这些不经意的提问中你就可以找到和对方的共同点，以此来展开话题，不要只是一味地等着别人来说话。

（3）找准时机，适时切入。除了让对方多开口，还要看准情势，不放过应当说话的机会，适时地“自我表现”，能让对方充分了解自己。如能让对方从你的谈话中引起共鸣、获取教益，谈话的效果就不言而喻了。

（4）给对方留下深刻印象的最后一句话。能给对方留下深刻印象的告别语，会使对方感到意犹未尽，自然就会开启下一次的交谈。如：“祝您成功，恭候佳音！”“今天有幸结识您，愿从此常来常往！”“听君一席话，胜读十年书。”“送君千里，终有一别，谢谢你的盛情款待。”等这一类的话语，可以充分表现出自己对对方的尊重和敬仰之情，对方也会很乐意和你再次交往的。

❀多谈兴趣少谈人，避免人后“闲话”

一个人与别人的谈话中要是总是喋喋不休地谈论自己，就会让别人觉

得你是一个夸夸其谈的人，如果谈论其他的人，又不免有背后说人闲话的嫌疑。所以，最好的方式就是与别人谈话的时候，多谈两人之间的共同兴趣而少谈其他人。

在与别人的交谈中，多谈一谈两人之间感兴趣的话题，就能很快引起双方的共鸣。那么，在与人的交流中如何谈共同感兴趣的话呢？

（1）无论是与朋友还是客户交谈，不妨多谈谈对方的得意之事，对方得意的事情肯定是他感兴趣的事情，这样容易赢得对方的认同。如果再来点恰到好处的赞美，他肯定会高兴，并对你有好感。

（2）一定要把你的谈话和对方最关心的话题、最擅长的拿手好戏等联系起来，尽可能地调动对方的谈话热情，以免出现冷场。

（3）你可以对对方表示感兴趣的话题试着提出一些问题，这样，会让对方感觉到你对他的尊重，同时也不会出现冷场。只要提问得当，很快就能打开对方的话匣子。

❁暗合女人心，女人何苦为难女人

女人跟男人相处，不见得是难事。女人跟女人相处，则往往是难题。那么，女性该如何在同性之间交流呢？

（1）抛弃相互之间的攀比。女性的心地本来都是善良的，但是两个女人一见面，总是喜欢讨论询问对方身上的衣服或是首饰价格等，这在无形之中就使两人之间的交谈较上了劲，以后的谈话还怎么能友好地进行下去？

（2）适度地赞美对方。有人问一个善于和女性交际的女人如何与同性相处，她回答说：“好办，只要诚恳地夸她‘你今天的唇膏颜色真漂亮’，‘这身衣服配你，真是再合适不过’，足矣！”

（3）不带任何动机地谈话。女性之间平和交谈要不带任何隐秘的动机，纯粹为了彼此的快乐而与另一个女人谈话。而不是出言就是“瞧她那副德性，脸抹得跟白脸狼似的！”不用说，此种女人肯定不会有好人缘。

（4）不要盛气凌人，要平易随和。有架子的人是人见人烦的。与其做个孤芳自赏的高傲“公主”，不如平心静气地与人谈天说地，做个善解人意的“灰姑娘”。女人格外不喜欢那些倚仗自己的一点优势来藐视别人的女人。

相比之下，她们更愿意接受随意、温婉、柔和、普通的女子。

(5)不要絮絮叨叨、婆婆妈妈。虽然絮叨是女人的通病，但是没有任何一个人爱听女人的“车轱辘话”，即使是同性也是如此。如果你反反复复述说着自己的喜乐哀愁，也不管别人爱不爱听，径自讲个没完，自己倒是舒心，沉溺于一时的宣泄中去了，别人的情绪却给搅得乱七八糟，这是一种自私的表现。

❁少说废话，同性会更欣赏你

古语说“言不在多，达意则灵”，说的就是讲话要少而精的道理。异性之间，有时候不好意思开口说话，可以适当地拐弯抹角，但同性之间交谈，最好就废话少说，要用最凝练的话语来表达尽可能丰富的意思。

一个人的自行车被人偷了，左邻右舍都来表示安慰。其中一个朋友来到他家，问道：“你的自行车怎么丢了呢？什么事情都该小心才好啊！前一阵我们单位一个同事的自行车也丢了，我看就是他没锁好，我的车子就停在旁边，怎么就没丢呢？而且我的车子比他的还要新，那可是去年刚买的，当时的最新款，在欧洲极其流行，连劳尔都骑这样的车子。劳尔你知道吧？皇马的球星，踢球特棒，我就爱看他踢球……”

说话是否精彩不在于长短，而在于是否抓住了关键，是否说到了点子上，是否能打动对方。这位朋友啰里啰唆说了半天，最终还是没有说明白自己想要表达的意思。所以，同性之间，尤其是碰到性格直爽的人，最喜欢的是有啥说啥，直来直去。对于那些空话套话，他们不但不愿听，甚至觉得是受精神折磨，是浪费时间。怎样才能够做到少说废话，博得对方的欣赏呢？

(1)要学会透过事物的表面现象，把握事物的本质特征，并善于综合概括。在这个基础上说出语言，才准确、精辟、有力度、有魅力。

(2)有时需要简练，惜言如金。简洁能使人愉快，使人喜欢，使人易于接受。说话冗长累赘，会使人茫然，使人厌烦，而你也难以达到目的。简洁明了的清晰表述，一定会使你事半功倍。

(3)平常多注重对自己话语的概括练习，抓住机会锻炼，使得自己不说废话，说话不拐弯抹角，显出自己的干练。

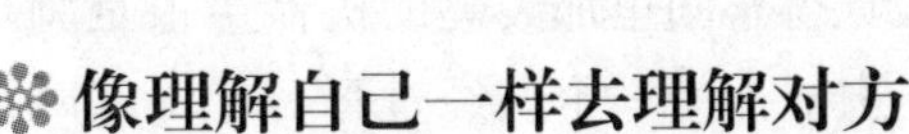

像理解自己一样去理解对方

许多人和异性交谈，能够很快找到共同的话题，和同性就觉得没有多少话可说，以至于和对方话越说越少。其实，与同性的谈话完全可以像了解自己本身一样去理解对方，这样，两个人很快就能成为知己。那么，该如何从谈话中去理解对方呢？

（1）了解对方的心理。要想通过说话来建立和对方兄弟姐妹般的情谊，就必须察言观色，了解其心理。例如，知道对方的子女今年高考落榜，因而举家不欢，你就应劝慰、开导对方，说说“榜上无名，脚下有路”的道理，举些自学成才的实例。在这种场合，切忌大谈榜上有名的光荣。即使你的子女已考入名牌大学，也不宜宣扬，免得引起对方的反感。

（2）从谈话内容去了解对方。一个人心中所想，往往是从语言中流露出来的。这是想理解别人的人，需要用心去洞察的。因为通常，人们往往把自己的真实情感深深地隐藏起来，要想了解一个人，就要听出他话语中的“弦外之音”。言谈是一个人品性、才智的外露，通过言谈我们能够从人的欲望、抱负和经验分析上进一步了解这个人，从而达到窥探对方内心世界的目的。

（3）多用肯定语气。和对方的谈话中要对他人的想法和希望表示肯定，赞同对方的所作所为，这是谈话中的基本礼貌，也是得到人心的重要前提。每个人都希望得到别人的肯定，所以，在不解及原则等的事情上尽量不要去冒险否定他人，否则，也许你会因此失掉许多朋友。

亲切微笑，才能缩短“心距”

俗话说得好：“打人不打笑脸。”更何况和你萍水相逢的人。如果一个人一开始就微笑着和你交谈几句，是不是有一种很亲切的感觉呢？而这种感觉就会迅速拉近两个人之间的距离，一个微笑，既温暖了自己，又博得了对方的好感。

两个人走进生产车间，看到工人们都在忙碌地工作着，他们脸上没有任何表情，其中一个人觉得车间里那轰鸣的机器声很是刺耳，让人感觉压抑烦躁，一刻也无法待下去。而另一个人经过每一个工人时都冲他们微笑，而他们也对他报以微笑，还向他问好，或是简单地跟他交谈几句。

微笑是和别人沟通的最简单的方式之一，微笑是一种风度，展现了一个人热情和友善、宽容和豁达、乐观和轻松的性格品质。微笑是友善的表露，是相互交流的基础，也是一个人心理素质良好的体现，所以，懂得了微笑就会更好地拉近与对方的距离。

(1)当遇上自己不太熟的人，不好意思开口打招呼时，不妨给对方一个真诚的微笑，就足以表达自己的尊敬或是友善之意。

(2)微笑要发自内心，不卑不亢，既不是对弱者的愚弄，也不是对强者的奉承。微笑也不要有目的，无论是对上司，还是对下属，笑容都是一样，才会赢得别人的尊重。

(3)同样，当自己做出什么有过错的事情的时候，也可以用微笑来化解对方心中的怨气和怒火。

❊同性间更易产生共鸣话题

同性之间交流，一个人唱独角戏，而把另外一个人当听众，这是最忌讳的。如果对方对你的话题不感兴趣的话，你就会成为一个招人厌烦的人，所以，一次成功的谈话应该寻找到能引起双方最广泛共鸣的话题，有共同的感受，彼此间各抒己见。那么，怎样说话才能在双方之间引起共鸣呢？

(1)积极寻找恰当的话题。恰当的话题有利于彼此间思想感情的交流与沟通，可使双方增长知识，丰富精神生活。比如，双方共同感兴趣的热门话题或是双方的爱好，以及彼此对人生的理解等，都更容易使双方产生共鸣，拉近距离。

(2)不要轻易地打断对方。即使觉得对方的谈话实在很无聊，但也要记住，那毕竟只是你个人的感想，但对于对方来说，也许谈的正是跟他生死攸关的大事呀！所以，不要轻易地打断别人的话题。

(3)以宽容的心态对待对方的观点。当你听到对方的某一观点和你相

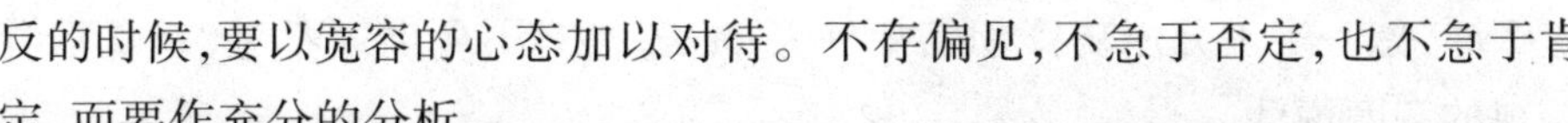

反的时候,要以宽容的心态加以对待。不存偏见,不急于否定,也不急于肯定,而要作充分的分析。

(4)满足对方的优越感。人们都喜欢表现自己的思想和见解,若能充分地展示出来,心理上便可获得一种满足感。这时候你可以表现出对这一类话题的“无知”,也会使得对方和你产生共鸣。

(5)换位思考,产生共鸣。就是设身处地地领悟他人的言行举止和感受,站在他人的角度看问题,从而让对方感觉到你对他的理解、关心等,这样也可以使得双方产生共鸣,成为知己。

❀开口就要巧,同性未必就相斥

同性之间谈话有时会话不投机,尤其是如果两个人是对手的话,那就更会出言不逊,火药味十足了。其实,即使是对手之间,只要自己方法得当,巧妙向对方开口,也是能显出自己的不卑不亢和大度的气量的。那么,怎样跟同性对手巧开口呢?

(1)在自嘲中放松自己的情绪。也许你和你的对手在职场中“鏖战已久”,在某种场合之下相见会觉得有些难堪,觉得不好意思跟对方开口。若是你对自己的这种情绪耿耿于怀,那只能增加自己的紧张。为了不使自己陷于尴尬之中,你应该超然一些,以轻松的自嘲放松自己的情绪,还会让人觉得你宽容大度。

(2)不妨当面自言自语。和自己的对手谈话自然不像朋友之间谈话一样,有很多话当面说不出口,对此你可以装作自言自语说出心中所想,对方便会心知肚明。有意识地运用这种方法,可将自己不好意思直接说出的话间接表达出来,巧妙地和对方搭话。

(3)题外话转移注意力。也许你的对手会突然地刁难你,而你一时不知如何答复,这时候扯些与主题无关的题外话,就会转移对方的注意力。比如,你可以说“这件事太复杂,一时半会也说不清楚,我们先喝一杯咖啡再说”等,而不是和对方硬碰硬地顶撞。

(4)找准时机,适时切入。向同性对手开口说话,还要看准时机,不放过应当说话的机会,比如,你见他手里拿着一本厚书,可问:“这是什么书啊?

这么厚,您一定十分用功!”但需要注意的是,绝对不可出言不逊,或是带着轻视的态度说话。

找到共同点让双方更易结成同盟

寻找出双方的共同点,除了交流时能消除彼此的紧张感、陌生感外,有时还可以为你带来意想不到的效果和收获。而寻找共同点的方法也很多,比如,双方面临的共同的生活环境,共同的工作任务,共同的行路方向,共同的生活习惯等,从这些方面出发,都可以使得双方结成同盟。

一位业务员去一家公司销售电脑的时候,偶然看到这位公司老总的书架上放着几本金融投资方面的书。刚好这名业务员对于金融投资比较感兴趣,所以,就和这位老总聊起了投资的话题。结果两个人聊得热火朝天,从股票聊到外汇,从保险聊到期货,聊得不亦乐乎,自然,这家公司也就成为这个业务员的大客户。

同陌生人谈话最重要的就是能够尽快地找到双方的共同点,以便尽快建立起双方的信任,这样才能为以后的交往打开局面。那么,怎样才能找到双方之间的共同点呢?

(1)发现的共同点,要同自己的情趣爱好相结合,才有可能迅速建立同盟。否则,即使发现了共同点,也还会无话可讲,或是说一两句就“卡壳”了。

(2)先提一些“投石”式的问题,在略有了解后再有目的地交谈,便能谈得更为自如。如在乘火车时见到陌生的邻座,便可询问:“老兄是哪里人呀?”以寻找到和对方“共鸣”的机会。

(3)为了发现对方同自己的共同点,可以在需要交际的人同别人谈话时留心分析、揣摩,也可以在对方和自己交谈时揣摩对方的话语,从中发现共同点。

(4)发现共同点是不太难的,但这只是谈话的初级阶段所需要的,随着交谈内容的深入,共同点会越来越多。为了使交谈更有益于对方,必须一步步地挖掘深层次的共同点,才能如愿以偿。

※同性的称赞让女人更有成就感

在生活中，最了解女人的还是女人，身为女人。所以，女人对女人的称赞，更能让双方都感受到一种自豪感。因为在这些称赞中，既体现出了对被称赞者的生活、命运和情感的关心，又能使称赞者获得真挚的同性友谊。那么，女人称赞女人需要掌握哪些技巧呢？

（1）要看清楚对象。赞美不能千篇一律，比如，上了年纪的人总希望别人记得她当年的漂亮美丽，所以和她们交谈的时候，可以多称赞她引为自豪的过去；对年轻人不妨语气稍为夸张地赞扬她的创造才能和开拓精神，并举出几个例子证明她的确前途无量。

（2）不要虚情假意地称赞。赞美要发自内心，只有真情实感的话语，才不会给人虚假和牵强的感觉。有真情实感的赞美既能体现人际交往中的互动关系，又能表达出自己内心的美好感受，对方也能够由衷地感受到你对她真诚的关怀，从而使双方都具有成就感，何乐而不为呢？

（3）把握好时机，恰当赞美。把握好时机是很重要的一个环节，如果恰逢对方情绪特别低落，或者有不顺心的事情，另一方的赞美往往会让对方觉得不真实，甚至会产生你轻视她的感觉。比如，当别人计划做一件有意义的事时，开头的赞扬能激励她下决心做出成绩，中间的赞扬有益于对方再接再厉，结尾的赞扬则是对其成绩的肯定，以及对其进一步的努力予以支持。

（4）雪中送炭式的赞美。当一个女人因为某种原因被埋没而产生自卑感或身处逆境的时候，这时候一旦被你当众真诚地赞美，便有可能振作其精神，重塑其信心，成就一番事业。所以，最有实效的赞美是雪中送炭，而不是锦上添花。

第28章

异性谈话：把话说得恰到好处

由于性别之间的差异，很多同性之间能说的话，放到异性之间就显得很不合适。如果交谈中不注意，势必会造成双方的人际关系紧张，甚至会伤害彼此之间的情感。因此，在和异性交谈的时候要多注意言辞，注意交谈的尺度。要做到既能把你的意思表达清楚，又能让对方接受，就需要一定的功夫和技巧了。

异性之间交谈应有尺度、知分寸

说话谁都会,但不是谁都能把话说得到位,说得恰到好处。人与人的交谈,尤其是异性之间的谈话,最注重的是谈话的尺度和分寸,那种口无遮拦、张口即来、毫不考虑后果的谈话方式,不但会让对方觉得你很没水准,还有可能给自己惹上不必要的麻烦。

和异性交谈,一定要把握住自己说话的尺度,以免自己把自己的路堵死。

(1)一般不要把对方的健康状况当作谈话的焦点,关心是必不可少的,但谈得深了就会引起对方的厌恶。

(2)和异性交谈时,一般不要谈到色情的东西,以免让对方觉得你在挑逗和引诱,因此对你深恶痛绝,避而远之。

(3)除非很清楚对方立场,否则应避免谈论一些很敏感的话题,尽可能不要和对方争论、抬杠。要让对方感觉到你是个很有素养的人。

(4)异性之间避免感情过分,讲话内容上应尽量避免谈及双方私生活中带有浓厚的个人感情色彩,如:"听说你和你爱人吵架了,是吗?""真让我同情。"女性不宜让男性评价自己的装饰、发型、穿戴,或问:"你觉得我漂亮吗?"

(5)异性之间交谈举止要有分寸,在举止上异性交谈应有分寸感。言语轻佻,举止随便,如双方交头接耳,卿卿我我,喁喁细语及发生让人莫名其妙的笑声……则极易被人视为不正当的男女关系。

(6)与男士交谈应做一个听者,一般来说男性喜欢谈他自己,他的事业以及他的癖好;更喜欢发表他的意见,又喜欢告诉别人他是一个多么好的好人。

异性交谈时的身体语言体现涵养

在人际交往中,身体语言往往对交谈的成败有着极大的影响。说话时

一个好的手势，会让对方觉得你很有涵养，很愿意跟你继续交谈。反之，一个诡异的表情可能会让他人对你产生疑心，从而放弃与你的交谈。因此在与异性交谈时，我们更应注意自己的身体语言，不要因一个不经意的身体动作而坏了你的大事。那么，要注意哪些方面呢？

(1)注意说话时的面部表情。与异性交谈，如果时常面无表情，可能会引起对方的紧张情绪，让对方无法畅所欲言，自然也就影响了沟通的效果；反之，常常面带笑容，可以让对方感受到一种敬重和理解，同时也会给他人以更多的美感。

(2)管好你的手，不要让对方觉得你是个没有素养的人。与异性交谈时，即使遇到让你激动的事，也不可在对方面前指手画脚。交谈中适当的手势是必要的，但幅度不可过大，不要过于夸张，否则对方会觉得你是个没有涵养的人，从而对你产生戒备心理。稳重、文雅的手势更能显示出你的诚意。

(3)不要让你的坐姿站相影响你与异性之间的谈话。异性之间交谈，坐姿站相都要文雅大方，这是对双方的尊重。假如一位男性和一位女性谈话，男性的坐姿站相都很大大咧咧，试想，两人的谈话效果会好吗？因此，坐姿既不可过于拘谨，也不要过于轻率；站立时最好不要摇头晃脑。

❊异性交谈更要注意维护对方的自尊心

异性之间交流，尤其是在恋爱当中的男女之间的沟通，难免会涉及一些双方都敏感的话题，因此，交流沟通时一定要注意说话技巧，学会处理一些容易引起争议的话题，切忌因语言上的失误而伤及他人的自尊心。因为只有你尊重了别人，别人才会去尊重你。

有一个年轻的女孩，身体特别胖，平日里为了减肥花了不少工夫，但是效果却不明显。她常常为此而烦恼，特别担心别人会说她胖。一天，刚上班，同事小王就笑着说：“你到底吃什么了啊，这才过了几天啊，整个人又胖了一圈？”这位女孩一听，顿时火冒三丈，大声地叫道“我就胖了，碍你什么事了？真是没事找骂！”小王脸涨得通红，无地自容。

心灵的伤害比肉体的创伤更痛苦。因此，要想你的语言被对方接受和

认可，那就要切记谈话时不要伤及对方的自尊心。

（1）不要拿对方的缺陷开玩笑。对方的缺陷对于本人来说是非常敏感的，也是最不愿意让人提及的。因此，和异性交谈的时候，要注意对方的雷区，千万不要“哪壶不开提哪壶”。

（2）说话时态度要真诚、谦逊，倾听对方的话语时，最好不要嬉皮笑脸，不要让对方觉得你是在耍笑他（她）。最好少涉及一些双方都很敏感的话题，以免因语言处理不当而引起对方的误会。

（3）与异性交谈，一定要把握好自己的语调、语气，因为说话的语调可以直接体现出一个人是否有素质。说话时语气不要过于强硬，以免让听者认为你是在仗势欺人。很多时候，委婉动听的语调，更能给人一种心悦诚服的力量。

❀谈情说爱如何抓住兴趣话题

谈情说爱时，与异性交谈也是需要技巧的，有的人一开口就知道如何通过谈话和对方的思想情感碰撞，擦出爱情的火花。而有的人，侃侃而谈，说了半天，反倒让对方产生了不耐烦的情绪。其实两者的区别就在于话题是否引起了对方的兴趣，试想，本来就是第一次见面，还谈些老掉牙的话题，谁会有耐心继续谈下去呢？那么，如何在谈情说爱时抓住兴趣话题呢？

（1）从对方的兴趣、爱好入手。谈情说爱时要多谈些双方都感兴趣的话题，切忌唱独角戏。就像明明对方不爱好文学，而你偏偏大谈文学，那对方怎么可能和你产生共鸣呢！多给对方说话的机会，从中揣摩对方感兴趣的话题。尽可能说些与彼此年龄相符的话题，这样更容易引起共鸣。

（2）和对方找到共鸣的话题。所谓共鸣的话题，其实就是双方都愿意听的、愿意说的话。因此，谈情说爱，关键就是要找到双方的共同语言，这样才能让谈话愉快地进行下去。寻找共同语言时，最大的困难就是不了解对方，因此，谈情说爱，首要的问题就是尽快了解对方，这样才更容易找到对方感兴趣的话题。

❊通过交流探知到适合的求爱方法

向爱慕已久的人求爱也需要一定的技巧，就像有人与异性的感情交往确实已经达到了恋人的境地，但却因为求爱方式的不恰当而劳燕分飞。因此，合适的求爱方法直接影响着恋爱的进程甚至是结果。那么，什么样的求爱方式才恰当呢？对此，不同的人有不同的认识。

卢伟在一次给公司订花的时候，对花店里的一个女孩产生了爱意，通过交谈，两人都对彼此有好感。好几次卢伟都想去向女孩表白，但却不知道该用何种求爱方式，虽说送花很时髦，但女孩整天都在花店，肯定对花不感兴趣。在和女孩的一次聊天中，女孩的一句话让卢伟有了主意，女孩说："我每天面对这么多的花，但却没有一个人送过我一束花。"于是，在一个周末，卢伟买了一大束玫瑰送给了女孩，向她表明了爱意，女孩很感动，答应了卢伟的求爱。

任何事情都是因人而异的，求爱也是如此，同一种方法用在一个人身上可能会收到很好的效果，但用到另一个人身上可能会起反作用。因此，要想找到合适的求爱方法，最便捷的方法就是从与对方的交流中去寻找。

(1)很多时候，人在不经意间说出的往往是自己的心里话，所以，在与异性谈话时，要注意多从对方无意之中的语言中了解对方的心理，从而找到合适的求爱方法。

(2)有时候，对方对某事物的一两次抱怨，可能恰好是因为最看重该某物，如果抓住了对方的这种心理，那就不难找到合适的求爱方法了。

(3)可以从对方的言行举止中探测出对方的性格爱好，从而找到合适的求爱方法。切忌采用盲目跟风式的求爱方法。

❊贴心话语让爱情绽放出绚烂光彩

爱是什么？爱是一种发自内心的情感。这虽然是一种对爱的基本定义，但把它与恋爱当中的谈话技巧联系起来，就会让我们明白：贴心的话语

才是最能诠释爱情的语言。因此,想让你们的爱情更加绚烂,那就要学会说贴心的话语,因为无论何时,甜蜜的爱情都离不开贴心话语的滋润。

马克思向燕妮说出了最贴心的求爱话语,让自己心爱的人在恐惧之后感受到了爱情的甜蜜。即使到了今天,他们的爱情也依旧显得绚丽多彩。这也告诉我们,只有时常被贴心话语浇灌的爱情之花,才会开得更加绚丽。那么,什么样的话语才是最贴心的呢?

(1)最能安慰对方失落、痛苦心理的话语也是最贴心的话语。因此,谈情说爱时,要多了解对方的阴霾心理,然后说出能给对方带去安慰的话语。

(2)贴心话语不一定就是甜言蜜语,只有能让对方心理上认可的话语,才算得上是贴心话语。

(3)真诚的话语是最贴心的,感情真挚的话语会让对方看到你忠诚的内心世界,从而让双方心中激起爱的涟漪。

❊一句撒娇话轻松俘获男人心

人们常说,恋爱中,男人最抵挡不住的是女人的眼泪。其实,有时候,女人一句撒娇的话语更能俘获男人的心。

萧萧和军子是一对恋人,这天他们相约去公园玩。可是萧萧和姐妹逛街,把这事给忘了。当她想起来的时候已经是晚上七八点了。于是她没有打电话,而是直接去找军子。军子正在生气,无论萧萧怎么道歉,也不肯原谅。这时候,萧萧走过去,拉起军子的手,撒娇地说:“哎呀,军子,我又不是故意的嘛,你就原谅我一次啦,我以后再也不这样了。”军子依旧不说话,萧萧摇着军子的手说:“人家又不是故意的啦。”这时候军子也不生气了,拉过萧萧搂在了怀里。

其实任何时候、任何地方,男人都想在心爱的女人面前充当英雄的角色,而女人嗲气的撒娇正好可以让男人感觉到成就感和自豪感。因此,要想轻松俘获男人的心,撒娇是你最好的选择之一。为什么这样说呢?

(1)外表美丽不一定就能吸引男人的心,其实男人更看重的是所谓的“女人味”,而一般认为,撒娇是“女人味”的体现。因此,女人适当地撒娇,会让男人无法抗拒,最终只能乖乖地顺从。

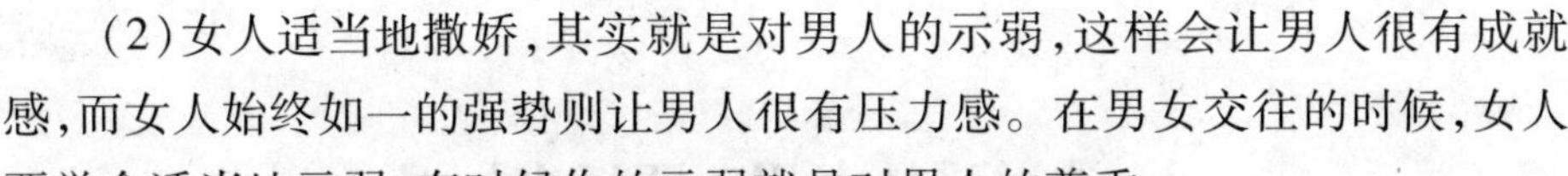

(2)女人适当地撒娇，其实就是对男人的示弱，这样会让男人很有成就感，而女人始终如一的强势则让男人很有压力感。在男女交往的时候，女人要学会适当地示弱，有时候你的示弱就是对男人的尊重。

(3)女人撒娇、示弱，并不代表软弱，也不是让你在男人面前摇尾乞怜，而是给男人更多保护你、关心你、呵护你、疼惜你的机会。

情侣之间提建议，学会巧言人人心

我们常说做事要“三思而后行”，其实，说话也是如此，在与人交流的时候，我们同样要做到“三思而后说”。与人沟通，给他人提建议都应注意说话的技巧，即使是情侣之间的谈话也要如此，很多时候，一对甜蜜的情侣会因为一个建议的缘故而分道扬镳。因此，恋爱当中的男女，更要学会一些和异性说话的技巧，即使是提一个小建议，也应用巧话来提。对此应该注意以下几点。

(1)说话时态度要真诚。情侣之间提建议，最好不要直来直去，以免伤及对方的自尊。即使是再难以接受的事情，也应按捺住情绪，最好以一种商量的口吻给对方提出建议，这样更容易让对方接受你的建议；提建议时态度要诚恳，让对方深切感受到你的诚意。还可以通过口才技巧给对方一种暗示，让对方去体味你的弦外之音。

(2)要强调恋人的身份。事实上，一般情况下，恋人之间提建议的时候，要注意强调恋人的身份，让对方明白，之所以给你提建议，是因为是你的恋人，要是换成别人，是不会给你提建议的。这样不管你提的建议是否合适，对方都不会生气，因为你们的关系是恋人。

(3)有一说一，切不可添油加醋、夸大其词。情侣之间提建议，要抓住重点，把握好分寸，要明白什么话该说，什么话不该说；内容可以非常严肃，但口气最好是温和的，让对方感到如坐春风，这样一来，对方也会更愿意接受你的建议。

❊浪漫爱情多用聪明话来加温

爱情是甜蜜的,但甜蜜的爱情更需要聪明的话语来为它加温,只有这样,爱情才会变得更加绚丽,更加烂漫——这就是嘴巴甜的男孩更能博得女孩的芳心的原因。因此,恋爱当中的男女,要想让你们的爱情更加温馨,那就要在说话时注意以下几点。

(1)爱情当中的甜言蜜语是最能倾心的语言。甜蜜的爱情是需要用甜言蜜语表达出来的,因此,恋爱当中的男女,要想更好地拴住对方的心,就要多向对方说些甜言蜜语。当然,甜言蜜语也要用真诚的态度说出来,只有先让对方感受到你的诚意,她才会感觉到你的语言的甜蜜。

(2)幽默诙谐的语言在恋爱当中更有效。很多时候,女孩子都比较喜欢那些话幽默风趣的男孩,因为幽默的语言更容易让双方敞开心扉。幽默要看场合,把握分寸,死板硬套的幽默可能会招来对方的厌恶情绪;不显山露水的表达方式,可能会让你们的爱情更加浪漫。

(3)把话说到对方的心坎里。想让爱情浪漫,就应懂一点心理学的知识,运用心理学的技巧,抓住爱人的心思,这样你才能更好地把话说到对方的心坎上。比如,可以适当地恭维和赞美对方,使对方从内心感受到你对他(她)的爱慕和赏识,并因此而愿意与你相处。

❊用最佳语言回绝他人的示爱

爱情是两个人的事,一厢情愿只能让双方陷入烦恼与痛苦之中。但是,如何拒绝一个自己不喜欢的人也是很多人头痛的一个问题。年轻人在掌握爱的能力的同时也应学会怎样拒绝他人。敷衍了事的态度只能将对方伤害得更深。那么,我们该如何巧妙而不失体面地拒绝求爱呢?

(1)直言相告,消除误会。当对方把友情误认为是爱情时,消除误会的最好方式就是直接把话挑明,拖泥带水只会把对方伤得更深。你若已有意中人,又遇求爱者,就应直接明确地告诉对方,你已有爱人,请他(她)另选别

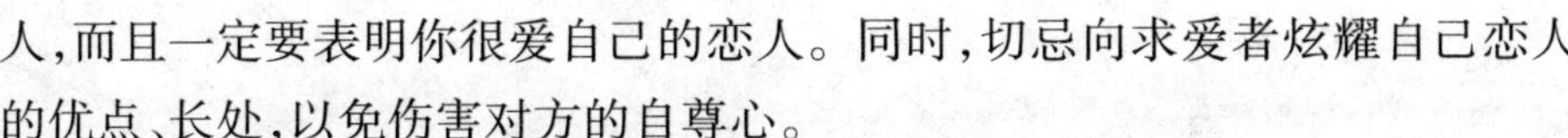

人，而且一定要表明你很爱自己的恋人。同时，切忌向求爱者炫耀自己恋人的优点、长处，以免伤害对方的自尊心。

(2)可以在尊重对方的基础上，婉言谢绝。对自尊心较强的男性和羞涩心理较重的女性，应当委婉、间接地拒绝。因为他们可能是克服了极大的心理障碍，鼓足勇气才说出自己的感情，一旦遭到断然的拒绝，很容易受到很深的伤害，甚至采取极端的手段。拒绝这种类型的人时，你的态度一定要真诚，言语也要十分小心。你可以告诉他(她)你的感受，让他(她)明白你只把他(她)当朋友看待，你希望你们的关系能保持在这一层面上，你不愿意伤害他(她)，也不会对别人说出你们的秘密。

(3)用适当的冷淡或疏远来让他(她)明白你的心思。如果这些自尊和羞涩感都挺重的人没有直接示爱，只是用言行含蓄地暗示他们的感情，那么，你也可以采取同样的办法，用暗含拒绝的言行，或者是适当的冷淡或疏远来让他(她)明白你的心思。

第29章

“聊”解孩子:真心沟通中令孩子健康成长

你懂得怎样和自己的孩子说话吗?也许有人会说,我天天和自己的孩子说话，怎么会不懂呢。其实天天和孩子说话的你也不见得就懂得怎样和孩子说话。如果孩子最近出现老说谎,或是总不愿意和你说话,甚至是顶撞你等问题,你就要注意了,不要一味地从孩子身上找原因,也许,问题就出在家长身上。因为,家长的一句口头禅,或是一句不得体的批评等,都会成为家长和孩子之间沟通交流的障碍。要想做一个好家长,就要学会如何和孩子聊天、说话。

说话的蝴蝶效应，孩子的成败“听”你的

家长也许从来也没想到过，自己的一句话会对孩子小小的心灵产生多么重大的影响。有时候，家长一句不经意的话或是经常对孩子说的口头禅，就会影响孩子一生的成败。心理学家研究也表明，家长粗暴简单的话语，会导致孩子的“心理创伤”，而这种“心理创伤”往往会毁掉一个孩子的未来。

上小学的心怡，性格内向，上课从来不主动举手发言，对任何事都漠不关心。班主任老师找她谈心，心怡说，每天她的妈妈都会接她回家，回去的路上，对她说得最多的话就是“上课要举手发言”“作业要认真做啊”“课间不要疯”“与学习无关的事情不要管”等，她都听烦了，除了回答“嗯”“好”之外，没有其他话可以说。时间一长，觉得对什么都提不起兴趣来。

所以，对孩子说话，不要随随便便。有人也许觉得这些话是在教育孩子啊，其实，这些话在潜移默化中影响着孩子的心理健康，就算是要表达同样的意思，你选择的表达方式和语言都将对孩子产生很大影响。那么，作为家长，该如何对孩子说话呢？

(1)如果想让孩子做某件事，或者是停止做某件事，家长可以对孩子和她们的小伙伴说：“你们来作决定，是想留在这里安静地玩儿，还是到外面去？”5 分钟之后，孩子们依旧大声喧哗，家长就可以再告诉他们：“我知道了，看来你们是决定到外面去了。”

(2)当家长对孩子大喊“你怎么越大越不听话”时，家长所关注的只是自己的感受。其实完全可以用一些比较有同情心的句子来开头：“你看上去非常生气”或者“我知道你不高兴，但这样的事情总是难免要发生的”等。

(3)最重要的一点就是不要拿恫吓性的话语来吓唬孩子，这样的话语，虽然可以起一时的作用，但却会起一世的反作用。

不要跟孩子说过多啰唆的话

孩子们最厌烦的就是家长絮絮叨叨，认为自己什么都知道，而家长却是

什么事情都要对孩子叮咛了又叮咛还是觉得不放心，这就会造成了两种极端心理之间的冲突。造成这种冲突的主要原因还在于家长不懂得如何和孩子说话。

上小学三年级的小慧本身是一个活泼可爱开朗的小女孩，上课总是第一个举手发言，下课组织同学们玩游戏等，对任何事情都表现出极大的热情。可是近来老师发现，小慧总是沉默寡言的，而且对什么事情都不感兴趣。通过了解老师才知道，原来，小慧的父母总是在小慧面前唠叨："一天疯疯癫癫的，一点也不像个女孩子的样"，并告诫小慧，"女孩子就应该有女孩子的样子……"

父母对孩子的伤害不只是打骂，很多时候，父母过多的唠叨也会给孩子带来难以言表的伤害。据调查统计，98% 的父母被孩子指责为过于唠叨。而父母自己也承认，只要见到孩子，自己就会不由自主地要多说几句，多强调几次。那么，父母该怎样对孩子说话呢？

(1)作为父母，任何时候都要保持冷静和理智。不要对孩子说过多的教导型的话语，如"你应该……""不要那样去做……"等，这样在某种程度上就会束缚孩子的手脚。

(2)有些父母常常把自己的意愿强加给孩子，本来孩子已经有了自己做事的思路，虽然这是一种幼稚的思路，但父母过多的话就会让孩子无所适从。

(3)父母要根据孩子的特点，采取讲故事等孩子乐于接受的说话方式，来帮助他们纠正不良习惯，让孩子在娱乐中得到启发。

❁父母应统一口径，别成为孩子眼中的"两面派"

家长是孩子最好的启蒙老师，家长的一言一行都为孩子的言行起着模范作用。所以为了孩子能够德智体美劳全面发展，家长就要注意在平时的教育中从各方面都要统一口径，不要成为孩子眼中的"两面派"。

一天晚饭时小苏的女儿问他："爸爸，我想吃完饭出去玩。"小苏肯定地回答："不行，今天晚上太冷了。"吃饭时女儿吃得很快，还吃得很多。吃完饭之后，女儿说："妈妈，我现在可以出去玩了吗？"还没等小苏爱人开口，小苏

就马上说:“我已经说过了不行,怎么还问?”女儿说:“妈妈刚才答应我吃完饭出去玩。”小苏爱人说:“我做饭时,孩子要吃巧克力,我没答应让她吃巧克力。孩子又说想出去玩,我想不能总是不满足孩子一点小小的愿望,就给她提了个条件:只要好好吃饭,吃完饭就可以出去玩。”

“口径”不一致,造成对孩子的诸多坏处,孩子年纪小,不能分辨是非黑白,对父母不统一的要求,不知道接受哪个才好,同时,也会给孩子的不合理欲望、要求和坏习惯有“机”可乘。那么,对孩子的教育,父母该如何统一好口径再对孩子说呢?

(1)夫妻双方要及时沟通,一句话要怎么对孩子说,特别是在教育孩子的观点上出现分歧时,更要及时沟通,尽量达成一致,这样就可以避免很多矛盾的产生。

(2)对于孩子不合理的要求,夫妻双方一定要统一要求。当不能立刻沟通的时候,可以说“让我想一想……”等,其实不是想,而是和另一方沟通,保持意见的统一。

(3)家长平时需要注意自己的言行,处处、时时、事事应该提醒自己是一个教育者,应该表里如一、言行一致,给孩子树立楷模形象,同时也要学会掌握教育方法,不能简单粗暴地对待孩子。

❊平等交谈,与孩子成功对话

一些父母总认为孩子小,什么都不懂,所以说话时总是凌驾于孩子之上,不管自己说什么,孩子都得听,如果孩子反抗,就说孩子不听话,甚至是大逆不道。可是父母越是这样,就会使得孩子越产生反叛的情绪。其实这都是父母不懂得同孩子正确地对话造成的。而对于一个懂得和孩子平等对话的父母来说,这些问题自然就会迎刃而解。那么,该如何与孩子平等对话呢?

(1)寻找合适的聊天话题。这就需要家长首先要了解孩子的喜好和兴趣。如孩子喜欢漫画,就多和他聊聊漫画方面的东西,而不是成天在孩子面前唠叨。

(2)要善于和孩子对话。要善于与孩子对话,不引起孩子的反感,就要

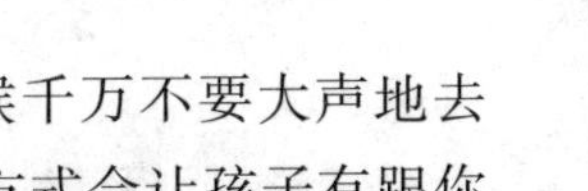

采取一种灵活的方式来对话。如发现孩子打架，这时候千万不要大声地去呵斥孩子，一定要平静地跟孩子聊一聊，这种平和聊天方式会让孩子有跟你倾诉的欲望，在倾诉中这些问题就会迎刃而解。

(3)和孩子平等对话。孩子虽然还小，但其实他们已有自己的想法，并不喜欢父母一直都把自己当小孩子看待，他们希望父母能与自己进行平等的对话，这样，会让他们觉得父母是尊重他们的。在他们幼小的心灵里，有一种得到大人认可的渴望。给孩子平等对话的机会，是对孩子人格的一种尊重。

(4)给孩子充分表达自己意见的权利。有些家长和孩子说话，只是一味地自己说，让孩子听，不给孩子发表意见的机会，时间一长，孩子就不会再对父母说出自己的心里话了，而且还会形成沉默寡言的性格。

❁做个会跟孩子讲话的好妈妈

女性柔和的性格使得大多数子女愿意更多地和妈妈亲近，但是这就使问题出现了：许多妈妈更多的时候给予孩子的是溺爱，不愿意说孩子一句重话，什么事情都由着孩子的性子来。事实上，一个好妈妈应该懂得在和孩子说话中教育孩子，使孩子形成健全的人格。那么，如何做一个会说话的好妈妈呢？

(1)不要用命令的口吻对孩子说话。用命令的语气和孩子说话，只能让孩子表面上服从自己，内心深处不服气，很容易导致孩子的逆反心理。比如，周末，军军在电视机前看他喜欢的动画片，妈妈把饭菜端上饭桌很长时间了，叫了他好几次，他还是舍不得离开电视。尽管妈妈很生气，但是她马上冷静下来，然后告诉军军："饭菜凉了，吃下去会肚子疼的。再说你看电视时间太长了，对眼睛不好。妈妈知道你是听话的孩子，吃完饭再看吧。"军军听到妈妈和蔼的话，也觉得自己的做法不对，他跟妈妈道了歉，乖乖地走到了饭桌前。

(2)学会倾听孩子的话。一个好妈妈首先要懂得"听"孩子的话，比如，这次考试为什么没有考好，为什么和小朋友打架，等等。在孩子的话语中反思自己没有尽到哪些责任，或是认真分析究竟是谁的过错等，而不是一味地对孩子谩骂。

(3)不要粗暴地和孩子说话。很多妈妈在教育孩子时,喜欢用简单粗暴的语言。她们只关注自己的权威地位,而不考虑孩子的感受。粗暴的妈妈希望孩子绝对服从自己,认为母子之间只是简单的“统治”和“被统治”的关系。殊不知,孩子的心灵脆弱、敏感,妈妈用粗暴的语气和孩子说话,只会挫伤孩子的自尊心。孩子做错事情的时候,妈妈不要一味责备,要耐心帮助孩子分析原因,引导孩子走上正确的道路。

❈批评有度,避免激起孩子的逆反心理

孩子的教育生涯,应该是赞美与批评相辅相成,但是许多家长却掌握不好这样的“度”。某些时候,对孩子过分地批评,乃至于使得孩子产生逆反心理,还伤了孩子的自尊,而不痛不痒的批评,又不能引起孩子足够的重视。

家长在批评孩子的时候,要注意批评的“度”,如果家长掌握不好“度”,孩子就不爱听,不肯照家长的要求做,甚至产生逆反心理,达不到教育效果。那么,家长批评孩子时,如何掌握好“度”呢?

(1)使用平心静气的描述性语言,可以避免指责和埋怨孩子,让孩子把注意力集中在“该做什么”上面。比如,孩子把一杯果汁碰倒了,家长可以这样说:“看,果汁洒了,我们现在需要干什么?”既然是孩子惹出的问题,就让孩子去想办法来解决。

(2)家长善于运用生动的比喻,拟人的方法让孩子做事,孩子会觉得很有趣,也愿意听从大人指令配合完成事情。

(3)简单的提示让孩子明白他所做的事情错在哪里,给他人带来什么不便。由此而引导孩子自觉改正错误。

(4)孩子做错了事,家长生气、愤怒是可以理解的,不过光顾着生气、指责,并不能解决任何问题。还要说出你对这件事的态度,让孩子明白你的感受。

❁耐心倾听，用心交谈，助孩子茁壮成长

在和孩子交谈时，一个好的家长不仅要用心去和孩子交谈，更要有耐心去听孩子谈生活中琐碎的小事情，做孩子最耐心的听众，聆听孩子的心声，了解孩子的想法，从而发现孩子的问题，引导孩子解决困难。那么作为家长，该如何耐心和孩子去交谈呢？

(1)认真听孩子讲话。和孩子交谈，家长应该集中注意力，给孩子固定的时间和安静的地点，认真耐心地听孩子讲话。在和孩子讲话的过程中，要用眼睛注视孩子，让孩子感觉自己是在和孩子用心交流。同样当孩子要和家长讲话时，家长要主动停下自己正在做的事情，不要表现出不耐烦的情绪。

(2)要懂得耐心倾听。多听少说型的家长是最受孩子欢迎的。当孩子出现问题时，家长要积极聆听，以理解和认同的态度，让孩子尽情倾诉。耐心倾听孩子的话是家长的责任。孩子心中的感受得以倾诉之后，烦恼会消失很多，能以轻松和健康的心态，面对生活和学习中的挫折和困难。

(3)对孩子的话表现出兴趣。除了耐心倾听之外，家长还要对孩子说的话表现出真实的兴趣，这不仅有利于和孩子之间的沟通，也会让孩子产生自己被重视的良好情感体验。比如，晓寒每天放学回家，妈妈总爱问她：“今天，你在学校又有什么新鲜事啊？”晓寒就会打开话匣子，把学校的一些趣闻逸事告诉妈妈。妈妈每次都听得很投入，晓寒也越来越爱和她谈心。有时候，晓寒说的事情，根本不合妈妈的胃口，但妈妈也没有表现出不耐烦的表情，仍然安静地听着。家长对孩子表现出兴趣，会增加孩子的安全感，孩子会愿意生活在这种安全感中，也乐意与家长交谈。

❁多用夸奖的语言，给孩子多一些自信

俗话说，好孩子是夸出来的。要想教育好孩子，就要在孩子面前多夸夸他的优点。这也是许多成功家长的经验之谈。其实每个孩子都有他值得家

长欣赏的一面，如果家长能给予孩子适当的夸奖，就会使得孩子信心大增。

小黄的孩子每次考试都是倒数第一，这一次考试又考了倒数第一，小黄就在寻找表扬孩子的理由，终于找到了。孩子这次考试比上次考试多考了30分。于是小黄就说："嗯，不错不错，这次考试还是比上次考试进步了不少么，多了30分呢！"孩子听到这样的话，马上变得自信起来。

夸孩子不是为了满足大人的某种心理需要，而是为了孩子良好的思想行为的发展，也是为了以后孩子能健康成长。所以，一个好家长应该多夸夸孩子，给孩子自信。那么，如何把握住夸奖孩子的一个度呢？

(1)有时候孩子做事缺乏自信。此时，家长需要对孩子进行引导和激励，帮助他们调整心态，学会处理问题。如有的孩子胆小，不够自信，可以在事前对孩子说些鼓励的话，肯定他们的进步，夸他们已取得的成绩，给孩子打气，使孩子充满自信，高兴地去参加各类活动，并争取成功。

(2)对不同年龄、不同性格的孩子注意用不同的语言语气进行表扬。对年龄小的孩子和有自卑感的孩子，语言可以夸张些，以增强激励性。而对年龄稍微大一点的孩子则可以用平和一些的语气进行实事求是的肯定，使他们从这些随和的情感反馈中，感受成功的喜悦。对有自满情绪孩子的表扬，既要充分肯定，又要不过于夸张，这样，既尊重了孩子，又可帮助其抑制骄傲情绪的发展。

(3)如果将表扬和奖励结合起来，效果更佳。奖励，以精神奖励为主，但适当的物质奖励也能起到积极的作用。

先听孩子怎么说，再发表你的意见

思想和见解并不是大人所独有的，孩子也有自己的理解和想法，但是如果不能让其很好地表达出来，家长就无法了解孩子的想法，不能给予孩子及时的引导和帮助。所以，家长不管遇到什么事情，不要只发表自己的观点，而忽略了孩子的想法。那么，家长该如何更好地倾听孩子的意见呢？

(1)听孩子把话说完。家长应该站在孩子的角度，认真倾听孩子的话，引导他们正确地区分和表达。对于孩子的想法，家长不要嘲笑孩子的幼稚，而要从孩子的视角去了解和理解孩子。比如，早上刚起床，小刚就跑到妈妈

面前说，自己做了个梦。妈妈当时正在准备早饭，就制止了小刚的话，让他去洗脸刷牙。饭桌上，小刚又和妈妈谈起，说梦见自己长了两只翅膀，妈妈非但没有夸奖孩子的想象力，还说他太无知了，人怎么会有翅膀。妈妈的反应让小刚很失望，接下来一整天，小刚都变得很沉默。

(2)家长要放下权威的架子。不少家长受到传统思想的束缚，认为“老子天下第一”，一旦孩子没有按照自己的意愿做事，就摆出权威的架子，丝毫不照顾孩子的感受。要是孩子做错了事，不由分说，一顿臭骂，根本不听孩子的申辩。

❀学会用孩子的语言方式与其对话

同样的话用不同的方式说出来，效果就不一样。家长要达到自己的目的，某种语言方式能够使孩子乖乖按你说的去做，而另一种语言方式可能使孩子无动于衷，甚至逆反。所以，一个成功的家长要懂得运用孩子的语言方式来与孩子沟通。如何才能用孩子的语言方式与孩子对话呢？

(1)走进孩子的世界。孩子之所以喜欢和同龄的小朋友玩，是因为小朋友和自己是对等的，他们有着共同的语言。家长要想更好地了解孩子，学会运用孩子的语言方式和孩子对话，就要走进孩子的内心世界，从孩子的思维角度去看问题。

(2)和孩子说话要讲究技巧。家长和孩子说话要有一定的技巧，用一种引导的方式，把孩子带入自己愿意说的情景中，而不是让孩子无从回答或不想回答。例如，一个家长为了更好地了解孩子，每当孩子回到家里，妈妈就会问：“今天有什么快乐的事发生吗，妈妈看你现在嘴还没合拢呢！”孩子通常就会说：“今天和一个小朋友垒了长城，还在上面放了几门大炮，可长呢……”

❀注意说话的语调，让孩子接受沟通

孩子和家长相处，除了表情动作之间的交往，最重要的还是言语的沟通交流，而家长对孩子讲话时所使用的语调对孩子的情绪，甚至是性格的形成

都具有很大的影响。因为孩子能够从家长的语调中来判别父母是生气还是欢喜,是对自己的肯定还是对自己的否定等。那么,作为家长要用什么样的语调和孩子沟通交流呢?

(1)不要对孩子大喊大叫。很多家长感到很苦恼,因为他们发现跟孩子交流时,有时候喊叫似乎成为自己正常说话的声音了。的确,孩子有很多让人生气的行为,但是父母依靠喊叫能解决问题吗?专家认为:喊叫只会起反作用。很多家长都反映,叫孩子做一件事叫一遍,孩子是不会行动的,至少要喊上好多遍,甚至要表现出很生气,孩子才会去做。殊不知,父母的说话方式会间接地让孩子学会以大声喊叫来要求别人。

(2)运用正确的语调和措辞。家长说话前请三思,运用恰当的语调和措辞,效果会很好。比如,对孩子的行为很不满时,可以用严肃的语调说:“我爱你,但是你的行为我不能接受”,这种话很容易让孩子接受。

(3)不要用恐吓的语调。不要恐吓孩子。恐吓会引起孩子胆怯,而随着年龄的增长,孩子知道恐吓的话是假的,他就再也不怕了。这将影响父母在孩子心目中的威信。

(4)对孩子要低声细语。低声调可以赶走愤怒。父母是孩子人生中任教时间最长的老师,大人的言行对孩子的影响最大。遇事暴躁,不冷静,开口大声责骂孩子的父母,肯定对孩子的性格有负面影响。

第30章

禁言忌语:不做“长舌妇”

不要以为“长舌妇”是女人的专利,在别人面前爱扯闲话、搬弄是非的人,有相当一部分是男人。这些人在背后对别人说三道四,一点小事就当大事宣传,成为令人们极为反感的“长舌妇”和“长舌男”。所以,要想做一个交际场上的交际高手,展现自己一流的口才,我们就不要在别人面前搬弄是非,对朋友的秘密要守口如瓶,而且不要总是一开口就口无遮拦等。这样的人,才会被别人尊重,别人也更乐意与他来往。那么,你想做一个这样的人吗?

不要让自己成为说闲话的小人

中国有句老话，叫“静坐常思自己过，闲谈莫论他人非”。这就是教导人们在生活中干好本职工作，不要在背后对他人的事情说三道四。一个善于和别人交往并受别人喜欢的人，必定也是一个平日里从不乱说别人闲话的人。

小尚在公司业务能力强，为人处世很平和，经理准备提拔他当业务副经理。几天后，任命下来了却是小孟。原来小孟偷偷告诉总经理，小尚以前是一个劳改犯。这样一个秘密公开后，公司里很少有人和小尚来往了，小尚最终被迫辞职。

为了一个小小的职位在背后说闲话，导致别人陷入困境的事情在生活中经常发生。说闲话的人暂时看来确实是春风得意了，但是，却不想想周围的同事和朋友怎么看你呢？他们还会相信你吗？所以，千万不要让自己成为一个说闲话的小人。

(1)要时刻告诫自己，无论如何不要说别人的闲话。而应多讲造就人的好话，常说祝福人的美话。

(2)当然做到了不说闲话之后，那就更不要去传播闲话，不要做“长舌妇”。若有人向你说他人的闲话，应该做到你是最后一个听到的，千万不要做“大喇叭”。

(3)如果觉得自己非说闲话不可，说之前先三思。比如，可以问一问自己：这是真实的吗？真的需要讲吗？这样的闲话讲出来以后，会造成什么样的影响呢？等之类的问题，闲话也就扼杀在萌芽状态了。

所以，无论是在什么样的情况下，背后说人闲话都会给别人造成巨大的伤害，不说别人闲话是一种做人的美德。

珍视情谊，学会更好地保守秘密

朋友之间倾吐内心隐秘这是很必要的，但是如果别人把自己的隐私告诉了你，没过几天这个隐私就满天飞了，这时候不用说两人之间肯定是形同

陌路了。所以，如果你是一个聪明人，是一个珍视友谊的人，你就要能为别人保守秘密。

小刘和小芳在同一家公司上班，一天，小芳偷偷告诉小刘，公司老总对自己有意思。小刘知道这件事之后，心里总是感到痒痒地，于是告诉了自己最好的朋友。一段时间后，这个秘密成了公司人人皆知的事情，最终小芳和小刘两个人吵翻了，而且小芳也离开了公司。

朋友之所以将他的隐私告诉你，就是因为信任你，以及出于对友谊的珍视，要我们及时帮他想点办法。但如果你不能为朋友保守秘密，就会使朋友受到伤害。如何更好地为朋友保守秘密呢？

(1)不要随便将别人的秘密拿出去当作自己炫耀的资本，这样可能逞一时的快活，但却会害惨朋友。

(2)自己在与别人攀谈时要时时注意，如果涉及朋友秘密之类的话题，要尽量岔开话题，以免被别人"套话"，说漏了嘴。

(3)要用"换位思考"的方式想一想，多站在对方的角度考虑考虑就会发现，问题远不是你想象的那样。

(4)最简单也是最实用的方法就是，不管自己好奇心有多强，试着尽快忘记秘密。

❈别让自己背上"挑拨离间"的名号

一个人在说话的时候，一定要注意自己的口气和说话方式。有时候也许是说者无心，听者有意，很多话当你说出口之后，才会发现那些话特别刺耳，甚至有可能让听者勃然大怒，去找其他人算账。这样，你就成了一个"挑拨离间"的小人了。

一个人说话尤其要注意，口气不能有挑拨的暗示，不能随心所欲地说话。那么，该如何注意不要让自己冠上"挑拨离间"的名号呢？

(1)不要见风使舵，两面三刀，在甲面前说乙的不好，在乙面前发甲的牢骚，这样的人就是典型的"挑拨离间"。

(2)掌握说话的分寸，分清说话的对象，否则也许你是好意，但会无意中"挑拨"他人关系。

(3)说话的内容要谨慎选择，即使自己是个心直口快的人，也要懂得有些话可以说，而有些话则万万不能说。

避开“雷区”，谨记人际交往的禁忌话

一个在交际场上的高手懂得在什么场合下说什么话，不该说的坚决不说。而有的人，无论什么场合之下都滔滔不绝，总以为这样就可以展现自己的魅力，自己的口才，其实反而会出口伤人，引起别人的讨厌。那么，在与人的说话中该注意哪些禁忌呢？

(1)忌喋喋不休、夸夸其谈。不要总是一个人喋喋不休地说个不停。有些人喜欢夸口、说大话、“吹牛皮”，这一类的人总希望引起大家对他的关注，但恰恰给人胡乱吹嘘、华而不实的印象，最终引起别人的讨厌。

(2)忌说尖酸刻薄的话。尖酸刻薄的话，像寒剑刺入人心，往往使人伤心至极，愤怒至极。尖酸刻薄的人最容易四面树敌，这样的人以挖苦他人为能事、为乐事，最后的下场是遭人鄙视、遭人遗弃，乃至受到反击。

(3)忌逢人诉说自己的不幸。就像小说中的祥林嫂一样，逢人便说自己的悲惨遭遇，刚开始还能博得别人的同情，而时间长了，就遭到别人的厌弃了。交谈应找双方共同感兴趣的事，不要逢人就诉苦，大谈特谈自己的苦恼、不幸和忧虑，谁也不会以听你的诉苦为乐事。

(4)忌打听他人的私事。打听别人私事，会让人感到他的隐私权受到侵犯。一般情况下，对女生不问年龄、婚否、衣饰价格等，对男生不问钱财、收入、身高、履历等，更不要随便议论他人的宗教信仰和政治信仰等。

取悦婆婆，婆媳间沟通讲技巧

在家庭生活中，婆媳关系是一个特殊矛盾，要想处理好这种关系，婆婆有责任，而儿媳责任就更大了。那么怎样才能做个讨人喜欢的儿媳呢？这就要在说话上下工夫，首先要在嘴上取悦婆婆，而不是恶语相加。

(1)不在外人面前和婆婆背后说三道四。有些儿媳对婆婆有意见，不当

面提出来，而是到外面说三道四，这样很容易引起矛盾。俗话说“家丑不可外扬”，婆媳不合本就不是什么好事，千万不要弄得邻里皆知。作为儿媳要以真诚的态度、善意的动机，把自己的意见当面提出来，大家心平气和地协商解决，最终统一思想，消除分歧，创造和睦的家庭气氛。

(2)信任和理解婆婆。儿媳应当善解人意，不要凡事都站在自己的立场上对婆婆的言语行为进行猜忌。有时候这种猜疑的心理甚至会把婆婆的好心给想歪了，因而造成不良的后果。例如，一位儿媳妇看到小姑子穿了一件新衣服，就怀疑是婆婆偏心小姑子，而对自己不关心，这样，风言风语就出来了。其实，她哪知道这是小姑子的男朋友给买的呢？

(3)说话要甜，不可恶语相加。说话要甜，就是要热情相待，嘘寒问暖，推心置腹。有的儿媳，跟母亲私房话说不完，在婆婆面前却无话可说。要改变这种气氛，儿媳作为晚辈应主动亲热，多找话题。

(4)把婆婆当作自己母亲一样看待。如果一个儿媳妇能做到这一点，那么，婆媳关系就不再是问题了。

亲密有间，朋友间也不能无话不谈

有人认为朋友之间就是该无话不谈，这样才够朋友；而有的人懂得与朋友保持一定的距离，凡事采取中庸之道，适可而止，在别人面前从不显露冲动的言行，习惯于做个聆听者。其实，后者才是真正聪明的人，是一个懂得与朋友交往的人。

小秦和小徐分别在两家不同的公司任业务经理，两个人就像亲兄弟一样。在一次聚会上，小秦和小徐刚好不期而遇，结果在耳热酒酣之后，小秦把自己公司将要开展的业务计划说了出来。一个月后，当小秦的公司把新的业务计划投入实际运作时，却被客户告知别的公司已经在做了，而这一业务计划在公司只有老板和小秦知道。

与人之间的感情即使再密切，也不能一见倾心，要知道，“逢人只说三分话，不可全掏一片心”。所谓逢人要说三分话，这三分话还要拣自己不要紧的说，要紧的话却是万万一分都说不得的。那么，在朋友之间该如何说话呢？

(1)为人处世一定要把好口风,什么话能说,什么话不能说,都要在脑子里多绕几个弯子,心里有个小九九。

(2)朋友之间相处,如果遇到非倾吐心声不可的时候,就拣无关紧要的,对别人或自己利益没有损失的话题来说。

(3)不要喋喋不休,没完没了地说个不停。即使和关系再好的朋友谈话,能说三分话的,最好就不要说四分。

(4)同样,也不应该把自己的隐私毫无保留地拿出来与朋友“分享”,这样,也许会让你成为别人的笑料。

❁面对敏感女性,说话要当心

由于女性容易猜忌和敏感的心理,因此,需要我们在日常生活交往中,在女人面前小心说话,而不应该是无所顾忌什么话都说。那么,该如何与女性更好地交流呢?

(1)不可轻易询问敏感话题。如果你不了解女士的生活背景,不要轻易询问她年龄、婚姻及薪水情况,可以先问一问她的父母、家人、学历、工作等情况。即使这个人和你很熟了,这样的问题也不要轻易正面地提起。

(2)激发她的兴趣。这就是说要多说一些她比较感兴趣的事情,女性大都乐于谈论与自己有关的事情,如她的爱好、她的家人、她的交往、她的工作等,这些都是希望让对方了解的。这个时候,就不要在她面前谈论什么足球、篮球或是政治了。

(3)赞扬要适当、得体。女性大都喜欢听赞扬的话,但赞扬不可太露骨,要含蓄一些,而且还要得体,不可弄巧成拙。对于那些年轻貌美、性格开朗的女性,可以赞扬她容貌的靓丽,如“你长得真漂亮”。对那些内向性格的女性,不可直言赞扬,而应委婉地说:“你很文静。”

(4)适时结束交谈。女性不轻易拒绝别人,而往往用沉默或转移注意力来表示对你的不满。这时候,你应立即结束交谈,或者转到其他话题。不要硬拉着别人听你说话,最后只能是自讨没趣。

❊有主见地开口，不要总说“随便”

在生活中，一些人总是喜欢一开口就对别人说“随便”，这样的人在别人看来显得说话不真诚。也许一个人木讷老实，但一开口就是“随便”，要么让人觉得你城府很深，要么让人觉得你毫无主见。

小王所在的部门开会，讨论一个重要方案，在大家纷纷举手通过之后，小王提出了相反意见，因为他觉得这个方案有漏洞。所有的人都对他侧目，因为他的反对会让大家功亏一篑。僵持了一段时间后，小王终于说：“那随便大家吧！”

很多时候，人们想用“随便”来表示对别人的客气和尊重，结果却在无形中加重了对方的心理负担。因为听的人就会想，到底是同意呢，还是反对，让人感觉模棱两可。甚至于在特定情景下，“随便”还会有鄙视和轻蔑的意味。那么，不说“随便”该怎么做呢？

(1)对于别人的意见和建议要适当作出反馈，比如，在吃饭的时候，朋友问你吃某某菜怎么样，不要不假思索就来一句“随便”。其实完全可以换一个说法，如果不喜欢，可以委婉地告诉朋友，而不是用一句“随便”去让别人猜测。

(2)当一个人向你征求意见的时候，直截了当地说出你的想法比说“随便”更能赢得对方的尊重。如果你说“随便”，那等于什么也没有说。

(3)如果有自己的看法却不想直截了当指出或说出来的时候，可以说：“我觉得这个方案还可以……我觉得再加上……会不会比较好。不过，这只是我的一点看法，不知道对不对，仅供您参考……”

第31章

模糊说话：做会打马虎眼的聪明人

郑板桥曾经以“难得糊涂”来自勉，在当时的社会是具有一定道理的。在现今社会，为人处世，与别人打交道、说话其实也是需要一点糊涂精神的。当你碰到意料之外的事情，当你在别人面前遭遇尴尬，当你在职场中陷入困境的时候，适当地说说模棱两可的话，打打马虎眼，以糊涂精神来保护自己或是化解眼下的危机，就能使得自己脱离尴尬的困境，并且赢得更好的人际关系。

❋善意的谎言能避免尴尬

我们经常会遇到这样的问题，当别人问你一个问题的时候，说实话也许对人对己都会有反面作用，那么这个时候，就有必要说一些善意的谎言来安慰对方。

巧琳是一个标准的胖女生。一天她到商场买衣服，在试衣服的时候，她问道："我是不是太胖了？这件衣服会不会显得我更胖？"

A 店员跟她说："如果你怕看起来胖的话，你可以加一条宽腰带，这样就可以使你看上去苗条些。"B 店员看了看巧琳的年纪，大概是 30 岁，于是她说："你属于比较丰满的女生，这样的女生比较有福气，如果你怕看起来会胖，我们有另一款深色的衣服，具有修饰身材的效果，你可以试穿一下。"

在这里，两个店员都刻意回避了巧琳"胖"的这一事实，而用"看上去苗条""有福气"之类的话语巧妙地来修饰自己善意的谎言。在现实生活中，该如何说一些善意的谎言呢？

(1)编织善意的谎话，要声情并茂，不要让你的神色"出卖"你。比如，对癌症患者撒谎说他的病不是癌，要自编自圆，而且自己不能表现出悲痛的神情来。

(2)不要让对方难堪。比如，一个人请你吃饭，而你又不想去，这时候，你可以用谎言婉言谢绝，而不是硬生生地告诉他你不去。

(3)用调侃的口气将谎言说出来。为了强调言谈内容的真实性，可以故意把未曾发生过的事情用讲笑话的方式说出来，以增强谈话的气氛等。

❋得当地运用糊涂话，化解危机

在生活中，有时候会碰到一些意想不到的事情，如果碰到一个不会说话的人，就会使人感到更加难堪。这个时候就需要旁观者说一些糊涂话来化解危机。所以说，有时候在某些场合说糊涂话反而更恰当。

在某种场合说糊涂话，就是"揣着明白装糊涂"，目的是将当事人从尴尬

的境地中体面地“解救”出来。那么，在生活中该如何巧妙地去说这些“糊涂话”呢？

(1)审时度势，不要每时每刻都“揣着明白装糊涂”，而是要把握好时机，在恰当的场合说一些模棱两可的话。

(2)当某种局面难以被自己左右的时候，可以说一些糊涂话应付过去。这样有时候既可以保全对方的面子，又可以化解自己的尴尬。

(3)有时候为了表现自己的宽宏大量，不应在一些小事情上斤斤计较，这时候，糊涂话就派上了用场。比如，有人向你说其他人诽谤你，那么，你大可说一些糊涂话来应对，以表现自己的大度。

❀冒傻气的话让你在恋人面前更可爱

恋人之间相处，言语交流也是十分重要的。除了正常地向恋人表达自己的爱慕之心之外，适当的时候在恋人面前说一些模棱两可、略显傻气的话，可以让你在恋人面前显得更可爱，也更能加深恋人之间的感情。那么，在恋人面前，该如何说能够表达自己情感的“傻气话”呢？

(1)含蓄地表达自己的爱意。性格内向的恋人之间有时候难以用言语直接表达自己的爱意，这就要用含蓄的、带点傻气的话来向对方表达。比如，有一对恋人，男的对女的说：“我喜欢天使，而你现在就像一个天使一样……”这样的效果要比直接说“我喜欢你”好得多。

(2)用真情来打动对方。恋人之间交往，最重要的是要用真心来对待对方。说话也是一样。面对自己的恋人，说怎样傻气的话都不为过，但重要的是一定要是真心话。例如，一个小伙子对有些生自己气的恋人说道：“你知道吗，我最近很辛苦，可是一想到你，顿时我就没有疲劳感了。”姑娘听了以后，觉得对方心里还是有自己的，于是怨气顿消。

(3)“傻话”要傻得有激情。恋人之间不要一味地用缠绵悱恻的话语，有时候，也需要一些充满激情的、鼓舞人心的“傻话”。比如说，“亲爱的，有我在，你别怕！”等。

当然，恋人之间爱意的表达方式不是单一的，说话的方式也是多种多样的，但必要的时候，在恋人面前撒撒娇、说说冒傻气的话，有时候就会化解两

个人之间不必要的矛盾，还可以增进双方的感情。

❊危急时刻，学会大智若愚

在日常的生活中，难免遇到一些令人尴尬的窘境或是令人难以回答的问题，这时候，你不妨冷静头脑，控制情绪，运用语言的艺术装糊涂。

张先生到国外的一所学校访问，结束时，外国校长提出要和学校结为友好学校。按照惯例，与外国学校结为友好学校，通常要经过上级有关部门批准，自己是没有权力作决定的。就在这危机的时候，他从口袋里掏出一枚校徽，很有礼貌地给校长戴上，并说道："校长先生对我学校全体师生的友好情谊，我谨代表我校全体师生向您表示感谢。对于您的友好愿望，我回国后一定转达我校校长及师生，谢谢！"

在这样的情况下，你既不能说"是"，也不能说"不是"，最好的方法就是装糊涂，用其他的话题来化解这种危机。那么，在生活中遭遇这样的危急时刻，该如何装糊涂来化解自己的危机呢？

(1)运用打擦边球的技巧给对方一个模棱两可的回答。看起来回答了他的问题，实际上却又与他的提问无关，几乎没有回答他的提问。

(2)运用将球回踢给对方的方式。当对方提问的角度很刁，你回答肯定、否定都可能出错时，那就巧妙地把问题再问回去，将对方一军。

(3)及时地将话题转移到另外的方面，不要在一个话题上纠缠不休，以化解自己的危机。

❊聪明人会选择时机"犯傻"

有人经常学习古人"难得糊涂"的精神，认为凡事装聋作哑就是一个聪明的人。其实不然，真正聪明的人懂得选择恰当的时机"糊涂"。正是这样的沟通方式，使得这些人在人际交往中更能如鱼得水。

学校实验室丢失了一面凸透镜，韩老师刚好发现几个同学在阳光下拿着凸透镜在玩。于是，他笑着说："哟，这凸透镜找到了，谢谢你们啊！昨天

我到实验室准备实验，发现少了一个凸透镜，我想大概是搬迁过程中丢失了，谢谢你们帮我找到了这个凸透镜。”

这位老师很聪明，故意装糊涂，在众多的同学面前将责备化成了感激，自然令学生在摆脱尴尬的同时又羞愧不已。在适当的情况下，“糊涂”一下是很有必要的，尤其是当一个人处于困境或遭遇挫折之时，“糊涂”更能显示出它的价值。那么在生活中该如何选择时机“糊涂”呢？

(1)当时机不成熟的时候，需要将自己的锋芒藏好。这时候就需要一个人打马虎眼来应对周围的一切。比如，你刚到新的工作环境，就不要轻易地在话语中将自己的实力显露出来。

(2)有些问题很难说准确和下结论，直言相告可能会令人难以接受。碰到这类问题时，不要拘泥于正面解答的方式，而要借比喻、假设、移花接木、含蓄作答、略加暗示等各种巧妙的应答方式。

❋和领导演场糊涂戏，职场会更顺畅

真正的职场高手，能轻松处理各种人际关系，也是一个“难得糊涂”的人。这样的职场高手懂得和领导“逢场作戏”，而不是锋芒毕露。那么，在职场生涯中，如何做到和领导演“糊涂戏”呢？

小刘是一家公司的部门经理，一次，总经理指示小刘安排一次公司出差。小刘筹划好之后向总经理汇报：“总经理，我们决定坐汽车，可以节省一大笔费用……”不料，总经理听完之后冷冷地说道：“我看还是坐飞机去吧……”

小刘一片好心，但他的错误在于在领导面前不会装糊涂，自认为自己的决定很合理，却忘了，公司是由总经理做主的。所以，适当地在领导面前演场糊涂戏，说不定还能得到领导的青睐。那么，该如何与领导“逢场作戏”呢？

(1)不要总是在领导面前显得自己很聪明，适当的时候装装糊涂，也是领导需要的。比如，有时候，领导一句话说错了，你马上站起来纠正，这就会使你显得过于刻板，不知变通。

(2)要懂得处处“示弱”的技巧。当领导的意见和自己的意见不同时，不

要总想着自己能说服领导。

❁别做十足傻瓜，糊涂也有讲究

“过程糊涂、结果不糊涂，表面糊涂、心里不糊涂，小事糊涂、大事不糊涂。”这是中国人糊涂哲学的精髓。从中可以看到，现实生活中充满着许多矛盾，如一方面“要时刻保持清醒的头脑”，另一方面还要保持适当的“糊涂”。那么，一个人如何做到“小事糊涂、大事不糊涂”呢？

（1）分清何为大事，何为小事。什么是大事，关系到国家、人民和民族利益或是集体利益的事就是大事；而关系到个人非原则性的恩怨、得失的事就是小事。如果一个人不管遇到什么事总是过分计较，硬要讨个“说法”，于己于人都没有好处。而小事“糊涂”，既可使矛盾“冰消雪融”，又可使紧张的气氛变得轻松、活泼，与人融洽相处。

（2）该糊涂时糊涂，不该糊涂时决不含糊。这就是说对原则性问题要清楚，处理要有准则，而对生活中非原则性的小事，则不必过于认真计较。比如，一名平日里从不与人计较的公司员工，丢了一台公司配的笔记本电脑，办公室有人议论是他带回了家。于是，这名员工最终报警，还自己清白。面对这样“影响自己一生”的原则性问题，一定要保持清醒。

（3）不能总是糊涂。在适当的情况下，“糊涂”一下是很有必要的，尤其是当你处于困境或遭遇挫折之时，“糊涂”更能显示出它的价值。但是不能事事糊涂，处处糊涂。“难得糊涂”并不是说做什么事都可以随波逐流，不讲原则，而是说，对于那些无关大局、枝枝蔓蔓的小事，不应当过于认真，而对那些事关重大的是非问题，切不可糊涂。否则，别人就会把你当成一个傻瓜。

❁糊涂话怎样说才能让人相信

一个懂得“难得糊涂”的人，平日与人交往时也必定是一个说话的高手。在与人交往中，遇到那些令自己“难堪”的情境时，也可以借助于“糊涂话”来

为自己解围，并且能使得自己的糊涂话被别人信服，以博得更好的人缘。那么，一个人说的“糊涂话”怎样才能让别人相信呢？

(1)让自己放松，表情自然。不少人在众多的人面前说话模棱两可时，表情十分不自然，除了容易怯场之外，还常常表现出紧张的神情，这样即使你再懂得“糊涂学”，也会让别人看出破绽。其实，导致这种现象出现的原因主要是缺乏心理准备和实际训练。

(2)借助周围的事物或人来“蒙混过关”。碰到令自己难堪的危急情况时，就应随机应变，借助周围的事物和人来以假掩真，然后顺水推舟，变难堪的场合为活跃、融洽的场面。这一点，刘备给后人做出了榜样，用自己胆小、怕雷来掩饰自己的雄心壮志，而使曹操相信自己没有威胁。

(3)说似是而非的话题来回避问题。对于你不完全了解的事情或是无法作出决定的情况，可以含糊其辞，用和当下问题有所关联的话题来回答对方，而又不去正面回答，似懂非懂、糊里糊涂地回答，借此来使得对方相信自己。

❊说话会打马虎眼，交际场上方能赢

一个交际场上的高手，在遇到难题的时候，懂得用打马虎眼的方式来解决自身的危机。打马虎眼并不表示自己不懂或是无知，而是“以退为进”，更好地开启与人下一步的交流的大门。

一位皇帝与大臣看到了一尊弥勒佛像。忽然，皇帝指着佛像问道：“他为什么对朕笑？”大臣答道：“皇上是文殊菩萨转世，是当今活佛，佛见佛故笑。”实际弥勒佛笑口常开，对谁都一样。不料皇帝突然又问：“他为什么对你笑？”大臣答道：“佛笑臣成不了佛。”

大臣利用这种幽默回答使皇帝的进攻被化解，摆脱了窘境。如果继续与对方在原来的话题上纠缠，将会使自己非常被动。这时说话打马虎眼，是一种逃避战场，转移重心，可以使形势立即转化的应对方式。如何学会打马虎眼呢？

(1)善于运用模糊语言，懂得适时恪守中庸之道。这就好比当你遇到对方要你回答“对或是错”的时候，你可以运用模糊的语言回答“非对即错”。

(2)可采用偷换概念式的模糊回答,以问代答等方法,使问题巧妙迂回。像上面例子中的大臣把佛像对皇帝的笑说成是至高无上的,而把对自己的笑说成是嘲笑。

(3)在某种钩心斗角的场合,如果处境不利而又无计可施,什么也不能表示,那就索性装聋作哑,避免落入对方设计的圈套而使自己更加被动。

❊明哲保身,适当的糊涂能保护自己

生活中的很多人不爱吃看得见的小亏,最终反而吃了看不见的大亏,正所谓“捡了芝麻、丢了西瓜”。每个人不可能每时每刻都算计得很精明,不吃半点亏。凡事多谦让别人一些,自己吃点小亏,这样的人看似是个“糊涂虫”,其实却是一个真正聪明的人。那么,如何以适当的糊涂来明哲保身呢?

(1)“糊涂”吃亏是福。吃亏是福,主要在于心态,在于不计较小小得失。懂得在一些个人名利或是生活争端中“糊涂”一点,不去斤斤计较,这样的人反而会受到周围人的喜欢,说不定还会“因亏得福”呢。

(2)一分糊涂,一分超脱。在人生中,拿得起是一种勇气,放得下是一种肚量。对于人生道路上的鲜花、掌声,有糊涂智慧的人大都能以平常之心来对待,屡经风雨的人更有自知之明。大的挫折与大的灾难,能不为之所动,能坦然承受,这是一种超脱的胸襟和肚量。

(3)知足者常乐。有的人生活之所以不快乐,就是因为没有一种“难得糊涂”的人生理念。懂得知足的人也是懂得糊涂智慧的人,他们懂得卸下生活中的一些“包袱”,轻装上阵。而事事“精明”的人只能将自己累得死去活来。

人有时候是需要“难得糊涂”的,但糊涂不是昏庸,而是为人处世的豁达大度,拿得起,放得下。在生活中对待万事万物都能想得开,看得开,该糊涂的时候就糊涂,以适当的糊涂理论来保护自己。

善言求助：别让话到用时方恨少

说话人人都会，然而用说话来达到自己的目的，用语言求得他人的帮助，却并不是一件容易的事，这其中涉及说话的技巧，言辞的运用、情感的适时投入等，当然这一切并不是靠一时的学习就可以完成的，很大程度上要靠平时的积累和运用，所以不妨从现在开始，就尝试着用一些善言蜜语和周围的人交谈吧！当你把说出这些话形成一种语言习惯之后，就再也不会出现“话到用时方恨少”的情况了。

❁好口才让求人变成易事

没有谁可以永远不求人，换言之，人际交往、职场生活，求人办事是在所难免的。但为什么有人一开口就能成功，而有的人则经常被拒之门外呢？说到底还是因为口才技巧的高低不同。一个会说话的人，懂得如何把话说得让人钦佩、认可，求人办事自然也很容易取得成功。那么，在求人办事的过程中，如何表达才能免遭拒绝呢？

（1）看客下菜，审时度势再开口。对那些性格比较直爽的人，与其交谈最好不要拐弯抹角；相反，有的人天生比较含蓄，有求于这种人，说话要尽可能委婉一点。求人要学会审时度势，就像有的人可能在认识你的时候是一介平民，而你求他的时候却已身居高位，这时要把话说得符合对方的身份地位，切忌在对方面前提他过去的一些糗事来套近乎。

（2）把握好说话的时机，求人办事也不难。如果能够在对方隐忍难发之机，坦诚直言，可能会收到意想不到的效果。求人办事时，在谈话当中要懂得创造机会，发表自己的见解，让对方了解你的想法，这才是最有说服力的做法。

（3）把握说话的分寸，步步深入才好办事。在与人交谈时要讲礼貌，说出来的话语要文明，合乎情理和礼仪。只有这样，你的求助才能得到解答。即使是关系再好的朋友，求其办事时说话也要有分寸，强人所难、意气用事的说话方式只能让双方不欢而散。反之，当你心平气和、用商量的口气与对方沟通时，说不定就有望取得成功。因此，求人时说话要有分寸，千万不能把自己回旋的路堵死，那样成功就更遥不可及了。

（4）说话要靠感情，情真方能打动他人。在求人办事，给别人添麻烦时要真诚地说一声“对不起”，即使对方只满足了你的一点点请求，即使令你很不满，也应真诚地说一声“谢谢”。一般来说，人与人交谈时，双方都会产生一种防范心理。这时候，要想使说服成功，你就要注意消除对方的防范心理。最有效的方法就是反复给予对方暗示，表示自己是朋友而不是敌人。这样对方才会乐意向你伸出援助之手。

❈让对方能体会到你急切的心情

人是有感情的动物，任何人在其内心深处都不是残酷无情的，所以在求人办事时，要学会想方设法调动对方的感情力量，从而激发出对方对你的帮助之心。而最容易调动对方感情的，莫过于求助者的急切心情。正所谓，动之以情才能晓之以理。因此，要想让对方很乐意地对你伸出援助之手，首先就要让对方从你的语言中感受到你急切的心情。那么，如何才能让对方从你口中体会到你的急切心情呢？

(1)巧用语言激将法，让你的语言激起对方的热情。求人办事，经常会遇到一些认死理的人，面对这种人，苦口婆心地劝说是很难起到作用的，而如果你改变方法，突然给他一个强烈的反刺激，说不定还会收到意想不到的效果。求人帮助，直言相激可能会更容易让对方体会到你的急切心情。在求人办事的过程中，简洁明快、直截了当的语言，有时会比委婉的语言更容易让人接受。

(2)一反常态的说话方式，让其更能体会到你的难处。说话时故意找对方的痛处下手，让对方感觉到你真的是十万火急、情非得已才去求他；求人办事，一反常态的说话方式会更有效。当有求于比较熟悉你的人时，适当地用一些有反常态的语言，更能让被求者感受到你此时的心情。

(3)柔和的语言更能显示出你的诚意。在求人办事时，多用一些柔和的语言，有时更容易让被求者感受到你的急切心情。因为，人都会对弱者有怜爱之心。要学会用恭维的语言，因为，大多数人喜欢被别人戴高帽子，爱听赞美话是人的天性。所以，人一旦被认定其价值时，总会喜不自胜，在此基础上，你再提出自己的请求，对方自然就会爽快地答应下来。

❈言谈间能屈能伸，让对方看得起你

当你需要他人帮助时，你其实就扮演着一个弱者的角色。自然，你的一言一行都应带上柔和的色彩。因此，在求人办事时要学会以柔克刚、能屈能

伸。有时恰当地对他人进行示弱，能有效地引开或避免对方的不利想法，出其不意地取得胜利。

(1)放低姿态，以柔克刚动人心。我们常常发现，那些说话温和的人，比较受人尊敬。所以，有求于人时，要学会多说一些比较温和的话，学会以柔克刚；交谈时要多用一些谦语、敬词、礼貌用语和赞美词，以表示尊重对方的感情和人格，这样也更能让对方对你产生好感；但不要有任何低三下四的心理，因为你的最终目的是让对方伸出援助之手。

(2)求人办事，说话要避免直言直语。言语其实具有很强的杀伤力，所以，有求于人，要懂得什么能讲，什么不能讲，尽可能做到点到为止，以免办事不成还惹出是非。在求人办事的时候，别人可能会说出一些硬话，这时候我们要放下架子，以柔和的语气去回应对方，正如俗话所说，温柔比皮鞭更有力。

❈观察语气语调，把握对方心思

很多时候，我们都因不会说话而难以求得他人的帮助。有人平时很会说话，一旦有求于他人时，却总是不能把话说到点子上。究其原因，主要还是他不懂得如何把握对方的心思。其实，要想在求人时把握对方的心思，我们完全可以从对方说话的语调入手，从而在说话时做到有的放矢、言到功成。那么，如何从对方的语气语调中把握对方的心思呢？

(1)从对方说话声音的大小看出其心思。说话声音沉稳的人，一般很有正义感，有求于这种人时，最好直言不讳地说出自己的真实来意，如果对方拒绝给予你帮助，那说明他真的无能为力，此时你应另找他人；当你向他人求助时，对方如果一反常态地声大气粗，那说明他内心深处并不想帮你，遇到这种人要么软磨硬泡，要么索性另找他人。

(2)语速也是揭示一个人真实心理的有效参照。在求人帮助时，可以从对方平时说话的语速与此时的语速之间的差异来看出对方的心思。当你说明真实来意时，如果对方突然加快语速，那说明对方是心有余而力不足，但又碍于情面，不好直说。反之，如果对方语速突然变慢，那你就要软磨硬泡，直到对方答应帮助你为止。

(3)从语调中听出对方真实的心理。当你向对方表明了真实来意之后，可以从对方说话的语调中听出对方的心思。如果对方语调突然变得阴阳怪气，那大多不会对你伸出援助之手，继续交谈下去也是浪费时间。如果对方语气变慢，估计是他有难言之隐，但他会尽自己的能力去帮你。

❊把关键话裹进糖衣送出去

求人办事，能否做到言到功成，主要还是看你所说的话是否攻破了被求者的心理堡垒。而最容易攻破一个人心理堡垒的语言，莫过于赞美之词。俗话说："良言一句三冬暖。"是人就都爱听赞美的话，因此，有求于人时，先用赞美之词取悦他人，可谓是一条求人的上上之策。对此，具体要做到以下几点：

(1)恭维对方的时候要看对象。虽然说人都爱被赞美，但有求于人时，赞美还是要因人而异。对于那些平时做事就刚直不阿的人，赞美时不能过于直接，要学会用一些含蓄的语言，即不但给对方戴了高帽子，还要让对方对你刮目相看。其次，赞美之词不要过于赤裸裸，不要让对方觉得你是在奉承他。

(2)包裹糖衣的时候别忘了真诚。赞美对方时，没有必要刻意修饰，遣词造句，只要源于生活，发自内心，真情流露，就会收到赞美的效果。让别人帮你办事，就要发出真心的赞美，因为只有情真意切的赞美才有感染力，虚情假意不是赞美，而是讽刺挖苦或别有他求。

(3)找准所求人的心理薄弱点，"恭"其所需。要想达到求人办事的目的，就要恰当地赞美别人，就要把握好对方的性格爱好和欲望所需，投其所好，让对方真心愉悦，只有如此他才愿意为你所求之事付出代价。赞美时，多从对方心理上的优点入手，如赞美他人品好、有才华、有气质、聪明、细心、有同情心等。

参考文献

项星.每天学点幽默口才[M].北京:中国纺织出版社,2010.